中国对外承包工程发展报告 2023-2024

ANNUAL REPORT ON CHINA INTERNATIONAL PROJECT CONTRACTING

中国对外承包工程商会　组织编写

中国建筑工业出版社

图书在版编目（CIP）数据

中国对外承包工程发展报告 = ANNUAL REPORT ON CHINA INTERNATIONAL PROJECT CONTRACTING. 2023–2024 / 中国对外承包工程商会组织编写 . -- 北京：中国建筑工业出版社，2024. 11. -- ISBN 978-7-112-30449-3

Ⅰ. F752.68-54

中国国家版本馆 CIP 数据核字第 2024QQ5908 号

责任编辑：毕凤鸣
责任校对：赵　力

中国对外承包工程发展报告 2023–2024
ANNUAL REPORT ON CHINA INTERNATIONAL PROJECT CONTRACTING
中国对外承包工程商会　组织编写

*

中国建筑工业出版社出版、发行（北京海淀三里河路 9 号）
各地新华书店、建筑书店经销
北京雅盈中佳图文设计公司制版
建工社（河北）印刷有限公司印刷

*

开本：787 毫米 ×1092 毫米　1/16　印张：$11\frac{3}{4}$　字数：248 千字
2024 年 12 月第一版　2024 年 12 月第一次印刷
定价：118.00 元
ISBN 978-7-112-30449-3
（43787）

如有内容及印装质量问题，请与本社读者服务中心联系
电话：（010）58337283　QQ：2885381756
（地址：北京海淀三里河路 9 号中国建筑工业出版社 604 室　邮政编码：100037）

版权声明

编写委员会

主　　编：房秋晨

副 主 编：辛修明

编　　委：高　波　杨义生　熊立新　白银战　张晓强　孙湘春
王建军　黄　毅　杨建强　原莹莉　胡　鹏　杨怀安
刘屹颀

主要编写人员：苏建国　伏林林　齐　冰　冯会会　杨　菲　杨一泓
吴昕烨　许　欣　黄晨瑶　徐晓楠　苏岩松　夏新瑞
董　炎　周　锐　王红茜　段丽佳　李　智　海　鹏
刘　敏　刘　鹏　朱志华　罗明鸣　张乃卿　杨晨曦
索德波　汪明达　熊　珂　张　艺　刘北美　杨　楠
钟鹏生　瞿开勇

主要编写单位

中国对外承包工程商会

中国建筑股份有限公司

中国能源建设股份有限公司

中国铁建股份有限公司

中国中铁股份有限公司

中国港湾工程有限责任公司

中国电建集团国际工程有限公司

中国葛洲坝集团国际工程有限公司

中国海外工程有限责任公司

中信建设有限责任公司

中国江西国际经济技术合作有限公司

中湘海外建设发展有限公司

前言

《中国对外承包工程发展报告2023—2024》是由中国对外承包工程商会（以下简称“承包商会”）编写的全面、系统分析介绍中国对外承包工程行业2023年发展状况的专业报告，对于了解中国对外承包工程行业的发展现状、发展趋势、促进行业内外交流合作具有重要的参考价值。

全书共分为四章。第一章为中国对外承包工程业务发展概述。该章节总结了2023年我国对外承包工程业务发展概况，分析了中国对外承包工程行业发展所面临的机遇和风险挑战，并提出了推动对外承包工程行业高质量发展的工作建议。第二章为地区市场业务情况。该章节主要介绍了对外承包工程企业在亚洲、非洲、欧洲、拉丁美洲和大洋洲市场的承包工程业务总体情况、分区域市场业务情况、市场发展形势和展望。第三章为专业领域业务情况。该章节主要介绍了交通运输建设、电力工程建设、一般建筑领域以及石油化工、工业建设、通讯工程建设、水利建设、制造加工设施建设等领域业务情况、发展趋势和工作建议，部分细分专业领域的市场分布、主要参与企业等内容。第四章收录了承包商会部分会员企业的年度业务发展情况、发展经验和最佳实践。本报告中所提及的“本年度”均指2023年。

《中国对外承包工程发展报告》自2004年以来以行业内部资料的形式发布，自2023年开始面向社会公开出版。我们真诚希望本书能够成为服务会员企业和社会相关方的重要载体，能够为政府决策、行业发展和会员企业发展提供支持，为推动我国对外承包工程行业高质量发展发挥积极作用。在报告的编写过程中，我们得到了商务部对外投资和经济合作司的大力支持，得到了驻外经商处（室）、会员企业和各有关方面的热情帮助，在此向大家一并表示衷心的感谢！

本书编写组

2024 年 6 月

目　录

第一章

中国对外承包工程业务发展概述

第一节　2023 年对外承包工程业务发展概况

2023 年，面临国际地缘政治冲突不断、世界经济增长乏力、主权债务问题凸显、各方竞逐加剧等多重挑战，我国对外承包工程行业广大会员企业顶住压力、迎难而上，全年完成对外承包工程营业额 1609.1 亿美元，同比增长 3.8%；新签合同额 2645.1 亿美元，同比增长 4.5%，达到历史第二高位。2011—2023 年中国对外承包工程行业新签合同额和完成营业额走势，分别见图 1–1 和图 1–2。

总体来看，2023 年对外承包工程业务呈现以下发展特点：

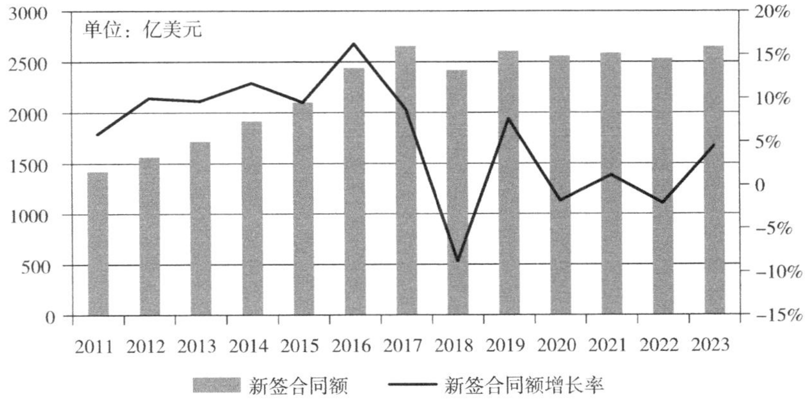

图 1–1　2011—2023 年中国对外承包工程行业新签合同额走势

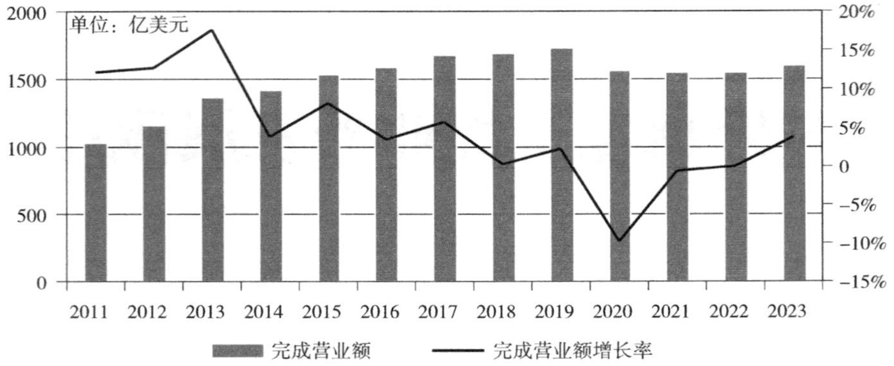

图1-2　2011—2023年中国对外承包工程行业完成营业额走势

一、地区市场业务

2023年，企业在亚洲、非洲、欧洲市场新签合同额同比均实现增长，而在拉丁美洲市场的业务则在上年度增长的基础上，出现了回落。2023年中国对外承包工程各市场业务分布情况见表1-1。

（1）亚洲市场业务规模持续稳居各区域之首，市场份额稳居首位，压舱石地位显著。中国企业在亚洲市场新签合同额1304.0亿美元，同比增长5.6%；完成营业额856.8亿美元，同比增长3.8%，新签合同额和完成营业额占比分别为49.3%和53.2%。沙特阿拉伯、印度尼西亚、中国香港、越南、菲律宾、孟加拉国等均位列中国企业境[①]外新签合同额前十大市场。从专业领域来看，新能源、房屋建筑、制造加工设施建设领域新签合同额同比实现增长；从区域来看，西亚、中亚地区业务增长和经济增长强劲，东南亚地区业务规模保持稳定。

（2）非洲市场新签合同额同比增长，产业合作不断取得成效。中国企业在非洲市场新签合同额820.8亿美元，同比增长12.1%；完成营业额374.3亿美元，同比下降1.1%。在阿尔及利亚、刚果（金）、坦桑尼亚、乌干达等市场签约规模领先。从专业领域看，企业在非洲市场的交通运输建设、电力工程建设、水利建设、制造加工设施建设等领域新签合同额同比实现较好增长，特别是新能源项目、矿产资源综合开发等不断取得新的进展，工贸联动、农业开发、工业园区业务探索也取得较多成效。

（3）欧洲市场新签合同额同比增长，大型石油化工项目引领合作。本年度中国企业在欧洲市场新签合同额234.7亿美元，同比增长14.3%；完成营业额171.2亿美元，同比增长7.3%。在俄罗斯联邦、塞尔维亚、西班牙等市场签约规模领先。业务主要分布在石油化工、交通运输建设、通讯工程建设等领域。企业在俄罗斯联邦签约的波罗的海化工综合体项目为本年度最大项目。本年度企业在中东欧业务出现下降，新签合同额53.8亿美元，同比下降42.5%；完成营业额48.6亿美元，同比增长35.1%，业务

① 本书中境为关境。

集中在交通运输建设、电力工程建设、通讯工程建设、新能源汽车等领域。

（4）拉丁美洲市场新签合同额同比下降，以投资带动的特许经营类业务是主要发展方向。中国企业在拉丁美洲市场新签合同额 199.8 亿美元，同比下降 26.4%；完成营业额 136.9 亿美元，同比增长 20.9%。主要合作领域为交通运输建设、电力工程建设、房屋建筑、通讯工程建设、矿业等。中国企业在拉丁美洲签约金额较高的市场有秘鲁、巴西、哥伦比亚等。从项目类型来看，交通运输建设等领域业务模式从 EPC 向 PPP 转变，新能源及矿业项目则以投资并购为主，通过投资带动工程承包业务发展。

2023 年中国对外承包工程各市场业务分布情况　　表 1–1

洲别	新签合同额			完成营业额		
	亿美元	比重（%）	同比（%）	亿美元	比重（%）	同比（%）
亚洲	1304.0	49.3	5.6	856.8	53.2	3.8
非洲	820.8	31.0	12.1	374.3	23.3	–1.1
欧洲	234.7	8.9	14.3	171.2	10.6	7.3
拉丁美洲	199.8	7.6	–26.4	136.9	8.5	20.9
大洋洲	71.5	2.7	–4.7	59.0	3.7	–0.1
北美洲	14.3	0.5	15.3	10.9	0.7	–24.6

2023 年，我国企业在“一带一路”共建国家新签承包工程合同额 2271.6 亿美元，同比增长 5.7%，占全部对外承包工程新签合同额的 85.9%；完成营业额 1320.5 亿美元，同比增长 4.8%，占全部对外承包工程完成营业额的 82.1%。

排名前 20 的国别（地区）市场规模占新签合同额总量的 58.5%，较上年度提高 3 个百分点，完成营业额合计占比 59.1%，较上年度下降 1.1 个百分点。2023 年对外承包工程新签合同额和完成营业额前 20 国别（地区）市场排名见表 1–2。

2023 年对外承包工程新签合同额和完成营业额前 20 国别（地区）市场排名　　表 1–2

单位：亿美元

排名	国别（地区）	新签合同额	国别（地区）	完成营业额
1	沙特阿拉伯	167.6	沙特阿拉伯	92.7
2	印度尼西亚	142.0	中国香港	86.2
3	俄罗斯联邦	130.1	印度尼西亚	84.5
4	中国香港	127.8	马来西亚	73.9
5	尼日利亚	104.5	俄罗斯联邦	64.9
6	阿尔及利亚	74.7	孟加拉国	57.1
7	越南	74.5	澳大利亚	46.7
8	菲律宾	70.6	新加坡	46.1
9	孟加拉国	70.3	伊拉克	42.2

续表

排名	国别（地区）	新签合同额	国别（地区）	完成营业额
10	刚果（金）	65.0	尼日利亚	39.8
11	马来西亚	62.2	阿拉伯联合酋长国	37.4
12	坦桑尼亚	60.7	阿尔及利亚	34.2
13	阿拉伯联合酋长国	59.3	泰国	33.4
14	澳大利亚	58.0	埃及	32.4
15	伊拉克	52.9	巴基斯坦	32.2
16	哈萨克斯坦	48.6	秘鲁	31.9
17	乌干达	46.8	乌兹别克斯坦	30.7
18	蒙古国	46.1	刚果（金）	29.2
19	新加坡	43.1	菲律宾	27.4
20	乌兹别克斯坦	42.6	塞尔维亚	27.4

二、专业领域业务

2023 年，中国企业对外承包工程传统三大业务领域——交通运输、房屋建筑和电力工程建设新签合同额合计占比约为 60.3%，较上年度下降 0.2 个百分点。2023 年对外承包工程各行业领域业务情况见表 1–3。

2023 年对外承包工程各行业领域业务情况　　表 1–3

行业类别	新签合同额			行业类别	完成营业额		
	亿美元	同比 %	占比 %		亿美元	同比 %	占比 %
一般建筑	550.0	–5.6	20.8	交通运输建设	426.7	3.8	26.5
交通运输建设	548.4	–6.6	20.7	一般建筑	290.2	–2.4	18
电力工程建设	498.2	36.7	18.8	电力工程建设	228.4	5.4	14.2
其他	310.8	8.4	11.8	石油化工	195.1	14.6	12.1
石油化工	290.7	6.4	11	通讯工程建设	135.1	–10.3	8.4
工业建设	173.5	–6.9	6.6	其他	127.3	8.5	7.9
通讯工程建设	154.2	1.2	5.8	工业建设	115.0	15.2	7.2
水利建设	60.5	4.5	2.3	水利建设	48.3	–4.5	3
制造加工设施建设	58.8	46.9	2.2	制造加工设施建设	43.0	19.7	2.7
合计	2645.1	4.5	100	合计	1609.1	3.8	100

（1）房屋建筑工程新签合同额跃居首位。2023 年新签合同额 550.0 亿美元，同比下降 5.6%，占比 20.8%；完成营业额 290.2 亿美元，同比下降 2.4%，占比 18.0%。在中国香港、沙特阿拉伯、阿拉伯联合酋长国市场房建业务签约规模领先。本年度签约金额较大的项目有沙特阿拉伯 ROSHN 房建、中国香港医院、阿联酋岛屿开发等。

（2）交通工程新签合同额延续近年下降趋势。2023 年新签合同额 548.4 亿美元，同比下降 6.6%，占比 20.7%；完成营业额 426.7 亿美元，同比增长 3.8%，占比 26.5%。在尼日利亚、坦桑尼亚、澳大利亚、阿尔及利亚等市场的交通运输建设业务签约规模领先，签约金额较大的项目有阿尔及利亚西部矿业铁路线工程、巴拿马第四大桥工程等。

（3）电力领域成功扭转了过去三年的下降趋势，新签合同额和完成营业额实现双增长。中国企业在境外新签电力工程项目合计 498.2 亿美元，同比增长 36.7%；完成营业额 228.4 亿美元，同比增长 5.4%。以光伏、风电为代表的新能源以及蓄 / 变电站、输变电业务成为电力领域新的增长点。太阳能和风电项目新签合同额 278.95 亿美元，同比增长 35%，在电力工程新签合同额中占比 56%；完成营业额 76.96 亿美元。智能电网及输配电业务新签合同额 55.4 亿美元，同比增长 32%。

（4）企业在石油化工、通讯工程建设、工业建设、水利建设等领域同比均实现增长，业务领域多元化发展态势明显。石油化工领域新签合同额 290.7 亿美元，同比增长 6.4%，主要签约市场有俄罗斯联邦、沙特阿拉伯等市场；工业建设和制造加工设施建设合计新签合同额 232.3 亿美元，同比增长 2.65%；通讯工程建设在埃及、巴西、中国香港、印度尼西亚等市场签约规模较大；在水利建设领域中，企业签约沙特海水淡化项目成为亮点。

三、典型合作项目

2023 年，一大批“一带一路”标志性项目取得重大进展，为所在国带来了实实在在的收获感，为双边基建合作注入了信心。交通运输建设领域，东南亚首条高速铁路——雅万高铁开通运营，为区域经济社会提供新功能；以色列建国以来最大的政府特许基础设施建设项目——特拉维夫轻轨红线正式通车运营；阿联酋伊提哈德铁路二期 A 标项目按期交付；匈塞铁路塞尔维亚境内贝尔格莱德至诺维萨德段开通运营；西非地区第一大深水港——尼日利亚莱基港正式开港运营。世界最大河道整治工程——孟加拉帕德玛大桥河道整治项目全面完工。电力工程领域，赞比亚下凯富峡水电站全面投产发电；刚果（金）布桑加水电站正式投运发电；乌兹别克斯坦锡尔河 1500MW 燃气联合循环电站项目成功并网并满负荷运行；阿联酋艾尔达芙拉太阳能电站项目取得商业运行证书；阿根廷胡胡伊省高查瑞一期 315MW 光伏电站项目正式移交。房屋建筑领域，埃及新首都中央商务区项目办公楼标段启动验收；阿联酋迪拜观景市中心公寓、迪拜歌剧院大厦、迪拜达玛克运河城 B 座等多个项目集中交付。

四、业务发展趋势

企业持续开展业务和模式创新，业务市场化、商业化发展趋势明显，可持续发展成效显著。①在业务模式方面，企业从项目价值和效益出发，不断提升综合开发能力，大力推进“投建营一体化”，不断向价值链微笑曲线两端攀升；②在融合发展方面，加强与贸易、制造、矿业等优势资源的跨界合作，业务范围向“工程 + 贸易”“制造业 + 工程”“资源开发 + 基建”等领域拓展，如矿业开发类项目年度新签合同额 124.8 亿美元，同比增长 21.2%；③在绿色发展方面，新签清洁类工程项目累计合同额达 363.9 亿美元，占全年新签合同总额的 13.8%，同比增长 27.9%，涉及风能、太阳能、水力等清洁能源以及废（水）物处理等环保类项目。

五、企业主体方面

中国对外承包工程商会根据会员企业申报的2023年度对外承包工程项目业绩分析，形成了对外承包工程企业前 100 强名单（表 1–4）。百强企业在剔除重复计算部分后，占行业总业务量的 73.2%，行业集中度较高。

2023 年度对外承包工程企业前 100 强　　表 1–4

排名	企业名称
1	中国交通建设集团有限公司
2	中国建筑股份有限公司
3	中国电力建设集团有限公司
4	中国铁建股份有限公司
5	中国能源建设股份有限公司
6	中国中铁股份有限公司
7	中国港湾工程有限责任公司
8	中国电建集团国际工程有限公司
9	中国化学工程集团有限公司
10	中国路桥工程有限责任公司
11	中国土木工程集团有限公司
12	中国石油集团工程股份有限公司
13	中国化学工程第七建设有限公司
14	中国机械工业集团有限公司
15	中国中材国际工程股份有限公司
16	中国冶金科工股份有限公司
17	中国葛洲坝集团股份有限公司
18	中建国际建设有限公司
19	上海振华重工（集团）股份有限公司
20	山东电力建设第三工程有限公司
21	中国石油工程建设有限公司
22	中国机械设备工程股份有限公司
23	中国石油管道局工程有限公司
24	山东高速集团有限公司

续表

排名	企业名称
25	中国建筑第八工程局有限公司
26	中国铁建国际集团有限公司
27	中能建国际建设集团有限公司
28	中国建筑第三工程局有限公司
29	北方国际合作股份有限公司
30	中国电力技术装备有限公司
31	中国江西国际经济技术合作有限公司
32	中钢设备有限公司
33	中国电建集团山东电力建设有限公司
34	东方电气集团国际合作有限公司
35	中国能源建设集团浙江火电建设有限公司
36	中铁十局集团有限公司
37	中交第一公路工程局有限公司
38	中工国际工程股份有限公司
39	浙江省建设投资集团股份有限公司
40	中铁九局集团有限公司
41	中铁十八局集团有限公司
42	中石化炼化工程（集团）股份有限公司
43	中国山东对外经济技术合作集团有限公司
44	青建集团股份公司
45	上海建工集团股份有限公司
46	中信建设有限责任公司
47	中铁七局集团有限公司
48	江西中煤建设集团有限公司
49	中交第三航务工程局有限公司
50	海洋石油工程股份有限公司
51	北京城建集团有限责任公司
52	哈尔滨电气国际工程有限责任公司
53	中国地质工程集团有限公司
54	中石化中原石油工程有限公司
55	中国通用技术（集团）控股有限责任公司
56	中铁十六局集团有限公司
57	中国五环工程有限公司
58	新疆生产建设兵团建设工程（集团）有限责任公司
59	中国河南国际合作集团有限公司
60	中国重型机械有限公司

续表

排名	企业名称
61	中交第四航务工程局有限公司
62	中铁一局集团有限公司
63	中国有色金属建设股份有限公司
64	烟建集团有限公司
65	威海国际经济技术合作股份有限公司
66	特变电工股份有限公司
67	中国天辰工程有限公司
68	中铁四局集团有限公司
69	中铁建国际投资有限公司
70	上海电气集团股份有限公司
71	中国十五冶金建设集团有限公司
72	上海隧道工程股份有限公司
73	中国能源建设集团天津电力建设有限公司
74	中鼎国际工程有限责任公司
75	中国航空技术国际工程有限公司
76	中国能源建设集团广东火电工程有限公司
77	中地海外集团有限公司
78	山西建设投资集团有限公司
79	中国江苏国际经济技术合作集团有限公司
80	中铁十四局集团有限公司
81	中建科工集团有限公司
82	中冶南方工程技术有限公司
83	中国京冶工程技术有限公司
84	中国水利电力对外有限公司
85	中国恩菲工程技术有限公司
86	中铁隧道局集团有限公司
87	中国建筑第五工程局有限公司
88	陕西建工控股集团有限公司
89	江苏省建筑工程集团有限公司
90	云南省建设投资控股集团有限公司
91	杰瑞石油天然气工程有限公司
92	中国化学工程第六建设有限公司
93	中国能源建设集团山西省电力勘测设计院有限公司
94	中铁十一局集团有限公司
95	四川公路桥梁建设集团有限公司
96	中能建建筑集团有限公司

续表

排名	企业名称
97	中铁建工集团有限公司
98	中国水利水电第八工程局有限公司
99	中交疏浚（集团）股份有限公司
100	中国化学工程第三建设有限公司

备注：以会员企业申报的完成营业额为排名依据，一级企业包含下属企业完成营业额。

行业领军企业国际竞争力持续提升。在美国《工程新闻记录》杂志（ENR）每年发布的全球最大 250 家国际承包商榜单中，我国企业上榜数量和市场份额连续 9 年位列第一。2023 年共有 81 家中国企业上榜，业务占全球 250 强的 27.5%，展现了中国工程企业较强的国际竞争力。近年来，中国企业上榜数量持续增长，从 2017 年的 69 家增加至 81 家；整体业务规模保持稳定发展，业务量占比从 2017 年的 23.7% 提升至 27.5%，上榜企业数量与业务规模在各国企业中均持续位居首位，体现出较强的外部环境适应能力，展现了行业发展的强大韧性。2023 年度 ENR“全球最大 250 家国际承包商”上榜中国企业名单见表 1–5。

2023 年度 ENR“全球最大 250 家国际承包商”上榜中国企业名单　　表 1–5

序号	2023 年度排名	2022 年度排名	企业名称
1	3	3	中国交通建设集团有限公司
2	6	7	中国建筑股份有限公司
3	8	6	中国电力建设集团有限公司
4	9	10	中国铁建股份有限公司
5	13	11	中国中铁股份有限公司
6	16	20	中国化学工程集团有限公司
7	17	17	中国能源建设股份有限公司
8	31	30	中国石油集团工程股份有限公司
9	33	28	中国机械工业集团有限公司
10	39	47	中国冶金科工集团有限公司
11	43	44	中国中材国际工程股份有限公司
12	62	40	上海电气集团股份有限公司
13	64	75	山东高速集团有限公司
14	68	—	海洋石油工程股份有限公司
15	71	67	中国江西国际经济技术合作有限公司
16	72	68	江西中煤建设集团有限公司
17	73	69	浙江省建设投资集团股份有限公司
18	74	101	中国东方电气集团有限公司

续表

序号	2023 年度排名	2022 年度排名	企业名称
19	75	72	北方国际合作股份有限公司
20	78	152	中钢设备有限公司
21	79	109	特变电工股份有限公司
22	84	80	中信建设有限责任公司
23	86	98	北京城建集团有限责任公司
24	87	87	青建集团股份公司
25	94	74	中国电力技术装备有限公司
26	97	97	中国地质工程集团有限公司
27	100	90	中石化炼化工程（集团）股份有限公司
28	101	85	哈尔滨电气国际工程有限责任公司
29	104	143	中国航空技术国际工程有限公司
30	105	106	中石化中原石油工程有限公司
31	108	104	新疆生产建设兵团建设工程（集团）有限责任公司
32	109	119	中国河南国际合作集团有限公司
33	111	123	中地海外集团有限公司
34	116	112	烟建集团有限公司
35	122	—	威海国际经济技术合作股份有限公司
36	124	92	上海建工集团股份有限公司
37	125	105	中国通用技术（集团）控股有限责任公司
38	126	121	中鼎国际工程有限责任公司
39	128	139	上海城建（集团）有限公司
40	129	134	山西建设投资集团有限公司
41	131	116	北京建工集团有限责任公司
42	132	107	江苏省建筑工程集团有限公司
43	134	—	中国核工业建设股份有限公司
44	135	131	江西省水利水电建设集团有限公司
45	143	137	中国江苏国际经济技术合作集团有限公司
46	146	142	中国武夷实业股份有限公司
47	149	122	云南省建设投资控股集团有限公司
48	150	166	龙信建设集团有限公司
49	156	128	中国水利电力对外有限公司
50	157	180	江西省建工集团有限责任公司
51	158	189	西安西电国际工程有限责任公司
52	162	182	湖南建工集团有限公司
53	165	184	湖南路桥建设集团有限责任公司
54	167	176	沈阳远大铝业工程有限公司

续表

序号	2023 年度排名	2022 年度排名	企业名称
55	168	173	中国有色金属建设股份有限公司
56	169	170	山东淄建集团有限公司
57	172	179	陕西建工控股集团有限公司
58	173	181	山东高速德建集团有限公司
59	174	212	四川公路桥梁建设集团有限公司
60	176	164	山东电力工程咨询院有限公司
61	181	172	安徽建工集团股份有限公司
62	184	199	中国甘肃国际经济技术合作有限公司
63	189	222	中国建材国际工程集团有限公司
64	191	—	江苏通州四建集团有限公司
65	195	211	江苏中南建筑产业集团有限责任公司
66	197	197	重庆对外建设（集团）有限公司
67	199	198	南通建工集团股份有限公司
68	200	195	浙江交工集团股份有限公司
69	202	193	正太集团有限公司
70	203	—	中铝国际工程股份有限公司
71	207	—	中国瑞林工程技术股份有限公司
72	211	227	江苏南通二建集团有限公司
73	222	238	中亿丰建设集团股份有限公司
74	224	229	龙建路桥股份有限公司
75	227	206	浙江省东阳第三建筑工程有限公司
76	228	237	江联重工集团股份有限公司
77	229	191	天元建设集团有限公司
78	230	217	中天建设集团有限公司
79	237	—	蚌埠市国际经济技术合作有限公司
80	241	249	河北建工集团有限责任公司
81	246	183	绿地大基建集团有限公司

备注："—"表示该企业 2022 年度未入围榜单。

在 ENR 同期发布的"最大 250 家全球承包商"榜单中（以国内与国际营业额合计排序），共 9 家中国企业进入前 10 强，较上年度增加 1 家，其中中国建筑、中国中铁、中国铁建、中国交建、中冶集团、中国电建包揽前 6 位，上海建工排名第 8 位、绿地大基建集团排名第 9 位，中国能建排名第 10 位。此外，陕西建工、北京城建、山西建投、中国化学工程、湖南建工、北京建工、安徽建工、四川路桥、浙江建投、中核建设、南通二建、中油工程、上海城建、中天建设、山东高速、江苏中南、国机集团、东方电气等企业进入榜单前 50 强，体现了中国企业在全球基建行业的重要地位。

第二节　中国对外承包工程行业发展形势

2023 年，第三届“一带一路”国际合作高峰论坛的成功召开，进一步彰显了中国高水平对外开放的信心与高质量共建“一带一路”的决心。随着全球基础设施向绿色低碳和数智化转型的节奏进一步加快，我国共建“一带一路”的“朋友圈”进一步扩大，国内政策环境进一步优化，对外承包工程行业总体呈现转型升级、高质量发展的态势。

一、对外承包工程行业发展所面临的主要机遇

（一）全球基础设施建设需求强劲

基础设施在推动各国经济社会发展、提高人民生活水平等方面仍然发挥着战略性、基础性、先导性作用，在世界各国发展中具有普遍性和差异化需求。乌兹别克斯坦、哈萨克斯坦、埃及等国纷纷出台规模庞大的基建投资及计划以拉动经济发展，菲律宾、马来西亚、新加坡、泰国等国家纷纷通过放宽关键行业的准入门槛、税费减免、政府配套资金支持等举措，吸引外资进入本国基建行业。受益于油气、矿产等资源类大宗商品价格上涨等因素，中东、非洲等资源输出型国家和地区工程承包市场发包规模呈爆发式增长，多个国家和地区的城市更新、交通网建设、电力投资、能源供给等发展规划竞相推进。在全球能源结构转型和绿色低碳发展的背景下，乌兹别克斯坦、沙特阿拉伯、阿拉伯联合酋长国、越南、印度尼西亚、孟加拉国、埃及等国家的绿色低碳发展需求出现明显增长，新能源、新基建和新产业类项目签约开始增多。根据惠誉解决方案（以下简称“惠誉”）预测，2024 年全球建筑业预计实际增长率为 3.0%，2025 年实际增长率为 3.1%，较 2022 年 0.8% 和 2023 年 2.9% 的增长，呈提速趋势。

（二）全球科技革命和产业变革催生新机遇

当前全球各主要大国均奋力向科技革命和产业变革冲刺，力争在本轮科技竞争中占据主动，以新能源、人工智能等为代表的战略性新兴产业和未来产业蓬勃发展。国际数据公司（IDC）预测，到 2026 年，全球仅与人工智能相关的产业资本支出将超过 3000 亿美元，随着人工智能的快速发展，所需算力也呈指数级增长，将带动全产业链超过 2 万亿美元的市场空间。能源绿色低碳转型加快推进，从高碳到低碳、从化石能源向新能源的转变已成为全球各国的广泛共识，由此催生各类新业态、新技术将颠覆以往的商业模式。全球超过 150 个国家提出了“碳中和”目标，覆盖全球 88% 的二氧化碳排放、90% 的 GDP 和 85% 的人口，2023 年全球低碳能源转型投资总额达到创纪录的 1.8 万亿美元，同比上涨 17%，绿色低碳转型机遇凸显。人工智能等新技术的快速

应用，赋予了传统基础设施更多新内涵，也正推动着行业快速迭代、升级发展。兼具数字化、智能化、绿色化特点的基础设施建设成为发展新方向，为反应快、实力强企业带来新的发展机会。

（三）高质量共建"一带一路"系列举措为业务高质量发展提供了强大动力

习近平总书记在亚太经合组织第三十次领导人非正式会议上提出打造亚太发展的下一个"黄金三十年"，在第三届"一带一路"国际合作高峰论坛上提出中国支持高质量共建"一带一路"的"八项行动"，包括"构建'一带一路'立体互联互通网络、支持建设开放型世界经济、开展务实合作、促进绿色发展、推动科技创新、支持民间交往、建设廉洁之路、完善'一带一路'国际合作机制"。中国国家开发银行、中国进出口银行将各设立 3500 亿元人民币融资窗口，丝路基金新增资金 800 亿元人民币，以市场化、商业化的方式支持共建"一带一路"项目，将聚焦重点区域、重点国别、重点领域和重点项目提供精准、系统的解决方案，产业、资本、政策的合力正在加速凝聚，中国企业"走出去"有望分享新一波的政策红利。

经过十年的发展，共建"一带一路"倡议已得到广泛的国际认可，全球发展倡议、全球安全倡议和全球文明倡议也陆续受到国际社会的高度评价，打造发展共同体、责任共同体、安全共同体和命运共同体的理念深入人心，中国与"一带一路"共建国家政治互信持续加深、务实合作持续深化，"一带一路"共建国家与我国共谋发展、深化合作的意愿不断增强。截至 2023 年底，我国已与 152 个国家和 32 个国际组织签署 200 余份共建"一带一路"合作文件，与多个国家发布共建命运共同体行动计划，将为高质量开展国际合作奠定坚实的基础。

（四）创新驱动下，我国工程企业竞争优势持续提升

根据 2023 年《工程新闻记录》杂志（ENR）发布的"全球最大 250 家国际承包商"榜单，中国企业有 81 家上榜，业务份额占到了 27.5%，在各国企业中均居首位，中国企业已经成为国际基建行业的重要力量。依托在国内积累的丰富的技术和管理等经验，中国企业开展国际基础设施建设合作取得了骄人的业务成绩，积累了丰富的国际市场经验，技术实力、管理能力也不断提高，已形成装备制造、施工机械、建筑材料各方面完整的供应链条，能够针对不同国家市场的特点，开发出适应当地的产品，满足工程建设的各种实际需要。从专业领域来看，我国企业不仅在交通、房建和电力等传统基建领域，技术标准、施工能力和施工质量方面已经处于国际领先水平，在重点市场具有市场优势和渠道资源，还在可再生能源、节能环保、清洁生产、5G、大数据等领域具有明显技术优势，整合资源实施国际重大基础设施项目经验丰富。在业务能力发展的同时，企业在劳工管理、企业文化建设、社会责任履行等方面的软实力也明显提高，国际经营的属地化水平不断提升。

二、对外承包工程行业发展所面临的主要挑战

（一）全球政治经济不确定性显著上升

2024 年被称为“全球大选年”，据不完全统计，2024 年全球范围内将有 76 个国家和地区举行选举，覆盖了世界近一半人口、近 50% 的经济总量。全球经济增长分化加快、鸿沟加剧的问题更加突出，全球治理挑战增加，产业链、供应链区域化碎片更趋明显，企业面临的发展环境存在较大的不稳定、不确定性。据国际货币基金组织（IMF）预测，全球 2024 年经济增速不超过 2.9%，是 2020 年以来最低增速。主要经济体复苏势头较弱，欧洲的能源危机中断了欧洲复兴的进程，预计 2024 年欧洲经济仍将维持复苏乏力的状态；部分发展中国家面临货币贬值、粮食危机、卫生问题日益凸显，社会问题将更加突出，从而影响经济的有效复苏。

（二）全球债务高位运行，国际基建项目融资面临挑战

虽然国际经济出现复苏，但仍存在不确定性和差异化，主权债务风险局部多发，基建项目融资难度加大。据国际金融协会（Institute of International Finance）统计，全球债务 2023 年末重回 307 万亿美元的高台，全球 15% 国家的公共债务比率超过 70%，数十个国家被国际评级机构下调，超过 60 个国家主权前景展望为消极。特别是新兴市场和发展中经济体的借贷成本仍居高不下，降低了其用于基础设施建设支出的财政空间，增加了陷入债务困境的风险，债务违约国别的公共项目获取融资难度及融资成本骤升。有些国家在主权债务高企的情况下，为满足基础设施建设的需求，纷纷转向采用 PPP/BOT 模式，但由于投资环境和管理水平尚需改善，同时受经济复苏的差异性，导致参与基础设施项目的私人投资意愿不强，投资规模进一步缩减，融资瓶颈将制约新项目的开发。

（三）产业链中断和逆全球化导致各种壁垒凸显

各国对国家安全的关注超越经济利益成为资源配置的首要选择，关键行业回迁和转移态势进一步加强，越来越多的国家注重本土保护，市场份额向本国企业倾斜。在市场准入、持股比例、劳工配额、本地化率、技术标准、税赋水平等方面对中国企业开展国际业务做出更多、更严的限制，企业出口难度将快速加大，面临的各类壁垒将显著增加。

（四）部分国内外竞争白热化情况加剧

部分欧美、日韩等国的承包商受本国政治、经济影响，纷纷重返工程承包行业，带来了激烈的竞争。部分中国企业同质化发展程度较高，通过非理性竞争的方式获得工程承包合同的情况时有发生，在压低自身利润空间的同时，也加大了亏损风险。以

印度、土耳其为代表的部分国家工程承包企业快速发展，其凭借劳动力成本的优势，进一步加剧了行业竞争态势。

（五）大国博弈、地缘冲突增加了境外经营发展风险

当前，企业在境外开展业务中所面临外方开展的外国投资审查、政府补贴调查、碳边界调节机制、海外合规调查、多边金融机构审查等监管趋紧，对企业海外合规经营提出了更高要求，推动企业加速强化法治化建设、合规化管理。地缘政治和安全形势复杂，乌克兰危机、巴以冲突、红海局势和中东变数将进一步加剧中东欧、中东地区市场的不确定性。

第三节　推动高质量发展的工作建议

我国对外承包工程行业处于转型升级的关键阶段，面对机遇与挑战，对外承包工程企业要不断创新发展，按照高质量发展的要求，分析研判内外部发展环境，积极培育和发展对外承包工程行业的新质生产力，提升创新发展能力水平，实现行业的高质量可持续发展。

一、优化业务发展布局，培育新的业务增长点

深挖“一带一路”重点国家的基建潜力，紧抓亚非发展中国家的城市化和工业化、中东北非资源富集型国家的经济加速转型和全球绿色低碳转型等的机遇，根据合作国资源禀赋和发展规律，关注市场需求发展趋势和政策导向，加强区域和国别统筹，优化业务发展布局，积极参与所在国区域和经济发展规划，主动设计项目、运作项目；在坚持市场化、商业化原则的前提下，推动建设符合东道国发展目标、经济有回报、环境友好、社会效益良好、风险可控的可持续基础设施项目，培育新的业务增长点，推动海外业务规模合理增长。

二、进一步发挥规划设计咨询的引领作用

积极探索符合各方发展诉求的新业务模式，对标国际上普遍认可的规则标准，由被动跟踪项目向主动设计项目、运筹项目转变。可结合我国产业发展、技术创新、标准经验方面的优势以及东道国资源禀赋、城市化、工业化发展等需求，选择合作潜力大和合作基础好的国家，系统进行合作领域、合作项目的规划设计，保障基础设施合作有序、高效和绿色可持续发展。

三、积极推进“投建营一体化”发展，提升综合开发和全周期盈利的能力

充分发挥全产业链优势，实现业务向“投资＋建设＋运营一体化”转变；在具有竞争力的产业链上审慎选择优质项目开展“投建营”合作，增强企业参与项目投融资和建成后运营管理能力，积极拓展多元化融资资源，通过小额参股、直接投资、兼并收购等方式参与国际基建项目投融资，并在股权设置、运营和退出机制、资产证券化等方面加强研究，拓宽多元化融资渠道。多方面推动各类综合开发项目，推动基础设施与各类资源相结合的综合开发，以及区域综合开发性的项目等。

四、加强产融合作，提升金融资源整合能力

对外承包工程行业的转型发展，需要充分发挥金融机构在国际基建业务升级转型中资源配置的重要作用。金融机构、企业等各利益相关方通过产融结合模式，以银团贷款、联合融资、股权参与等方式共同参与可持续基础设施建设，发挥金融机构的渠道资源优势，通过促进分工配合、技术合作、组建联合体等方式搭建中国企业、中外企业的桥梁纽带，构建产融合作新生态。充分利用政策性资金的引领和撬动作用，灵活使用银团贷款、联合融资、转贷款等方式，带动更多商业性金融资源投入市场合作，吸引多边开发机构、发达国家金融机构参与。根据“投建营一体化”“绿色低碳”“小而美”等项目和参与企业的融资需求，不断创新融资模式；同时，利用金融机构的渠道和专业优势，提供全过程风险预警服务，应对和化解可能产生的风险。

五、向深化多方合作转型发展，强化全链条融合发展

一是，提升与产业融合发展的能力。依托我国的能源、矿产、装备制造、信息技术等优势产业，以及制造业升级、新兴产业、新技术、新业态快速发展等优势，发挥商务资源和市场渠道优势，积极参与产业规划和综合投资，加强与国内产业投资和相关优势领域的企业和资源合作，将所在国资源优势转化为产业优势、发展优势，提升合作的层次和水平。二是，深化第三方市场合作。将中国的优势产能、发达国家的先进技术和广大发展中国家的需求有效结合，发挥合作各方在资源、技术、商务、资金、信息、市场等方面的优势，共同开发第三方市场，推进国际产业合作，实现互利共赢。三是，深化属地化合作。坚持共商共建共享，重视与当地企业、利益相关方合作，加快融入当地社会，既有利于提高竞争能力，又可以有效应对地缘政治冲突，解决项目实施过程中的矛盾、冲突问题，规避人员安全风险。

六、不断打造建筑工业化、绿色化、数智化等核心竞争力

紧抓建筑工业化、能源转型、绿色发展与数智发展带来的市场机遇，积极应对绿

色低碳要求、人口老龄化、劳动力短缺等挑战，推动管理数字化、产业数字化、数字产业化和数据价值化，提升绿色可持续发展能力，加强科技创新，推广绿色建筑标准，采用绿色低碳建材和可再生先进技术，注重全生命周期的碳排放管理，把绿色发展的理念贯穿项目开发与建设运营的全过程。围绕数字产业化和产业数字化发展机遇，不断推动传统基础设施建设的智能化、数字化升级改造。

七、强化风险管控与合规管理能力，夯实业务发展基础

充分做好市场调研和形势预判，对政治、经济、安全等多方风险进行全面评估，加大项目可行性研究的力度和精准度，提升海外安全风险的评估、防范和处置能力。健全海外合规管理体系，有效控制合规和法律风险。积极响应国际社会对企业在法律、法规、道德、社会责任等方面的要求，积极应对大国博弈加剧所带来的复杂严峻外部环境。加强合规管理的要求，在市场开发活动中要守住底线，不碰红线，确保合规经营。

第二章

地区市场业务情况

第一节　亚洲市场

2023 年，亚洲地区排除诸多干扰，加强多边合作，释放强劲动能，总体上扭转了 2022 年的经济下行趋势，经济增长势头逐步向好。特别是随着《区域全面经济伙伴关系协定》（RCEP）政策红利的持续释放，区域贸易成本大幅降低，产业链、供应链联系更加紧密，受益民众范围不断扩大。RCEP 持续推动区域经贸合作向纵深发展，为地区经济一体化和发展繁荣注入了强劲动力。2023 年 3 月，在博鳌亚洲论坛发布的《亚洲经济前景及一体化进程 2023 年度报告》指出，亚洲作为世界经济的重要引擎，2023 年经济整体复苏步伐加快。2024 年 3 月，该报告预测 2024 年亚洲经济增速将达到 4.5% 左右，将是对全球经济增长贡献最大的地区。

一、市场概况

（一）亚洲周边国家和地区是带动我国对外承包工程增长的重要动力

2023 年，中国企业在亚洲地区新签合同额 1303.6 亿美元，同比增加 5.8%，占全年新签合同额的 49.3%；完成营业额 856.4 亿美元，同比增长 3.9%，占全年完成营业额的 53.2%。从规模上看，亚洲市场多年来一直占据我国对外承包工程业务总量的“半壁江山”，在我国排名前 10 的对外承包工程市场中，沙特阿拉伯、印度尼西亚、马来西亚、孟加拉国等国占据了多个席位；从增速上看，随着区域内经济增长势头逐步向好，亚洲市场在带动我国承包工程业务整体增长方面正在发挥积极的引领作用。

（二）业务主要合作模式正在由现汇向“投建营一体化”转变

2023 年亚洲多数经济体基本面稳中向好，但也存在新兴市场和发展中经济体复苏不均衡、主权债务风险高企等各类问题。随着亚洲地区基础设施需求的不断增长，各国政府未来出资建设的空间有限，越来越多的国家通过改善当地投资环境，吸引私营资本、国际资本开展基础设施建设，积极鼓励外资和私营资本通过 BOT、PPP 等模式加大对当地基础设施的投资。

（三）各国承包商在亚洲基础设施建设市场的竞争愈发激烈

中国企业在亚洲周边国家市场面临的竞争既来自当地企业，也来自欧美、日韩企业。不少国家本地承包商具有较强的实力。例如，泰国前 10 名承包商基本承揽了本地大型项目和政府项目，且报价非常具有竞争性；马来西亚建筑业起步较早，培养了大批有实力的本地承包商，且要求本国资金项目不得由外国承包商总包；日韩企业在东南亚投资金额大、经营时间长、利益分布广，拥有不容忽视的竞争力；印度的承包工程企业技术实力也在快速进步，在部分市场对我国企业形成强有力的竞争。

（四）局部动荡的地区安全形势对业务开展产生不利影响

2023 年影响亚洲安全与发展的因素依然存在，中国企业在亚洲相关国家开展对外承包工程业务将面临更多不确定性，存量业务和在谈业务也受到不利影响。

（五）RCEP 的全面生效给对外承包工程业务带来新的发展机遇

2023 年 6 月 2 日，RCEP 在菲律宾正式生效，至此《区域全面经济伙伴关系协定》在 15 个签署国全面生效。RCEP 区域总人口、GDP 总值、货物贸易金额均占全球比重约 30%，RCEP 对 15 方的全面生效标志着全球人口最多、经贸规模最大、最具发展潜力的自由贸易区进入全面实施的新阶段。15 方货物、服务和投资市场开放承诺，叠加各领域高水平规则，将极大促进区域内原材料、产品、技术、人才、资本、信息和数据等生产要素的自由流动，推动逐步形成更加繁荣的区域一体化大市场，促进成员国之间在基础设施建设等诸多领域更大范围、更高水平、更深层次的开放合作。

二、业务概况

（一）业务规模

2023 年，中国企业在亚洲地区新签合同额 1303.6 亿美元，同比增加 5.8%，占全年新签合同额的 49.3%；完成营业额 856.4 亿美元，同比增加 3.9%，占全年完成营业额的 53.2%。2011—2023 年中国企业在亚洲市场对外承包工程新签合同额和完成营业额走势分别见图 2-1 和图 2-2。

（二）主要国别（地区）

新签合同额前 20 的国别（地区）中，科威特、孟加拉国、沙特阿拉伯、中国澳门等国别（地区）同比增幅较大；完成营业额前 20 的国别（地区）中，乌兹别克斯坦、蒙古国、沙特阿拉伯、泰国等国家同比增幅较大。2023 年亚洲地区对外承包工程新签

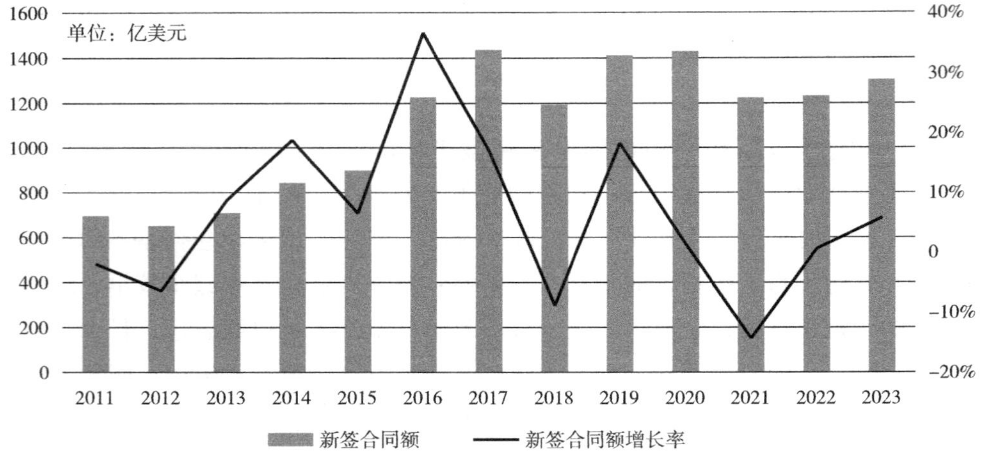

图 2-1　2011—2023 年中国企业在亚洲市场对外承包工程新签合同额走势

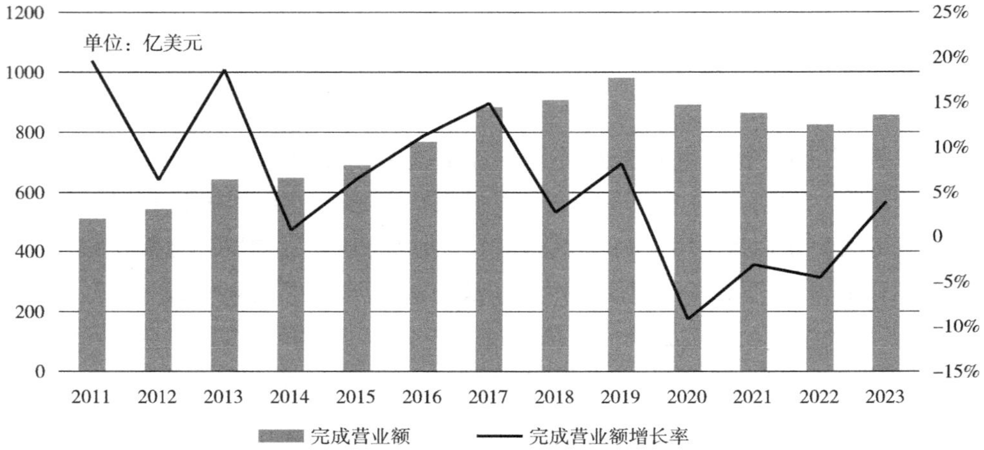

图 2-2　2011—2023 年中国企业在亚洲市场对外承包工程完成营业额走势

合同额和完成营业额前 20 的国别（地区）市场排名见表 2-1。

2023 年亚洲地区对外承包工程新签合同额和完成营业额前 20 的国别（地区）市场排名　　表 2-1

单位：亿美元

排名	国别（地区）	新签合同额	国别（地区）	完成营业额
1	沙特阿拉伯	167.6	沙特阿拉伯	92.7
2	印度尼西亚	142.0	中国香港	86.2
3	中国香港	127.8	印度尼西亚	84.5
4	越南	74.5	马来西亚	73.9
5	菲律宾	70.6	孟加拉国	57.1
6	孟加拉国	70.3	新加坡	46.1
7	马来西亚	62.2	伊拉克	42.2

续表

排名	国别（地区）	新签合同额	国别（地区）	完成营业额
8	阿拉伯联合酋长国	59.3	阿拉伯联合酋长国	37.4
9	伊拉克	52.9	泰国	33.4
10	哈萨克斯坦	48.6	巴基斯坦	32.2
11	蒙古国	46.1	乌兹别克斯坦	30.7
12	新加坡	43.1	菲律宾	27.4
13	乌兹别克斯坦	42.6	柬埔寨	23.9
14	泰国	40.1	中国澳门	20.1
15	柬埔寨	35.8	越南	19.5
16	巴基斯坦	26.5	印度	16.4
17	科威特	22.0	科威特	14.0
18	老挝	21.4	以色列	13.9
19	中国澳门	19.4	哈萨克斯坦	13.6
20	尼泊尔	16.0	蒙古国	13.2

（三）专业领域

在新签合同额方面，2023 年中国企业在亚洲市场的制造加工设施建设、电力工程建设、一般建筑、通讯工程建设等领域新签合同额同比增长，交通运输建设、水利建设、石油化工、工业建设等领域同比下滑；在完成营业额方面，制造加工设施建设、石油化工、工业建设、交通运输建设等领域同比增长，通讯工程建设、水利建设、电力工程建设、一般建筑等领域同比下滑。2023 年亚洲市场对外承包工程业务领域分布见表 2–2。

2023 年亚洲市场对外承包工程业务领域分布　　表 2–2

单位：亿美元

排名	专业领域	新签合同额	专业领域	完成营业额
1	一般建筑	348.3	交通运输建设	196.2
2	电力工程建设	300.0	一般建筑	167.2
3	交通运输建设	159.0	电力工程建设	154.4
4	石油化工	127.4	石油化工	106.0
5	其他	125.7	工业建设	76.6
6	工业建设	116.7	通讯工程建设	50.6
7	通讯工程建设	58.7	其他	42.6
8	制造加工设施建设	34.2	制造加工设施建设	26.0
9	水利建设	25.3	水利建设	21.9
10	废水（物）处理	8.2	废水（物）处理	14.7
11	危险品处理	0.1	危险品处理	0.2

（四）参与企业

2023 年度亚洲市场对外承包工程业务前 30 会员企业排名见表 2–3。

2023 年度亚洲市场对外承包工程业务前 30 会员企业排名　　表 2–3

排名	企业
1	中国建筑股份有限公司
2	中国交通建设集团有限公司
3	中国电力建设集团有限公司
4	中国能源建设股份有限公司
5	中国港湾工程有限责任公司
6	中国铁建股份有限公司
7	中国电建集团国际工程有限公司
8	中国中铁股份有限公司
9	中国冶金科工股份有限公司
10	中国机械工业集团有限公司
11	中国化学工程集团有限公司
12	中国石油集团工程股份有限公司
13	山东电力建设第三工程有限公司
14	中国交通建设股份有限公司
15	中国路桥工程有限责任公司
16	中国中材国际工程股份有限公司
17	中国电建集团山东电力建设有限公司
18	中建国际建设有限公司
19	北方国际合作股份有限公司
20	中国土木工程集团有限公司
21	中国建筑第三工程局有限公司
22	中能建国际建设集团有限公司
23	中国机械设备工程股份有限公司
24	上海振华重工（集团）股份有限公司
25	中国石油管道局工程有限公司
26	中国电力技术装备有限公司
27	中国石油工程建设有限公司
28	中国能源建设集团浙江火电建设有限公司
29	中国葛洲坝集团股份有限公司
30	中工国际工程股份有限公司

备注：排名以会员企业完成营业额为依据，一级企业包含下属企业完成营业额。

（五）主要项目

2023 年亚洲市场对外承包工程新签合同额排名前 20 的项目见表 2-4。

2023 年亚洲市场对外承包工程新签合同额排名前 20 的项目　　表 2-4

排名	国别（地区）	项目名称	企业
1	沙特阿拉伯	ROSHN 住房项目	中国港湾工程有限责任公司
2	中国香港	香港启德新急症医院 Site A 项目	中国建筑股份有限公司
3	中国香港	威尔斯亲王医院第二期重建一阶项目	中国建筑股份有限公司
4	阿拉伯联合酋长国	R1029 岛屿开发项目	中国建筑股份有限公司
5	马来西亚	东海岸铁路链接线项目	中国港湾工程有限责任公司
6	约旦	扎尔卡炼油厂第四期升级扩建项目	中石化炼化工程（集团）股份有限公司
7	科威特	萨阿德阿卜杜拉新城基础设施一标项目	中国葛洲坝集团股份有限公司
8	印度尼西亚	华宝工业园镍钴项目	中国冶金科工集团有限公司
9	哈萨克斯坦	卡拉干达州巴尔喀什凯普查姆铜矿项目采剥工程一期	中国电建集团国际工程有限公司
10	巴基斯坦	塔尔六区煤矿开挖项目	中国电建集团国际工程有限公司
11	孟加拉国	安瓦尔综合钢厂有限公司 160 万吨联合钢厂项目	中冶京诚工程技术有限公司
12	越南	清化省芒勒风电三期项目（600MW）	中国葛洲坝集团股份有限公司
13	印度尼西亚	三林集团巴淡岛能源动力及配套工程	上海宝冶集团有限公司
14	越南	天富第 2 阶段 2 期 400MW 海上风电项目	中国电力工程顾问集团西南电力设计院有限公司
15	泰国	电信项目	华为技术有限公司
16	哈萨克斯坦	阿克托别州马梅特铬铁矿开采总包项目	中国电建集团国际工程有限公司
17	沙特阿拉伯	阿美 Amiral 项目（P5AC）——罐区及与 SATORP 炼厂集成	中石化南京工程有限公司
18	沙特阿拉伯	阿美 Amiral 项目 P5AC 包	中石化炼化工程（集团）股份有限公司
19	新加坡	八珊顿道混合用途大楼改建项目	中国港湾工程有限责任公司
20	蒙古国	戈壁省南部能源基地二期 500MW 风电项目	中能建国际建设集团有限公司

三、区域市场概况

2023 年，中国企业在东南亚市场新签合同额为 501.3 亿美元，同比下降 9.6%，占比 38.5%；在西亚市场新签合同额为 361.0 亿美元，同比增长 15.5%，占比 27.7%；在东亚市场新签合同额为 199.7 亿美元，同比增加 25.3%，占比 15.3%；在南亚市场新签合同额为 139.4 亿美元，同比增加 20.4%，占比 10.7%；在中亚地区新签合同额为 102.2 亿美元，同比增长 13.9%，占比 7.8%。2023 年亚洲各区域市场承包工程业务占比见图 2-3。

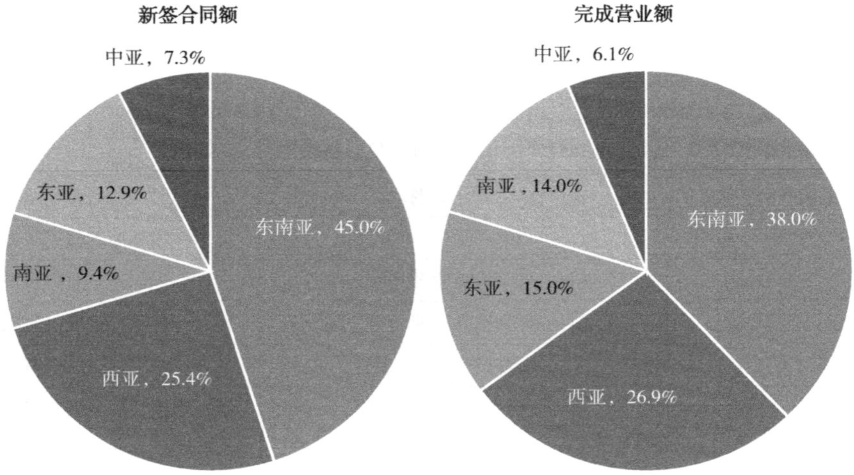

图2-3　2023年亚洲各区域市场承包工程业务占比

（一）东南亚地区

东南亚地区包括越南、老挝、柬埔寨、缅甸、泰国、马来西亚、新加坡、印度尼西亚、菲律宾、文莱和东帝汶等国家。

1. 业务概况

2023 年，中国企业在东南亚地区对外承包工程新签合同额连续两年下降，完成营业额出现增长。新签合同额 501.3 亿美元，同比下降 9.6%；完成营业额 325.6 亿美元，同比增长 8.9%。业务领域集中在电力工程建设、一般建筑、交通运输建设、工业建设、通讯工程建设等领域。项目数量多、规模大、金额高，合同额 5 亿美元以上项目多达 10 余个。2023 年东南亚地区国别市场业务排名见表 2-5。

2023 年东南亚地区国别市场业务排名　　表 2-5

单位：亿美元

排名	国别	新签合同额	国别	完成营业额
1	印度尼西亚	142.0	印度尼西亚	84.5
2	越南	74.5	马来西亚	73.9
3	菲律宾	70.6	新加坡	46.1
4	马来西亚	62.2	泰国	33.4
5	新加坡	43.1	菲律宾	27.4
6	泰国	40.1	柬埔寨	23.9
7	柬埔寨	35.8	越南	19.5
8	老挝	21.4	老挝	12.7
9	缅甸	9.4	缅甸	2.2
10	文莱	1.5	文莱	1.4
11	东帝汶	0.7	东帝汶	0.6

2023 年东南亚市场承包工程业务领域分布见表 2–6。

2023 年东南亚市场承包工程业务领域分布　表 2–6

单位：亿美元

排名	专业领域	新签合同额	专业领域	完成营业额
1	电力工程建设	147.6	交通运输建设	87.5
2	一般建筑	89.3	一般建筑	56.6
3	工业建设	77.7	工业建设	53.2
4	交通运输建设	73.4	电力工程建设	45.8
5	其他	43.7	通讯工程建设	31.6
6	通讯工程建设	33.7	其他	16.5
7	制造加工设施建设	21.0	制造加工设施建设	14.1
8	石油化工	7.9	石油化工	12.7
9	水利建设	3.9	水利建设	3.7
10	废水（物）处理	3.0	废水（物）处理	3.7
11	危险品处理	0.1	危险品处理	0.2

2023 年东南亚市场新签合同额前 10 的项目见表 2–7。

2023 年东南亚市场新签合同额前 10 的项目　表 2–7

排名	国别	项目名称	企业
1	马来西亚	东海岸铁路链接线项目	中国港湾工程有限责任公司
2	印度尼西亚	华宝工业园镍钴项目	中国冶金科工集团有限公司
3	越南	清化省芒勒风电三期项目	中国葛洲坝集团股份有限公司
4	印度尼西亚	三林集团巴淡岛能源动力及配套工程	上海宝冶集团有限公司
5	越南	天富第 2 阶段 2 期海上风电项目	中国电力工程顾问集团西南电力设计院有限公司
6	泰国	电信项目	华为技术有限公司
7	新加坡	八珊顿道混合用途大楼改建项目	中国港湾工程有限责任公司
8	缅甸	丹伦江与土瓦河疏浚采砂项目	中国港湾工程有限责任公司
9	印度尼西亚	电信项目	华为技术有限公司
10	菲律宾	碧瑶基帮岸 500MW 抽水蓄能电站项目	中国电建集团国际工程有限公司

2023 年东南亚市场承包工程业务前 10 会员企业见表 2–8。

2023 年东南亚市场承包工程业务前 10 会员企业　　表 2–8

排名	企业
1	中国交通建设集团有限公司
2	中国建筑股份有限公司
3	中国港湾工程有限责任公司
4	中国电力建设集团有限公司
5	中国冶金科工股份有限公司
6	中国电建集团国际工程有限公司
7	中国能源建设股份有限公司
8	中国中铁股份有限公司
9	中国化学工程集团有限公司
10	中国路桥工程有限责任公司

备注：排名以会员企业完成营业额为依据，一级企业包含下属企业完成营业额。

2. 市场形势

总体来看，在 RCEP 等多双边自贸机制的作用下，东南亚各国营商环境持续优化，在市场准入、财政税收等方面出台多项优惠政策，贸易和投资持续活跃，各国基础设施和城镇化建设需求旺盛，仍是国际资本和承包商最为关注的热点市场。区域市场呈现以下特点：

（1）市场热度持续上涨

印度尼西亚、马来西亚、菲律宾、越南等国别市场热度持续上涨，基础设施升级改造和新型基础设施建设需求不断增多，成为驱动各国承包行业发展的关键；受劳工成本大幅上升、汇率波动加剧等因素影响，部分市场如新加坡建设成本上涨，基础设施建设项目发包量也受到负面影响。

（2）市场需求稳步回升

首先从细分领域来看，交通、能源、房建、通信、水务和公共卫生等领域的需求均有不同程度回升。其中，交通基础设施建设作为经济发展重要驱动力，依然是各国重点支持的领域，需求保持稳定增长。其次，各国纷纷制定以绿色转型为重点的能源多元化发展规划，出台多项优惠政策吸引外资，为产业链相关企业和国际承包商带来新的机遇。

（3）“小而美”项目深受青睐

各国在继续推进重大基础设施建设的同时，更加关注与民生发展息息相关的中小型基建项目，包括供电、住房、医疗等在内的一批“小而美”的基础设施项目。该类项目风险相对可控、社会经济效益显著，因此更易获得融资，推进速度快，为促进各国社会发展和民生改善发挥了重要作用。

（4）外资涌入推动产业发展

随着全球产业链、供应链布局的重新调整，并在 RCEP 全面生效的催化下，东南亚各国凭借自身资源禀赋和人口红利，吸引了大量外资，特别是中资的涌入，矿产和制造业的需求规模和发展质量得以快速增长。

（5）私人投资作用显著

为满足经济下行、债务承压、监管趋紧背景下的基础设施融资需求，私人投资在基础设施建设中发挥越来越重要的作用。值得注意的是，虽然全球“双碳”进程加快，但部分国家因能源基础不完善，可再生能源发展仍处于探索起步阶段，私人投资对此仍持审慎态度，交通基础设施和水务等领域更受青睐。

（6）内外部竞争更趋激烈

来自中国企业内部及全球同行企业间的竞争持续加剧、局部地缘冲突、政局变动、贸易保护和大国博弈等方面的因素，仍将为中国承包企业在东南亚业务开展带来新的风险和不确定性。

3. 发展展望

（1）把握基础设施投资建设机遇

东南亚国家积极优化政策和营商环境，一系列与基础设施相关的经济刺激计划进入实施阶段。柬埔寨洪玛奈政府宣布实施的《五角战略第一阶段政策》，仍将交通基础设施建设作为国家发展的重要任务之一，公路和铁路网络建设将是交通基建的重点。菲律宾马科斯政府制定的“多建好建”项目计划将持续加大投入，预计未来 10 年交通基础设施领域年均需求增速将达到 6.8%。泰国政府提出的“泰国 4.0”战略和“东部经济走廊”发展规划将持续加大对铁路和港口等大型基础设施项目的投入。越南已规划 2030 年前建成由 21 条线路构成的高速公路网络，总里程达到 6814km，投资约 391 亿美元。

（2）抢占绿色低碳转型发展先机

受新一轮技术革命及产业变革影响，东南亚区域基础设施合作模式推陈出新，催生出新的市场机遇。绿色低碳和数字化技术为基建发展赋能，兼具数字化、智能化、绿色化特征的基建项目，正成为各国发展基础设施的首选。现代化铁路、绿色交通、智慧城市等新型基础设施受到各国政府、民众的青睐，不仅将为提升东道国产业发展水平、促进全产业国际合作注入新动力，也为各国承包商带来发展机遇。

（3）加强双边交流合作，营造良好发展环境

当前，地缘政治冲突频发、经济复苏乏力，全球面临更为复杂的国际政治经济环境。“一带一路”共建国家政府间应进一步加强政策对接，充分发挥基础设施投资建设对经济发展的带动作用，为深化多领域国际合作创造更为有利的环境。

（4）关注政府债务风险

柬埔寨政府主要依靠外部资金发展大型基建项目，企业应持续关注柬埔寨的债务动态，避免大型项目扎堆上马，保持整体良性可持续发展态势。越南公共债务规模不断提升，未来支持大型基建项目的财政空间将进一步被压缩，企业应持续关注随之而来的市场需求变化、法律变更、政府偿付能力下降等多重风险。

（5）促进相关机构的优势互补，更好满足发展需求

为更好支持"一带一路"倡议发展，金融机构、行业协会和高校智库等各类组织、机构应充分发挥自身专业优势，多角度营造促进合作、助推发展的外部环境。

（二）南亚地区

南亚地区包括印度、巴基斯坦、孟加拉国、斯里兰卡、尼泊尔、不丹和马尔代夫。中国是南亚各国重要的贸易伙伴，在基础设施建设和国际贸易中有较多合作。近年来，中国企业在南亚参与国际工程项目的模式趋于多元，经历了从分包到设计—采购—施工模式的总承包（EPC），到带投融资的总承包（EPC+F），再到负责融资和后续运维的总承包（EPC+F+O&M）的变革，产融合作在当前国际承包工程市场是大势所趋。以孟加拉国为例，中国企业在孟投资多个燃煤和液化天然气（LNG）电厂，配套码头工程基本都以 EPC+F+O&M 的模式开发。企业以 PPP 模式签约达卡 RAD 高架桥项目等。

1. 业务概况

2023 年，中国企业在南亚地区对外承包工程新签合同额 139.4 亿美元，同比上升 20.5%，涨幅明显；完成营业额 120.1 亿美元，同比下降 13.9%。2023 年南亚地区国别市场业务排名情况见表 2–9。

2023 年南亚市场承包工程业务领域分布见表 2–10。

2023 年南亚地区国别市场业务排名　　表 2–9

单位：亿美元

排名	国别	新签合同额	国别	完成营业额
1	孟加拉国	70.3	孟加拉国	57.1
2	巴基斯坦	26.5	巴基斯坦	32.2
3	尼泊尔	16.0	印度	16.4
4	印度	12.6	斯里兰卡	5.9
5	斯里兰卡	8.6	尼泊尔	5.8
6	马尔代夫	5.4	马尔代夫	2.7

2023 年南亚市场承包工程业务领域分布 表 2-10

单位：亿美元

排名	专业领域	新签合同额	专业领域	完成营业额
1	电力工程建设	48.5	电力工程建设	48.8
2	交通运输建设	25.3	交通运输建设	33.6
3	其他	24.6	工业建设	7.8
4	一般建筑	23.0	其他	5.5
5	制造加工设施建设	6.0	石油化工	5.2
6	工业建设	4.9	制造加工设施建设	4.7
7	通讯工程建设	2.5	水利建设	4.6
8	水利建设	2.2	一般建筑	4.6
9	石油化工	1.2	通讯工程建设	3.2
10	废水（物）处理	1.2	废水（物）处理	2.1

2023 年南亚市场新签合同额前 10 的项目见表 2-11。

2023 年南亚市场新签合同额前 10 的项目 表 2-11

排名	国别	项目名称	企业
1	巴基斯坦	塔尔六区煤矿开挖项目	中国电建集团国际工程有限公司
2	孟加拉国	安瓦尔综合钢厂有限公司 160 万吨联合钢厂项目	中冶京诚工程技术有限公司
3	尼泊尔	360MW 布达甘达吉水电站项目	中国电建集团国际工程有限公司
4	孟加拉国	纳比甘杰 350MW 光伏电站项目	中铁国际集团有限公司
5	斯里兰卡	科伦坡港口保税中心项目	中国土木工程集团有限公司
6	孟加拉国	松罗迪普岛 500MW 光伏项目设备供货合同	中国电建集团国际工程有限公司
7	孟加拉国	坦盖尔 600MW 光伏项目	中国能源建设集团广东火电工程有限公司
8	孟加拉国	NPM 酒店项目	北方国际合作股份有限公司
9	孟加拉国	英斯达标志性商业综合体项目	中国电建集团国际工程有限公司
10	斯里兰卡	科伦坡港口城二期市政和绿化工程	中国港湾工程有限责任公司

2023 年南亚市场承包工程业务前 10 会员企业见表 2-12。

2023 年南亚市场承包工程业务前 10 会员企业 表 2-12

排名	企业
1	中国电力建设集团有限公司
2	中国中铁股份有限公司
3	中国能源建设股份有限公司
4	中国交通建设集团有限公司

续表

排名	企业
5	中国铁建股份有限公司
6	中国建筑股份有限公司
7	中国电力技术装备有限公司
8	山东电力建设第三工程有限公司
9	中国港湾工程有限责任公司
10	中国葛洲坝集团股份有限公司

备注：排名以会员企业完成营业额为依据，一级企业包含下属企业完成营业额。

2. 市场形势

中国是南亚最大的邻国，是陆上和海上“一带一路”的必经区域。后疫情时期，南亚作为新兴经济体，凭借土地、劳动力成本以及欧美市场准入许可等优势，正与东南亚一起成为新一轮国际产业转移的承接地。同时，南亚是“一带一路”“孟中印缅经济走廊”“中巴经济走廊”交叠区域，其港口是连接东南亚与阿拉伯、非洲航线的必经中转站，在连接中国东部沿海地区、东南亚、南亚、非洲和欧洲沿线国家与地区中起到承接作用。在“一带一路”倡议推动下，近年来国内各大港口运营商均积极参与海外港口的投资运营，很多中国企业提前开展港口及临港产业园区等相关基础设施项目的策划和推动。

（1）印度

2022 年印度 GDP 总量超过英国，成为世界第五大经济体。在 2022（4 月 1 日）—2023（3 月 31 日）财年，印度 GDP 增长 7.2%，在世界主要经济体中居首位。按照购买力平价计算，印度为全球经济增长做出 15% 的贡献，仅次于中国和美国，居世界第三位。进入 2023 年，印度经济继续快速增长，在前三个季度，印度 GDP 增速分别为 6.1%、7.8% 和 7.6%；2023 年第四季度，印度经济指标也好于预期。印度央行（印度储备银行 RBI）预计，在 2023—2024 财年，印度 GDP 增速将为 7%。

2023 年印度政府在基础设施上的投资达到 1220 亿美元，比上年增加 33%，成效明显。不断增加的投资使印度的基础设施产生了本质性变化。2014 年以来，印度每年新增高等级公路约 1 万公里，机场数量增加了一倍，铁路运输效率、网络覆盖率明显提高。

（2）巴基斯坦

2023 年巴基斯坦受美元加息、外汇危机影响，GDP 增长为 −0.5%，通货膨胀率 29.2%，亚洲开发银行预计巴基斯坦 GDP 增速将在 2024 财年“温和回升”至 1.9%。巴政府在 2022—2023 财政年度为公共部门发展计划（PSDP）项目拨款 8000 卢比（41 亿美元），预计 2024—2027 年期间，基建市场年复合增长率将超过 5%。随着中巴经济走廊建设的持续推进，巴基斯坦基础设施得以快速发展。在电力设施方面，政府重视可再生能源，重点推动水电和光伏发电项目建设；在交通设施方面，积极扩展现代化公路和铁路网络，以满足城市化和人口增长的需要；在通信设施方面，主要推动数字化转型和“5G+ 物联网”发展，为通信基础设施和数字经济建设提供了发展机遇。

（3）孟加拉国

孟加拉国 2023 年 GDP 为 4463 亿美元，增速 5.78%，低于过往年度的 7%；截至 2023 年底，孟加拉国外债总额为 1006 亿美元，为历年新高，外汇储备从年初约 364 亿美元跌至 195 亿美元，下降 46.42%。

受美联储加息、乌克兰危机、巴以冲突以及国际局势动荡等因素的影响，孟加拉国经济增长前景放缓，基建行业发展面临一定的压力，但由于其城市人口数量快速增长、规模持续扩大，对交通、电力、公用事业等基础设施的需求日益增加。惠誉预测 2023—2032 年间，孟加拉国基建行业年均增长率将达到 8%，发展潜力巨大，或将成为未来十年亚太地区增长最快的基建市场之一。

孟政府在 2022—2026 年内基建规划预算总金额约为 738 亿美元，其中在道路桥梁、港口码头、疏浚吹填等传统优势领域涉及金额约为 281 亿美元，市场潜力较大。在孟加拉国第 8 个五年规划中，重点关注方向为基础设施建设、国内路网项目联通、大型电厂项目运营、饮用水及污水处理等。同时，加大吸引外资力度，利用政府优惠政策和人口红利吸引外资，包括电厂、道路桥梁、码头、市政、房建、纺织、医疗等方面的投资。

（4）斯里兰卡

2023 年斯里兰卡经济萎缩 3.6%，债务重组正在有序进行，双边债务重组谈判已几乎完成，社会经济状况逐步恢复。在通胀利率方面，通胀压力正在减小，利率下调空间大，政策利率也正在下调；从国际收支结构来看，斯里兰卡贸易逆差主要通过侨汇弥补，2023 年整体逆差与 2022 年水平大致相同，较 2022 年以前逆差水平得到了较好的控制，在宽松货币政策和放宽进口限制情况下，预计 2024 年斯里兰卡经济增长有望回升至负 1.8%；在基建领域，斯里兰卡将通过加强地区战略地位和多双边互联互通，依托交通、水、电、港口等基础设施改造，努力成为南亚地区领先的物流、贸易和制造中心及印度洋的经济枢纽。

（5）马尔代夫

近年来，马尔代夫支柱经济旅游业受到巨大冲击，外汇出现大量紧缩，且外汇收入呈断崖式下降，政府财务状况恶化趋势明显。虽然外汇收入有所回升，但整体政府负债情况较为严重且偿债能力不足，经济形势恢复缓慢。

2023 年马尔代夫受益于旅游业的迅速回复，外汇收入上升，2023 年 GDP 为 69.8 亿美元，增长率 11.86%，通货膨胀率约 2.9%。政府基建预算支出迅速增加，金额为 5.54 亿美元，水上交通基础设施领域潜在机遇较多，旅游类基础设施建设相关领域如清洁能源、污水处理、小型医院以及小型机场等民生类基础设施项目需求旺盛。

（6）尼泊尔

2023 年尼政府把准方向，依托经济政策、制度改革，各项经济指标不断向好。数据显示，2021—2022 财年尼泊尔外汇储备 1295.6 亿卢比（约 9.61 亿美元，按 1 美元 =134.85 卢比），2022—2023 财年，外汇储备达 1696 亿卢比（约 12.58 亿美元，按 1 美元 =134.85 卢比），同比提升显著，国际收支顺差达 1471.1 亿卢比（约 10.92 亿美元，按 1 美元 =134.85 卢比），世界银行预测尼泊尔经济将在 2024 财年达到 3.9% 增长。尼泊尔拥有丰富的水资源，是潜在水力发电大国，此外尼泊尔基础设施建设相对薄弱，公路网、机场和城市综合开发等领域发展前景广阔。

3. 发展展望

中国与南亚国家地理毗邻，随着中国和南亚国家综合实力的不断增强、对世界影响力不断提高，中国与南亚国家的经济合作越发紧密。

（1）加深能源基础设施合作具有较大潜力

南亚是中国进口油气的重要通道，加深同南亚国家开展能源合作具有重要意义。南亚各国资源状况不同，需求相辅相成，普遍面临能源安全对外依存度过高问题，为能源合作一体化提供了基础条件。基于中国与南亚地区的能源发展现状，加快能源设施互联互通有利于中国与南亚地区的互利共赢、共同繁荣。从依托“孟中印缅经济走廊”构建更加安全的能源保障体系，到推进“一带一路”倡议开展能源市场建设，以推动亚洲共同能源安全发展新局面，加强能源合作成为中国与南亚国家对话与合作的重要领域。

（2）新型能源合作赋能基础设施建设

依托“一带一路”倡议、亚投行以及 RCEP 等现有平台基础和合作机制，结合中国和南亚地区的地缘生态环境，构建地区绿色能源合作平台机制，有效推动地区绿色领域合作。

积极探索“绿色 +”模式，改善地区基础设施。基础设施互联互通是促进多方交流、增强跨国经济合作的基础条件。南亚国家基础设施建设相对落后，抑制了地区经济发展和互联互通，也成为阻碍中国和南亚地区相互联通的第一道关卡。中国和南亚地区可再生能源合作需不断创新基础设施合作形式、提升地区基础设施互联互通和贸易便利化水平，以促进域内国家往来交流，凝聚地区合力。一方面，以绿色能源项目为轴心点，向外扩散，逐步推进水利、交通、商业服务等基础设施建设，满足当地居民的生活生产需求；另一方面，借助中国和南亚地区可再生能源的电网互联需求，积极探索跨境基础设施联通新思路。增加双向贸易、提升中方投资是未来实现中国与南亚各国合作共赢的重要路径，中国企业同南亚各国双向贸易总量有望增加，中方直接投资的整体水平将进一步提升。通过加强同南亚各国和南盟的对话与合作，借助“一带一路”倡议带来的利好，增加其进口的种类与总量。同时，中国企业可以适当加大对制造业、能源供应业等领域的投资，保障和改善当地雇员的工资待遇与生活条件，为当地经济发展和人民生活水平的提高贡献中方力量，实现互利共赢和共同发展。

（3）多边合作面临一定机遇

近年来，南亚部分国家因政治环境动荡、经济发展落后、非传统安全问题突出等原因，应对风险抗压能力减弱，成为全球域外国家进行对外援助的重点区域之一。西方国家加强了与南亚国家合作。印度先后与德国、法国和美国达成能源合作伙伴关系，积极引入可再生能源开发利用所需资金和技术；巴基斯坦也与美国结成清洁能源伙伴关系，以应对气候变化并提高绿色能源在其能源结构中的份额，改善输配电系统的运营和管理。世行、亚开行、亚投行亦加大了对地区发展的支持力度，利用多边金融机构资金具有一定机遇。

（三）西亚地区

西亚地区位于亚、非、欧三大洲结合部，包括阿富汗、伊朗、土耳其、塞浦路斯、叙利亚、黎巴嫩、巴勒斯坦、约旦、以色列、伊拉克、科威特、沙特阿拉伯、也门、阿曼、阿拉伯联合酋长国、巴林和卡塔尔等国家。

1. 业务概况

2023 年，中国企业在西亚地区对外承包工程新签合同额 361.0 亿美元，同比增加 15.5%；完成营业额 229.9 亿美元，同比增加 3.7%。2023 年西亚地区国别市场业务前 10 排名情况见表 2–13。

2023 年西亚地区国别市场业务前 10 排名情况　　表 2–13

单位：亿美元

排名	国别	新签合同额	国别	完成营业额
1	沙特阿拉伯	167.6	沙特阿拉伯	92.7
2	阿拉伯联合酋长国	59.3	伊拉克	42.2
3	伊拉克	52.9	阿拉伯联合酋长国	37.4
4	科威特	22.0	科威特	14.0
5	约旦	12.8	以色列	13.9
6	阿曼	10.4	土耳其	8.1
7	土耳其	10.2	阿曼	6.7
8	卡塔尔	8.9	伊朗	6.4
9	伊朗	6.4	卡塔尔	3.9
10	以色列	5.7	巴林	2.6

2023 年西亚市场承包工程业务领域分布见表 2–14。

2023 年西亚市场承包工程业务领域分布 表 2–14

单位：亿美元

排名	专业领域	新签合同额	专业领域	完成营业额
1	一般建筑	125.8	石油化工	78.3
2	石油化工	104.0	一般建筑	40.8
3	电力工程建设	52.8	交通运输建设	38.5
4	工业建设	20.4	电力工程建设	37.7
5	交通运输建设	18.3	水利建设	9.6
6	水利建设	13.9	通讯工程建设	8.4
7	其他	12.3	其他	8.0
8	通讯工程建设	9.0	工业建设	4.7
9	制造加工设施建设	4.3	制造加工设施建设	3.3
10	废水（物）处理	0.2	废水（物）处理	0.6

2023 年西亚市场新签合同额排名前 10 的项目见表 2–15。

2023 年西亚市场新签合同额排名前 10 的项目 表 2–15

排名	国别	项目名称	企业
1	沙特阿拉伯	ROSHN 房建框架项目	中国港湾工程有限责任公司
2	阿拉伯联合酋长国	R1029 岛屿开发项目	中国建筑股份有限公司
3	约旦	炼厂第四期改扩建项目	中石化炼化工程（集团）股份有限公司
4	科威特	萨阿德阿卜杜拉新城基础设施一标项目	中国葛洲坝集团股份有限公司
5	沙特阿拉伯	阿美 Amiral 项目（P5AC）——罐区及与 SATORP 炼厂集成项目	中石化南京工程有限公司
6	沙特阿拉伯	沙特阿美 Amiral 项目 P5AC 包	中石化炼化工程（集团）股份有限公司
7	沙特阿拉伯	阿尔舒巴赫 2.6GW 光伏电站项目	中能建国际建设集团有限公司
8	沙特阿拉伯	RSA 超级铝城项目 EPC 总承包工程	上海宝冶集团有限公司
9	卡塔尔	ISND5–2 项目	海洋石油工程股份有限公司
10	伊朗	阿巴丹联合循环电站项目	中工国际工程股份有限公司

2023年西亚市场承包工程业务前10会员企业见表2-16。

2023年西亚市场承包工程业务前10会员企业 表2-16

排名	企业
1	中国电力建设集团有限公司
2	中国建筑股份有限公司
3	中国铁建股份有限公司
4	中国电建集团国际工程有限公司
5	中国交通建设集团有限公司
6	中国能源建设股份有限公司
7	中国石油集团工程股份有限公司
8	山东电力建设第三工程有限公司
9	中国电建集团山东电力建设有限公司
10	中国港湾工程有限责任公司

备注：排名以会员企业完成营业额为依据，一级企业包含下属企业完成营业额。

2. 市场形势

（1）西亚各国商业环境具有差异性

西亚地区包含众多阿拉伯国家，拥有丰富的石油和天然气资源。2023年，西亚国家的工程承包市场商业环境各异，主要特点普遍为竞争激烈、项目体量大、对承包商资质管理和要求较为严苛、欧美标准和技术规范占据主导。也门、伊拉克、黎巴嫩等国家的商业环境仍充满挑战。

（2）工程授标总额创历史新高

2023年西亚地区工程行业授标合同总额达到2540亿美元，打破2014年纪录，创历史新高。其中，工程发包合同额最大的两个地区内国家为沙特阿拉伯和阿拉伯联合酋长国，两国2023年工程授标合同总额分别达到920亿美元和780亿美元。从行业层面来看，2023年西亚地区工业领域工程合同发包量位居第一，达到690亿美元，可见其向工业化、多元化发展转型的趋势；其次是天然气领域，发包工程合同额达到510亿美元，反映出西亚地区国家开始依托丰富的天然气资源，加速低碳化发展的进程；交通基础设施领域工程发包总额330亿美元，交通领域全行业项目合同额达到1030亿美元；石油天然气化学工程领域发包合同额870亿美元，其中石油工程210亿美元，化工工程160亿美元；电力和水务工程领域授标总额为570亿美元。

（3）投融资模式项目日趋增多

以往沙特阿拉伯、阿拉伯联合酋长国、科威特等国家的工程发包普遍以EPC或DB模式进行，项目资金来源主要由业主自筹。近一年来，越来越多的大金额投融资项目不间断上马，特别集中于新能源领域，绝大部分以PPP或BOT模式进行。EPC+F模式的项目也屡见不鲜，以沙特阿拉伯 NEOM 项目为例，此前融资方案仅为项目投标加分项，但 2023 年下半年以来 NEOM 发标项目，融资要求已成为必答题。

（4）联合体模式和本地化率成为项目投标及实施的关键

国际承包企业越来越倾向与本地企业组成联合体进行投标及后续项目实施。这一发展趋势不仅仅是承包商主动意愿，当地政府和业主也鼓励并支持内外结合，甚至主动牵线搭桥，实现优势互补，更好地推动项目发展。本地化采购政策是指该国政府采取一系列措施，鼓励和促进国内企业与本地劳动力在国内建设和基建项目中的参与和贡献。这一政策旨在推动本国经济的发展，增强国内产业的竞争力，并提高本地劳动力的就业机会。在此背景下，本地成分成为一个关键的概念，即项目中使用的材料、劳动力、设备和服务等方面来自本国或本地的比例。以沙特政府项目为例，投标过程中，本地化证书和本地化发展计划已经作为必要应标文件要求承包商响应，如分数过低将直接影响中标或者后期项目实施。

3. 发展展望

（1）区域重点市场现汇项目发展趋势

一是，基建领域发展潜力较大。根据沙特政府 2024 年财政预算案，沙特基础设施及交通运输领域的支出预计比 2023 年（340 亿沙特里亚尔）增加 2%，旨在通过增加基础设施、当地工业和服务业的支出和投资来促进非石油经济的增长。这反映了沙特政府在推动经济多元化和实现“2030 愿景”方面的战略意图。卡塔尔 2024 年度预算支出预计达到 552 亿美元，同比增长 1%，对基础设施和交通运输领域的支出有所调整，主要资本支出有所减少，但在通信和信息技术领域的投资预计将增加。两国财政预算显示出区域重点国别市场对基础设施建设的需求较大，预示着基础设施建设发展的强劲势头。

二是，市场竞争程度持续加剧。随着市场的逐渐开放和国际竞争的加剧，中东地区建筑市场将面临更加激烈竞争。以沙特为例，本国市场以政府背景和大型企业项目为主，素以标准高、施工标准要求严、市场竞争激烈著称。欧美大型跨国承包企业以法国万喜、西班牙 ACS、德国西门子为代表；本地综合实力较为靠前的内斯玛、巴瓦尼等十几家大型承包商深耕本地多年，竞争力较强。以巴林政府在 2023 年发包的巴林轻轨一期项目为例，参与并通过资格预审的联合体达到 11 家，以欧美联合体为主。沙特阿拉伯承包工程市场存在一定的准入壁垒，对工程承包商划定了不同专业和等级，根据专业及等级的不同，承包商能承揽的项目规模也有严格限制。卡塔尔建筑工程承包市场上最大的客户是卡塔尔国政府部门，政府部门的建筑工程一般都采用公开招标方式，少数采用直接谈判方式发包工程，一般不采用“交钥匙”的全包方式，且卡塔尔对本国建筑承包公司采取保护政策，即使报价稍高于外国公司也会优先中标。

三是，技术规范标准高、要求严。西亚地区工程承包市场属于准高端市场，业主普遍采用的技术规范及标准以英标、欧标和美标为主，且对产品进口和质检要求严格。

对于工程设计和材料设备，无论项目专业性强弱，在招标文件中通常都要求承包商采用行业最高标准或世界最佳实践，否则不予批准，要求近乎严苛。一些进口产品设备的参数要求甚至超过欧美标准，惩罚力度也进一步加大。

（2）区域重点市场投资项目发展趋势

西亚区域重点国别市场投资项目的发展将聚焦于基础设施建设、能源合作与转型以及产业多元化与产能合作等领域，这些趋势将有助于促进中国与西亚国家之间的经济合作，加强区域经济一体化，提升西亚国家的经济发展水平。

一是，基础设施建设与互联互通。西亚地区，正面临着基础设施建设和翻新改造的巨大需求。中国企业在这一领域的投资潜力巨大，尤其是在交通基础设施、能源设施和城市建设等方面。此外，随着“一带一路”倡议的推进，中国与西亚国家在铁路、公路、港口等基础设施项目上的合作将进一步深化，以促进区域经济一体化和贸易便利化。

二是，能源合作与转型。西亚地区是全球石油和天然气的主要生产与出口地区，但随着全球能源绿色低碳转型的趋势，该地区也在寻求能源结构的多元化和清洁能源的发展。中国与西亚国家在传统能源领域的合作将继续深化；同时，双方在清洁能源领域的合作也将逐渐增加。例如，中国企业在西亚地区实施的太阳能、风能和储能项目投资正在增加，这有助于推动当地能源结构绿色转型和经济的可持续发展。

三是，产业多元化与产能合作。西亚国家正努力实现经济多元化，减少对石油和天然气出口的依赖。中国企业在这一过程中可以发挥重要作用，通过直接投资、技术转移和产业园区建设等方式，帮助西亚国家提升本地产业水平，特别是在制造业、农业、高新技术等领域。例如，中国在西亚国家建立的经贸合作区和产业园区，不仅促进了当地就业和经济发展，也为中国企业提供了新的市场机遇。

（四）中亚地区

中亚地区包括哈萨克斯坦、乌兹别克斯坦、吉尔吉斯斯坦、土库曼斯坦和塔吉克斯坦。中亚与中国毗邻，具有深厚政治互信基础。2023 年中国—中亚峰会的成功举办，标志着中国与中亚合作迈入了新时代。双方在能源、交通、基础设施建设、数字与绿色经济等诸多领域达成了具体合作项目，并签署了《中国—中亚峰会西安宣言》及成果清单，取得了丰硕的务实合作成果。在政策支持、法律保障和投资环境等方面，支持企业深化能源和基础设施的传统合作，鼓励企业参与到新兴产业、产能和技术合作中，推动中国与中亚各国的经济融合与高质量发展。

1. 业务概况

2023 年，中国企业在中亚地区新签合同额 102.2 亿美元，同比增长 13.9%；完成营业额 52.6 亿美元，同比增长 41.4%。在中亚地区，中国企业的承包工程业务主要集中在哈萨克斯坦和乌兹别克斯坦，其中哈萨克斯坦的新签约合同额排名第一，乌兹别克斯坦的完成营业额排名第一。乌兹别克斯坦在 2023 年尤为亮眼，新签合同额增速明显高于其他 4 国，完成营业额较上年实现翻番。2023 年中亚地区国别市场业务排名情况见表 2–17。

2023 年中亚地区国别市场业务排名情况 **表 2–17**

单位：亿美元

排名	国别	新签合同额	国别	完成营业额
1	哈萨克斯坦	48.6	乌兹别克斯坦	30.7
2	乌兹别克斯坦	42.6	哈萨克斯坦	13.6
3	土库曼斯坦	5.4	塔吉克斯坦	3.5
4	塔吉克斯坦	3.7	土库曼斯坦	3.3
5	吉尔吉斯斯坦	1.9	吉尔吉斯斯坦	1.5

中国企业在中亚地区的承包工程业务主要分布在电力工程建设、石油化工、工业建设等领域。2023 年，电力工程建设领域合作成效最为亮眼，实现近年内首次超过石油化工领域，成为新签合同额和完成营业额“双冠军”。从完成营业额来看，电力工程建设领域合作较 2022 年实现翻番，超过第 2 名石油化工领域达一倍之多。从新签合同额来看，电力工程建设领域同较 2022 年增长了 53%。石油化工、工业建设以及其他领域新签合同额均较 2022 年有不同程度的下降。从签约项目来看，前 5 大新签约项目中有 2 个是矿业资源开发类项目，2 个新能源开发项目。2023 年中亚市场承包工程业务领域分布见表 2–18。

2023 年中亚市场承包工程业务领域分布 **表 2–18**

单位：亿美元

排名	专业领域	新签合同额	专业领域	完成营业额
1	电力工程建设	32.9	电力工程建设	19.4
2	其他	20.1	石油化工	7.9
3	石油化工	12.9	工业建设	6.5
4	工业建设	11.3	交通运输建设	5.4
5	交通运输建设	10.2	一般建筑	3.8
6	一般建筑	8.4	其他	3.6
7	废水（物）处理	2.9	通讯工程建设	3.3
8	通讯工程建设	2.8	制造加工设施建设	1.9
9	水利建设	0.8	水利建设	0.8
10	制造加工设施建设	0.0	废水（物）处理	0.1

2023年中亚市场新签合同额排名前10的项目见表2-19。

2023年中亚市场新签合同额排名前10的项目　　表2-19

排名	国别	项目名称	企业
1	哈萨克斯坦	卡拉干达州巴尔喀什凯普查姆铜矿项目采剥工程一期	中国电建集团国际工程有限公司
2	哈萨克斯坦	阿克托别州马梅特铬铁矿开采总包项目	中国电建集团国际工程有限公司
3	乌兹别克斯坦	泽拉夫善500MW风电项目	山东电力建设第三工程有限公司
4	乌兹别克斯坦	布哈拉2×500MW风电项目	中能建国际建设集团有限公司
5	哈萨克斯坦	阿雷斯铁路配套工业基地项目	中国土木工程集团有限公司
6	哈萨克斯坦	科泽尔图至阿依特拜铁路段翻修项目和阿依萨利至阿西克利铁路段新建项目	中国土木工程集团有限公司
7	土库曼斯坦	石油康采恩油井大修项目	中石化胜利石油工程有限公司
8	乌兹别克斯坦	布哈拉州卡拉乌巴扎尔500MW光伏EPC项目	中能建建筑集团有限公司
9	哈萨克斯坦	阿斯坦纳2号污水处理厂污水管网项目	中国港湾工程有限责任公司
10	哈萨克斯坦	图尔克斯坦天然气综合开发项目	中工国际工程股份有限公司

2023年中亚市场承包工程业务前10会员企业见表2-20。

2023年中亚市场承包工程业务前10会员企业　　表2-20

排名	企业
1	中国能源建设股份有限公司
2	中国机械工业集团有限公司
3	中能建国际建设集团有限公司
4	中国电力建设集团有限公司
5	中国中材国际工程股份有限公司
6	中国铁建股份有限公司
7	上海建工集团股份有限公司
8	东方电气集团国际合作有限公司
9	中国机械设备工程股份有限公司
10	中工国际工程股份有限公司

备注：排名以会员企业完成营业额为依据，一级企业包含下属企业完成营业额。

2. 市场形势

（1）基础设施合作成效显著

基础设施的建设和改造成为中国企业在中亚五国市场业务的重点方向。该领域不仅包括公路、铁路和桥梁交通基础设施建设，还包括能源输送管道如中国—中亚天然气管道等关键项目。此类项目通常资金投入巨大、建设周期长，但对于促进地区经济发展、提升物流效率及加强中国与中亚国家的经贸联系具有极其重要的意义。随着“一带一路”倡议的深入实施，预计中国企业在这一领域的合作将进一步扩大和深化，特别是在道路联通和能源通道建设方面。

（2）资源能源合作持续深化

中亚五国蕴藏丰富的自然资源，尤其是石油和天然气资源，这为中国的能源、化工企业提供了广阔的合作空间。中国与中亚国家共同打造的跨国能源运输走廊，如中哈原油管道、中亚天然气管道等，不仅保障了中国的能源供给，也为中亚国家的能源出口提供了稳定的市场。能源化工领域的合作也方兴未艾，如中石油、中化等企业参与的哈萨克斯坦炼化一体化、聚乙烯等大型项目。此外，区域内的水资源利用和电力开发也是中企关注的重点，通过建设水电站、火电站等电力项目来满足当地日益增长的电力需求，并促进区域电力联网。此外，中亚地区有色金属资源蕴藏丰富，也为中国—中亚间开展矿产开发提供了广阔的空间。

（3）多元产业投资合作加强

除了传统的基础设施建设和资源开发，中国企业也在积极探索与中亚国家在农业、制造业和服务业等领域的合作机会。这种多元化的合作有助于推动当地经济的工业化进程，提高产品附加值，同时也为中国企业开拓新的市场和投资提供了机会。随着中亚国家经济结构的转型和升级，未来这一领域的合作潜力巨大。

（4）乌克兰危机影响外溢，地区经济前景不明

乌克兰危机不断加大全球地缘政治风险，引发显著的次生影响。一是，加剧全球供应链风险，中国企业承建的工程项目在履约、资金等方面不同程度地受到影响。二是，乌克兰危机加重全球粮食、能源和金融危机，而部分中亚国家在能源、粮食、化肥等方面高度依赖俄罗斯，汇兑等风险突出。

（5）多边合作继续深化，安全发展增添动力

在大国博弈、地缘危机交错的大背景下，中国秉持互利共赢、共同发展理念，通过上海合作组织、中亚区域经济合作（CAREC）、亚洲相互协作与信任措施会议（CICA）等地区多边合作机制，促进区域和平、安全与稳定，增进经济、社会和文化的交流与合作。在经济合作领域中，中国企业不断深化共建“一带一路”，加强互联互通基础设施建设，通过国际产能合作不断深化区域一体化建设。2022 年 6 月，“中国 + 中亚五国”外长第三次会晤在哈萨克斯坦努尔苏丹举行，通过了《关于深化“中国 + 中亚五国”互联互通合作的倡议》，着眼构建全方位、立体化地区互联互通新格局，深化中国同中亚国家全方位互利合作，为中国和中亚互利共赢发展增添动力。

3. 发展展望

（1）合作模式不断创新

中国企业与中亚五国的合作将不再局限于传统的工程承包或资源开发模式。PPP、

联合投资、技术合作等多种新型合作模式将逐渐兴起，这些模式能够更好地整合双方的优势资源，降低风险，实现共赢。

（2）数字化转型趋势增强

随着数字技术的发展和应用，中国企业可能会在中亚市场推动更多的数字化项目。例如，通过建立智慧城市来提高城市管理效率，或者通过电子商务平台促进商品和服务的交易。这些项目不仅有助于提升当地民众的生活质量，也能为中国企业带来新的增长点。

（3）清洁类项目量质齐升

环境保护和可持续发展已经成为全球性的主题，中国企业在中亚的合作也将越来越注重这一点。未来，随着绿色能源战略的推进，中国企业还将加大对太阳能、风能等可再生能源项目的投入，在可再生能源、环保工程等领域的合作将成为新的趋势。这不仅有助于改善当地环境，也符合全球绿色发展的趋势。但个别国家体量小、市场容量有限，近年来上马大量新能源项目，市场热度上升较快，应注意电力消纳等风险。

综上所述，中国—中亚峰会为中国企业在中亚区域市场的业务带来新的发展机遇，同时也为区域市场的发展提供了明确方向。中国企业将继续发挥在基础设施建设、资源开发、产业合作等方面的优势，不断创新合作模式，以适应不断变化的市场需求与合作环境。

（五）东亚地区

东亚地区包括朝鲜、韩国、蒙古国、日本和中国港澳台地区。2023 年，中国企业在东亚地区新签合同额 199.7 亿美元，同比增长 25.3%；完成营业额 128.2 亿美元，同比增长 0.9%。2023 年东亚市场国别（地区）市场业务排名情况见表 2-21。

2023 年东亚市场国别（地区）市场业务排名情况　　表 2-21

单位：亿美元

排名	国别（地区）	新签合同额	国别（地区）	完成营业额
1	中国香港	127.8	中国香港	86.2
2	蒙古国	46.1	中国澳门	20.1
3	中国澳门	19.4	蒙古国	13.2
4	中国台湾	2.9	韩国	4.6
5	日本	2.3	日本	2.8
6	韩国	1.2	中国台湾	1.3

2023 年东亚市场承包工程业务领域分布见表 2-22。

2023 年东亚市场承包工程业务领域分布　　表 2–22

单位：亿美元

排名	专业领域	新签合同额	专业领域	完成营业额
1	一般建筑	101.8	一般建筑	61.4
2	交通运输建设	31.8	交通运输建设	31.2
3	其他	25.1	其他	8.9
4	电力工程建设	18.1	废水（物）处理	8.4
5	通讯工程建设	10.7	工业建设	4.3
6	水利建设	4.5	通讯工程建设	4.0
7	制造加工设施建设	2.9	水利建设	3.2
8	工业建设	2.4	电力工程建设	2.8
9	石油化工	1.4	制造加工设施建设	2.1
10	废水（物）处理	1.0	石油化工	1.9

2023 年东亚市场新签合同额前 10 的项目见表 2–23。

2023 年东亚市场新签合同额前 10 的项目　　表 2–23

排名	国别（地区）	项目名称	企业
1	中国香港	香港启德新急症医院 Site A 项目	中国建筑股份有限公司
2	中国香港	威尔斯亲王医院第二期重建一阶项目	中国建筑股份有限公司
3	蒙古国	戈壁省南部能源基地二期 500MW 风电项目	中能建国际建设集团有限公司
4	蒙古国	戈壁省南部能源基地一期 500MW 风电项目	中能建国际建设集团有限公司
5	中国香港	大楼主体工程项目	中国冶金科工集团有限公司
6	中国香港	港铁 MTR 地铁项目	中国路桥工程有限责任公司
7	中国香港	将军澳日出康城 13 期住宅项目	中国建筑股份有限公司
8	蒙古国	东线乔巴山至霍特至毕其格图铁路项目	中国葛洲坝集团股份有限公司
9	中国香港	新界数据中心发展项目	浙江省建设投资集团股份有限公司
10	中国香港	BLL—九龙圣母医院重建项目	中国建筑股份有限公司

2023 年东亚市场承包工程业务前 10 会员企业见表 2–24。

2023 年东亚市场承包工程业务前 10 会员企业　　表 2–24

排名	企业
1	中国建筑股份有限公司
2	中国交通建设集团有限公司
3	中国港湾工程有限责任公司

续表

排名	企业
4	中国铁建股份有限公司
5	中国路桥工程有限责任公司
6	中国中铁股份有限公司
7	浙江省建设投资集团股份有限公司
8	北方国际合作股份有限公司
9	中国土木工程集团有限公司
10	中国地质工程集团有限公司

备注：排名以会员企业完成营业额为依据，一级企业包含下属企业完成营业额。

第二节　非洲市场

非洲是中国对外承包工程重要的传统市场之一，根据美国《工程新闻记录》杂志（ENR）2023 年发布的全球 250 家最大国际承包商榜单，中国企业约占 63% 的非洲市场份额，全球在非洲十大国际承包企业中有 6 家是中国企业。多年以来，在中非双方元首的亲自引领和顶层设计下，中非经贸合作实现了全方位、宽领域、多层次的发展，走在国际合作前列。在中非经贸合作方面，中国已经连续 15 年稳居非洲第一大贸易伙伴国地位，中非投资合作稳步增长，中国是对非投资规模最大的发展中国家。中非基础设施建设合作成效显著。非洲是中国第二大海外承包工程市场，中国企业累计在非签署承包工程合同额超 7000 亿美元，完成营业额超 4000 亿美元，在交通、能源、电力、住房和民生等领域实施了一批标志性工程和“小而美”项目。

一、市场概况

（一）非洲经济显示了发展韧性

2021 年以来，非洲地区在农业部门快速复苏、大宗商品价格强劲上涨的带动下，非洲经济表现出良好增长态势。根据联合国经济和社会事务部发布的《2024 年世界经济形势与展望》报告数据，2024 年非洲的经济增长率预计将从 2023 年的 3.3% 增长到 3.5%，非洲大陆各次域之间存在巨大的增长差异。预计东非仍将是 2024 年经济增长最快的次区域（5.5%），其次是西非（3.8%）、北非（3.2%）、中部非洲（3.1%）和南部非洲（2.3%）。到 2025 年，非洲的经济增长将出现明显加速，预计达到 4.2%。非洲青年化的人口结构（平均年龄为 19.4 岁）、较高的人口增速（2.5%），以及不断扩大的城市化、工业化发展需求，对基础设施建设形成了有力支撑。

（二）基础设施建设和新兴产业发展需求叠加

非洲大陆自贸区提高贸易自由化水平，人口红利和消费潜力将持续释放，区域基础设施互联互通项目加快建设。同时非洲国家继续推进基础设施建设，发展能源、矿业、交通、农业等传统产业，并加快发展数字经济和清洁能源。非盟于 2021 年 1 月通过的《非洲基础设施发展规划》（PIDA），整合了 2021 年 –2040 年非洲现有各类跨国跨区域基础设施发展规划，主要涵盖能源、交通、信息通讯和跨境水资源四大领域，投资总额预计为 3600 亿美元。2025 年，非洲数字经济产值将达 7120 亿美元，太阳能光伏装机量将增长至 650GW。

（三）中非合作进一步加强，为非洲发展注入新动力

在中非合作论坛机制下，52 个非洲国家和非盟委员会同中方签署“一带一路”合作文件，中非双方携手落实“十大合作计划”“八大行动”“九项工程”。截至 2023 年底，中国央企在非开展各类基础设施项目超过 1600 个，公路、电力、通讯、港口等合作项目遍布非洲，为提升非洲基础设施水平、加速互联互通和一体化进程、增强非洲的自主和可持续发展能力等作出积极贡献。

（四）国际对非合作再掀热潮

发达国家及新兴经济体强化对非合作，非洲获取国际资源的渠道和方式更趋多元。美国、欧盟、法国、德国、俄罗斯、沙特阿拉伯等分别召开了对非合作峰会并打出举措。此外，当前欧美加息周期接近尾声，更多资金有望流入非洲，为非洲国家提供基础设施建设资金。私人投资方面，欧洲、中东等国家正在加快在非洲的新能源、港口等领域等投资。

（五）中国企业在非具有良好业务基础

在多项对非经贸合作机制安排的支持下，中非基础设施合作历史悠久，基础牢固。多年来，中国企业高质量完成了诸多关系非洲国家发展的关键重大项目，在交通、房建、电力等领域一系列中非合作的标志性工程，并在可再生能源、节能环保、数字化建造、5G 通信等领域也积累了合作优势。

二、业务概况

（一）业务规模

非洲是中国企业第二大对外承包工程市场，也是我国设备、技术、标准走出去的重要目的地。2023 年，中国企业在非洲市场新签承包工程合同额 820.8 亿美元，为 2017 年以来该地区新签额最高水平，占海外新签合同总额近 31%，同比增长 10.8%；完成营业额 374.3 亿美元，同比下降 1.1%，自 2020—2023 年连续 4 年非洲市场完成营

业额几乎持平。2011—2023年中国企业在非洲市场对外承包工程新签合同额和完成营业额走势分别见图2-4和图2-5。

从合作模式看，近年来中非基础设施合作稳步向"投建营一体化"模式转型，向运营管理等产业链高端延伸，不断增强项目的造血功能，减轻项目国的财政压力。同时，中国企业还以重大项目建设为依托，积极推动与非洲国家开展工程和产品标准的认证合作，对中国产品和技术出口具有重大的长远意义。

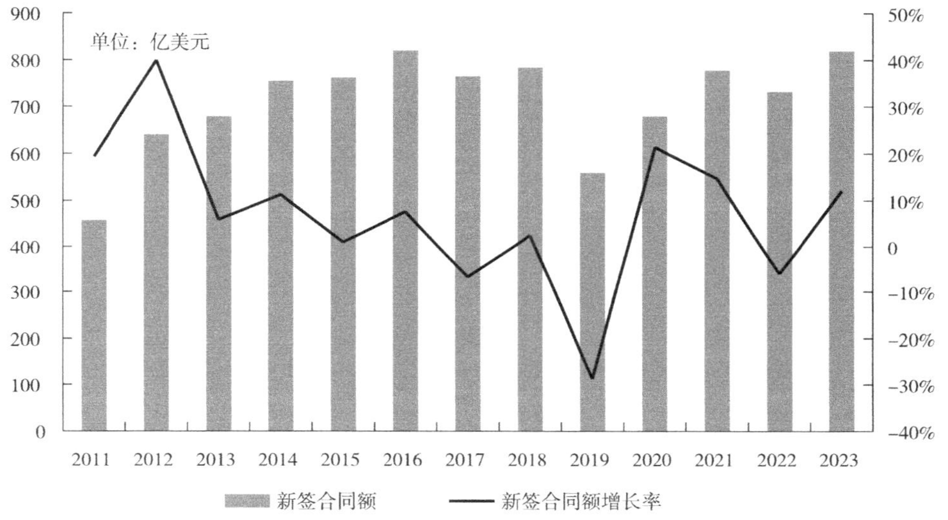

图2-4 2011—2023年中国企业在非洲市场对外承包工程新签合同额走势

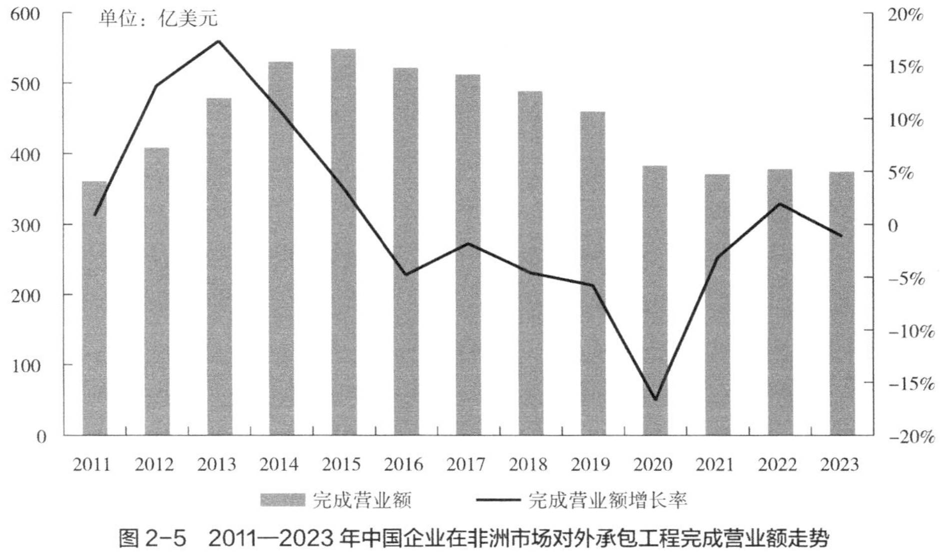

图2-5 2011—2023年中国企业在非洲市场对外承包工程完成营业额走势

（二）主要国别

2023 年非洲地区承包工程新签合同额和完成营业额前 20 国别市场排名见表 2–25。

2023 年非洲地区承包工程新签合同额和完成营业额前 20 国别市场排名　　表 2–25

单位：亿美元

排名	国别	新签合同额	国别	完成营业额
1	尼日利亚	104.5	尼日利亚	39.8
2	阿尔及利亚	74.7	阿尔及利亚	34.2
3	刚果（金）	65.0	埃及	32.4
4	坦桑尼亚	60.7	刚果（金）	29.2
5	乌干达	46.8	安哥拉	24.8
6	几内亚	37.9	埃塞俄比亚	19.3
7	埃及	37.0	肯尼亚	15.8
8	刚果（布）	31.1	几内亚	14.8
9	南非	29.5	坦桑尼亚	14.6
10	加纳	29.2	科特迪瓦	14.5
11	安哥拉	25.3	赞比亚	11.1
12	埃塞俄比亚	23.6	乌干达	9.8
13	乍得	23.1	尼日尔	9.5
14	南苏丹	22.7	加纳	9.3
15	科特迪瓦	21.6	塞内加尔	8.6
16	塞内加尔	20.8	南非	8.0
17	塞拉利昂	19.9	刚果（布）	7.4
18	肯尼亚	19.4	乍得	6.7
19	津巴布韦	17.2	莫桑比克	6.4
20	赞比亚	11.8	博茨瓦纳	6.0

（三）业务领域

2023 年，中国企业在非洲业务主要集中在交通运输建设、一般建筑和电力工程建设领域，以上三个领域的新签合同额和完成营业额合计分别占非洲新签合同总额和完成营业总额的 65.4% 和 60.8%。新签合同额方面，一般建筑、石油化工、工业建设、废水（物）处理领域同比出现下降，其中工业建设和废水（物）处理同比下降分别为 47.2% 和 42.9%；交通运输建设、电力工程建设、其他、通讯工程建设、水利建设、制造加工设施建设领域业务同比均实现不同程度的增长，其中制造加工设施建设和电力工程建设领域增长显著，分别同比增长 300% 和 70.5%。完成营业额方面，电力工程建设、通讯工程建设、石油化工、工业建设、制造加工设施建设领域业务同比均实现不同程度的增长，其中石油化工和工业建设领域增长较为显著，分别同比增长 24.1% 和 18.1%；水利建设、废水（物）处理、交通运输建设、一般建筑和其他领域同比均有下降，其中水利建设、废水（物）处理分别同比下降 14.7% 和 15.4%。2023 年非洲市场承包工程业务领域分布见表 2–26。

2023 年非洲市场承包工程业务领域分布　　表 2–26

单位：亿美元

排名	专业领域	新签合同额	专业领域	完成营业额
1	交通运输建设	271.0	交通运输建设	109.0
2	电力工程建设	135.4	一般建筑	82.8
3	一般建筑	130.0	其他	38.6
4	其他	122.1	电力工程建设	35.6
5	石油化工	58.3	通讯工程建设	32.4
6	通讯工程建设	39.8	石油化工	30.7
7	水利建设	29.7	工业建设	21.1
8	工业建设	26.4	水利建设	18.6
9	制造加工设施建设	7.2	制造加工设施建设	4.4
10	废水（物）处理	0.8	废水（物）处理	1.1

（四）参与企业

2023 年非洲市场承包工程业务前 30 会员企业排名见表 2–27。

2023 年非洲市场承包工程业务前 30 会员企业排名　　表 2–27

排名	企业
1	中国交通建设集团有限公司
2	中国铁建股份有限公司
3	中国电力建设集团有限公司
4	中国建筑股份有限公司
5	中国中铁股份有限公司
6	中国土木工程集团有限公司
7	中国电建集团国际工程有限公司
8	中建国际建设有限公司
9	中国石油集团工程股份有限公司
10	中国路桥工程有限责任公司
11	中国能源建设股份有限公司
12	中国交通建设股份有限公司

续表

排名	企业
13	中国中材国际工程股份有限公司
14	中国港湾工程有限责任公司
15	中国江西国际经济技术合作有限公司
16	中国建筑第八工程局有限公司
17	中国葛洲坝集团股份有限公司
18	中铁七局集团有限公司
19	山东高速集团有限公司
20	江西中煤建设集团有限公司
21	中国石油工程建设有限公司
22	中交第一公路工程局有限公司
23	中国河南国际合作集团有限公司
24	中国石油管道局工程有限公司
25	威海国际经济技术合作股份有限公司
26	中铁九局集团有限公司
27	中地海外集团有限公司
28	中国航空技术国际工程有限公司
29	中国山东对外经济技术合作集团有限公司
30	新疆生产建设兵团建设工程（集团）有限责任公司

备注：排名以会员企业完成营业额为依据，一级企业包含下属企业完成营业额。

2023 年度 ENR“全球最大 250 家国际承包商”榜单中（以 2022 年业务为依据），中国共有六家会员企业进入非洲市场业务前十名：中国交建居第一位、中国铁建居第二位、中国电建居第三位、中国中铁居第五位、中国建筑居第六位、中材国际居第十位。

（五）主要项目

2023 年非洲市场承包工程业务新签合同额排名前 20 位的项目见表 2–28。

2023 年非洲市场承包工程业务新签合同额排名前 20 的项目 表 2–28

单位：亿美元

排名	国别	项目名称	企业
1	阿尔及利亚	西部矿业铁路线（贝沙尔—廷杜夫—加拉·杰比莱特段）575km 新建铁路及全线 950km 的信号、通信及供电工程	中国铁建股份有限公司
2	刚果（布）	海上浮式液化天然气工程建造项目	惠生（南通）重工有限公司

续表

排名	国别	项目名称	企业
3	南苏丹	道路项目	中交一公局集团有限公司
4	埃及	电信项目	华为技术有限公司
5	刚果（金）	金沙萨城市铁路项目四期（恩吉利国际机场—马鲁库）设计和实施工程	中国电建集团国际工程有限公司
6	乌干达	乌干达—坦桑尼亚东非原油管道有限公司原油外输管道项目	中国石油管道局工程有限公司
7	乌干达	穆图库拉区域市场项目二期	中国电建集团国际工程有限公司
8	尼日利亚	凯菲至马库尔迪公路运营及维护项目	中国港湾工程有限责任公司
9	尼日利亚	电信项目	华为技术有限公司
10	刚果（布）	伊尼扬加水电站及配套输变电线路项目	中国葛洲坝集团股份有限公司
11	埃及	埃及国际开罗机场扩建及物流园项目	中国葛洲坝集团股份有限公司
12	安哥拉	曾扎—卡库索铁路项目	中国交通建设股份有限公司
13	塞拉利昂	卡桑萨矿区露天采剥项目	中国土木工程集团有限公司
14	科特迪瓦	蓝岛智慧新城建设项目Ⅰ期市政工程	中国电建集团国际工程有限公司
15	塞内加尔	中高档别墅群项目	华山国际工程有限公司
16	南非	马卡纳 1000MW 光伏项目	中国电力工程顾问集团东北电力设计院有限公司
17	刚果（金）	加丹加 1GW 光伏项目	中能建国际建设集团有限公司
18	乌干达	雷梅拉铁矿露天采剥及运输项目	中国电建集团国际工程有限公司
19	坦桑尼亚	伊加瓦到通杜马 218km 公路项目	中国土木工程集团有限公司
20	苏丹	朱巴—伦贝克—瓦乌电网项目	中国冶金科工集团有限公司

三、区域市场概况

2023 年中国企业在中非、北非和东非的新签合同额较 2022 年有显著增长，同比增长分别为 81.4%、54.8%、7.8%，西非和南非新签合同额同比有所下降；完成营业额方面，在北非和中非市场的较 2022 年保持良好的增长势头，同比增长 16% 以上，其他区域（东非、南非、西非地区）完成营业额均有不同程度的下降。2023 年非洲各区域市场承包工程业务占比见图 2–6。

（一）中西非地区

西非地区包括尼日利亚、加纳、科特迪瓦、毛里塔尼亚、西撒哈拉、塞内加尔、冈比亚、马里、布基纳法索、几内亚、几内亚比绍、佛得角、塞拉利昂、利比里亚共和国、多哥、贝宁、尼日尔等；中非地区包括喀麦隆、赤道几内亚、刚果（布）、刚果（金）、乍得、中非、加蓬、圣多美和普林西比等。

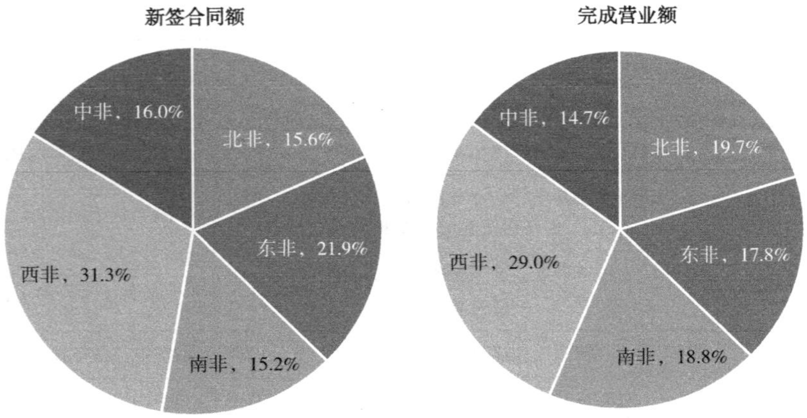

图2-6 2023年非洲各区域市场承包工程业务占比

1. 业务概况

西非政治安全形势进一步复杂化，各类非传统安全挑战相互叠加。2023 年中国企业在西非地区国家新签合同额 257.1 亿美元，同比下降 10%；完成营业额 108.5 亿美元，同比下降 9.9%。中非地区 2023 年业务较为乐观，新签合同额 131.4 亿美元，同比增长 81.4%；完成营业额 55.2 亿美元，同比增长 16.4%。2023 年中西非地区国别市场业务排名前 10 见表 2-29。

2023 年中西非地区国别市场业务排名前 10　　表 2-29

单位：亿美元

排名	国别	新签合同额	国别	完成营业额
1	尼日利亚	104.5	尼日利亚	39.8
2	刚果（金）	65.0	刚果（金）	29.2
3	几内亚	37.9	几内亚	14.8
4	刚果（布）	31.1	科特迪瓦	14.5
5	加纳	29.2	尼日尔	9.5
6	乍得	23.1	加纳	9.3
7	科特迪瓦	21.6	塞内加尔	8.6
8	塞内加尔	20.8	刚果（布）	7.4
9	塞拉利昂	19.9	乍得	6.7
10	喀麦隆	8.0	喀麦隆	5.5

2023 年中西非市场承包工程业务领域分布见表 2-30。

2023 年中西非市场承包工程业务领域分布　　表 2-30

单位：亿美元

排名	专业领域	新签合同额	专业领域	完成营业额
1	交通运输建设	126.4	交通运输建设	51.4
2	其他	82.7	其他	26.7
3	电力工程建设	71.5	石油化工	22.9
4	一般建筑	41.9	一般建筑	18.4
5	石油化工	27.7	电力工程建设	12.7
6	工业建设	13.3	工业建设	11.9
7	水利建设	11.4	通讯工程建设	11.2
8	通讯工程建设	11.2	水利建设	7.3
9	制造加工设施建设	2.4	制造加工设施建设	1.0
10	废水（物）处理	0.2	废水（物）处理	0.2

2023 年中西非地区新签合同额前 10 的项目见表 2-31。

2023 年中西非地区新签合同额前 10 的项目　　表 2-31

排名	国别	项目名称	企业
1	刚果（布）	海上浮式液化天然气工程建造项目	惠生（南通）重工有限公司
2	刚果（金）	金沙萨城市铁路项目四期（恩吉利国际机场—马鲁库）设计和实施工程	中国电建集团国际工程有限公司
3	尼日利亚	凯菲至马库尔迪公路运营及维护项目	中国港湾工程有限责任公司
4	尼日利亚	电信项目	华为技术有限公司
5	刚果（布）	伊尼扬加水电站及配套输变电线路项目	中国葛洲坝集团股份有限公司
6	塞拉利昂	卡桑萨矿区露天采剥项目	中国土木工程集团有限公司
7	科特迪瓦	蓝岛智慧新城建设项目Ⅰ期市政工程	中国电建集团国际工程有限公司
8	塞内加尔	中高档别墅群项目	华山国际工程有限公司
9	刚果（金）	加丹加 1GW 光伏项目	中能建国际建设集团有限公司
10	尼日利亚	马拉特克斯 1000MW 燃气联合循环发电厂项目	中能建国际建设集团有限公司

2023 年中西非市场承包工程业务前 10 会员企业见表 2-32。

2023 年中西非市场承包工程业务前 10 会员企业　　表 2-32

排名	企业
1	中国交通建设集团有限公司
2	中国铁建股份有限公司
3	中国中铁股份有限公司

续表

排名	企业
4	中国土木工程集团有限公司
5	中国石油集团工程股份有限公司
6	中国电力建设集团有限公司
7	中国路桥工程有限责任公司
8	中国中材国际工程股份有限公司
9	中国石油工程建设有限公司
10	中国电建集团国际工程有限公司

备注：排名以会员企业完成营业额为依据，一级企业包含下属企业完成营业额。

2. 发展展望

（1）区域国家经济刺激政策催生市场机遇。中西非地区的经济一直处于较低水平，当前经济处于复苏态势但受政治环境、自然条件、科技水平、通货膨胀、社会动荡和基础设施较差等多方因素限制。随着区域经济的持续增长，中西非地区人口的快速增长、城市化进程日益加深和中产阶级不断壮大，带动了城市交通、通信、建筑业的发展。为了拉动经济增长，2023 年西非各国政府实施了相关的刺激政策，加速经济结构转型，促进经济一体化发展，推动经济加速复苏。中西非二十余个国家，各国经济情况不尽相同，但都面临着迫切的发展需求，并高度重视加强基础设施投资带动本国经济发展，基础设施建设的长期发展形势相对乐观。

（2）低碳转型推动当地矿产资源开发。随着全球加快绿色转型步伐，各国对锂、钴、镍、铜、石墨等“绿色矿产”的需求不断增加。区域部分国家具有对绿色转型和技术进步至关重要的矿产储量。随着国际能源结构的转型，以及国际相关矿产资源价格的上涨，区域内相关矿产资源吸引了更多的关注和投资，并有望带动相关基础设施和工业化设施的建设。地区国家高度重视矿产资源开发，例如，2023 年 10 月，尼日利亚政府宣布，计划向投资者提供一家国家固体矿产资源公司至少 75% 的股份，推动固体矿产项目开发，从而摆脱对油气领域的依赖。据勘测信息，尼日利亚存在金矿和铁矿集中分布的地区，分布有冲积金矿和原生金矿，以及大量的铁矿石资源，有伟晶岩型锂矿、铌铁矿及锡石矿；同时也是重要的煤矿产区和重要的铅锌矿集中区。

（3）部分国家基础设施投资资金缺口大，新项目亟需创新融资模式。该地区大部分国家经济发展水平较低，产业结构相对单一，高度依赖商品出口，并且工业基础薄弱，制造业欠发达，受国际经济变化和资源价格的影响较大。当前中西非国家债务负担重、财政压力大，所在国主权借款意愿降低，金融机构贷款风险意识增强等因素，传统的出口买方信贷落实难度加大。同时，欧美以及印度、日本等其他新兴国家纷纷提出更多的融资渠道和支持政策，相比之下中方企业在资金方案解决方面竞争力有所降低。企业应积极拓展多元化的融资渠道及模式，搭建境外业务融资平台，加强与国际多边机构、商业金融机构、属地化金融机构的合作，拓展直接融资渠道，优化融资可行性分析以降低融资风险。同时在企业内部培养专业的投融资团队，提高融资能力，为企业优化升级提供有利条件。

（二）北非地区

北非地区主要包括埃及、阿尔及利亚、苏丹、利比亚、突尼斯、摩洛哥等市场。北非地区是对外承包工程的传统市场，很多中国企业在该地区经营多年，已形成一定业务规模和品牌影响力，业务涉及一般建筑、交通运输建设、通讯工程、石油化工、电力工程、水利建设、工业建设等多个领域。

1. 业务概况

2023年，中国企业在北非地区新签合同额127.9亿美元，同比增长56.3%；完成营业额73.6亿美元，同比增长17.3%。其中，阿尔及利亚和埃及是目前中国企业在该地区的主要市场，新签合同额占比分别为49.6%和24.6%；完成营业额占比分别为45.1%和42.7%。在该地区业务领域方面，交通运输建设项目占新签合同额的一半以上，一般建筑项目占完成营业额的三成以上。2023年北非地区国别市场业务排名见表2–33。

2023年北非地区国别市场业务排名　　表2–33

单位：亿美元

排名	国别	新签合同额	国别	完成营业额
1	阿尔及利亚	74.7	阿尔及利亚	34.2
2	埃及	37.0	埃及	32.4
3	苏丹	6.9	摩洛哥	4.0
4	摩洛哥	6.6	苏丹	1.7
5	突尼斯	1.5	突尼斯	0.7
6	利比亚	1.2	利比亚	0.6

2023年北非承包工程业务领域分布见表2–34。

2023年北非市场承包工程业务领域分布　　表2–34

单位：亿美元

排名	专业领域	新签合同额	专业领域	完成营业额
1	交通运输建设	38.3	一般建筑	34.5
2	一般建筑	22.6	通讯工程建设	12.6
3	通讯工程建设	19.1	交通运输建设	7.9
4	石油化工	16.1	电力工程建设	5.6

续表

排名	专业领域	新签合同额	专业领域	完成营业额
5	电力工程建设	15.0	工业建设	5.4
6	其他	7.6	石油化工	4.0
7	工业建设	5.3	制造加工设施建设	2.5
8	制造加工设施建设	3.3	其他	0.9
9	水利建设	0.1	水利建设	0.2

2023 年北非地区市场新签合同额前 10 的项目见表 2–35。

2023 年北非地区市场新签合同额前 10 的项目　　表 2–35

排名	国别	项目名称	企业
1	阿尔及利亚	西部矿业铁路线（贝沙尔—廷杜夫—加拉·杰比莱特段）575km 新建铁路及全线 950km 的信号、通信及供电工程	中国铁建股份有限公司
2	埃及	电信项目	华为技术有限公司
3	埃及	国际开罗机场扩建及物流园项目	中国葛洲坝集团股份有限公司
4	苏丹	朱巴—伦贝克—瓦乌电网项目	中国冶金科工集团有限公司
5	阿尔及利亚	阿尔及利亚国家石油公司奥兰阿尔泽工业区丙烷脱氢和聚丙烯总承包项目	中国寰球工程有限公司
6	阿尔及利亚	MTBE 项目	中石化炼化工程（集团）股份有限公司
7	阿尔及利亚	6 号军区 02 个军营建造项目	中国建筑股份有限公司
8	摩洛哥	BOU OUSEL 铜铁矿项目	中铁北京工程局集团有限公司
9	埃及	阿拉曼新城湖心岛项目	上海中建海外发展有限公司
10	埃及	沙漠军营项目	中国建筑第三工程局有限公司

2023 年北非市场承包工程业务前 10 会员企业见表 2–36。

2023 年北非市场承包工程业务前 10 会员企业　　表 2–36

排名	企业
1	中国建筑股份有限公司
2	中建国际建设有限公司
3	中国建筑第八工程局有限公司
4	中国交通建设集团有限公司
5	中钢设备有限公司
6	中国铁建股份有限公司

续表

排名	企业
7	中国港湾工程有限责任公司
8	中国电力建设集团有限公司
9	中国能源建设股份有限公司
10	山东淄建集团有限公司

备注：排名以会员企业完成营业额为依据，一级企业包含下属企业完成营业额。

2. 市场形势

（1）主要经济体局势总体稳定，经济稳步增长

埃及和阿尔及利亚为北非主要经济体，政治社会局势总体稳定，为地区经济发展的主要驱动力，摩洛哥、突尼斯等国地理位置优越，与欧洲经贸往来密切，经济发展较为活跃。埃及是北非地区最大经济体，近年来，埃及政局基本稳定，经济稳步增长，2023 年埃及 GDP 总量为 3984 亿美元，虽面对高通胀和货币紧缩因素所导致家庭及企业消费、投资下降问题，但实际 GDP 仍达到 3.8% 增长；阿尔及利亚受益于全球石油和天然气价格复苏，2023 年其国家财政收入为 687 亿美元，实际 GDP 增速为 2.3%。

近年，北非地区经济快速发展，并在国际市场的新技术、新理念赋能加持下，各国政府加大力度优化提升市场环境，多措并举重视经济发展，为外商投资经营发展提供政策保障及便利化政策，提振了外国投资者信心，充分利用国内外资本，提升经济发展空间。2023 年，埃及政府积极推进申请加入金砖国家集团及其开发银行工作，积极参与国际多边合作机制，取得积极进展，寻求国际金融机构为埃及基础设施、交通、水务、卫生领域提供财政及技术援助支持，拓宽经济发展路径，为埃及经济可持续发展注入新动力。埃及政府预计 2023—2024 财年可吸引约 120 亿美元外国直接投资（FDI），较上财年增长 15%~20%。埃及投资与自由区总局计划未来五年吸引约 350 亿美元的外国企业直接投资。阿尔及利亚近年的外国企业直接投资呈稳定状态，并与中国、新加坡、西班牙和土耳其等外资来源国保持稳定的合作关系，大幅促进了阿国工业、建筑、旅游和农业等行业发展。

（2）营商环境持续改善，基础设施发展势头向好

埃及政府重视改善投资环境，提高行政服务质量，大力推进基础设施建设，基础设施营商环境持续改善，企业经营成本有望进一步下降。埃及政府发布《可持续发展战略：埃及愿景 2030》以及《国家气候变化战略 2050》等规划，从政策层面支持基础设施项目建设。随着相关规划政策逐步落地，未来中埃两国在可再生能源、铁路网升级改造、港口建设以及海水淡化和水处理等领域均有较大合作空间。阿尔及利亚积极推动新项目开发，大力推动交通基础设施领域建设，同时，大力推动改革，提升对外国投资吸引力，推动落实经济增长和多元化的目标。摩洛哥、突尼斯等国政府也通过修改投资法

律和税收优惠政策、出台鼓励投资政策等措施，改善营商环境吸引外国企业投资。

北非各国工程市场以政府规划开发的大型公建和基础设施项目为主，各国对新城综合开发、交通基础设施、电力、新能源、水务环保、保障房领域项目需求旺盛，特别是交通基础设施类项目缺口较大，工程承包市场较活跃。根据《"一带一路"共建国家基础设施发展指数报告》（国别篇），北非主要国家基础设施发展趋势积极向好，2023 年，埃及基础设施发展指数得分为 121，在"一带一路"共建国家中排名第 7 位，较 2022 年上升 2 位；阿尔及利亚基础设施发展指数得分为 116，在"一带一路"共建国家中排名第 23 位，较 2022 年上升 35 位；突尼斯、苏丹基础设施发展指数得分为 103、99，在"一带一路"共建国家中排名分别为第 76、81 位，较 2022 年分别上升 5 位、1 位；摩洛哥基础设施发展指数得分为 107，在"一带一路"共建国家中排名第 66 位，较 2022 年下降 25 位。

（3）工业化、城镇化快速发展，工程市场潜力较大

北非地区石油、天然气、磷酸盐、铁矿等资源储量丰富，近年各国政府高度重视工业化建设发展，积极推动经济结构转型升级，由资源出口型经济向工业产品出口转变，并落实经济多元化发展举措，增加产品附加值，提升绿色经济收入比重。各国政府大力推动石油炼化、矿产资源深加工、工业产品制造等领域项目规划开发建设，规划建设多个大型工业园及工业厂房项目，同时，大量中国企业进入北非市场投资建厂，充分利用该地区地理区位及资源优势，深度参与当地冶金加工、钢结构、电池、新能源产品制造加工等工业领域发展建设。该地区人口快速增长，城镇化步伐加速，大型新城开发、商业住宅、保障类住房，以及电力、路桥、轨道交通、机场、港口、新能源、水务环保及商业配套设施建设需求均大幅上升，在"碳中和"发展理念以及清洁能源、绿色建筑、智慧城市、新基建等新一轮技术革命成果助力下，北非区域建筑市场扩容升级快速推进，未来具有较大发展潜力。

（4）北非市场呈现准高端市场的特点，正朝着规模化、智能化和可持续发展的方向发展

首先，摩洛哥、突尼斯、阿尔及利亚以及埃及等北非国家普遍执行英法标准，体系健全、管理规范，政府推出的一系列建筑工程承包相关政策和措施为市场规模化发展提供了有利条件；其次，近年来北非地区政府提出加强绿色建筑和节能减排的目标，促使建筑工程承包企业采用更环保和可持续的建筑材料和技术。例如，使用太阳能和风能等可再生能源来满足建筑能源需求，减少对传统能源的依赖；再次，智能化建筑也是北非建筑工程承包行业的发展方向。随着该地区物联网和人工智能技术的普及，建筑工程承包企业开始引入智能化系统，实现对建筑设备和环境的智能监控和管理，提高建筑物的安全性和舒适性。

（5）承包行业市场内外竞争激烈，质量要求高

从外部压力来看，作为前欧洲殖民地国家，欧洲对该地区政治及经济影响较大，

欧美大型承包工程企业进入市场较早，施工业绩较多，在融资、技术等方面拥有相对优势，触角延伸到各个工程领域。从内部来看，本土公司在基建领域已具备一定实力和规模，而且当地政府实施本土企业保护政策，以扶持本土企业发展。随着本土企业施工水平和经营能力不断提高，逐步削弱了中国企业在项目经营及实施上的竞争优势。

3. 发展展望

北非地区是非洲经济发展的排头兵，在非洲区域工业化、城镇化高速发展的大背景下，近年经济总体平稳并步入快速发展阶段，区域内外多双边经济合作机制沟通合作往来密切；同时，各国政府推动经济发展需求迫切，纷纷出台经济发展规划，落实相关政策举措，营商环境不断优化，经济发展活力进一步提升，未来北非地区市场具有较大的增长空间。中资工程企业在北非市场经营发展超 40 年，具有良好的合作基础和丰富经验，下一步应以在施项目的优质履约进一步提升中国企业市场口碑，持续关注埃及、阿尔及利亚等传统重点市场，大力开拓摩洛哥、突尼斯等新兴市场机遇，进一步提升市场竞争力和影响力，积极抢抓工业化、城镇化发展浪潮，持续提升国际化、属地化经营能力，优化区域布局，进一步拓展市场空间。未来市场发展重点及建议如下：

（1）以当地政府规划为指引，抢抓城镇化发展新机遇

北非地区人口持续增长，各国政府高度关注民生发展，大力推动保障房建设，埃及、阿尔及利亚等国政府有多个大型新城项目正在实施或规划，如埃及正在建设阿拉曼新城，阿尔及利亚政府 2024 年规划建设 150 万套住房。中资企业应密切关注各国政府规划落地实施情况，进一步拓展上下游产业链，在继续夯实并补强传统优势领域及业务模式的同时，积极探索城市开发运营等新领域、新模式。

（2）以基础设施领域为重点，深度参与电力、交通等基础设施项目建设

北非地区电力、交通基础设施水平整体落后，严重制约了区域经济发展，各国政府积极打造北非电力中心、跨境电网，公路、轨道交通及机场、港口立体交通网络，电力、交通等基础设施领域蕴含较大的市场机遇。如埃及政府发布“可持续发展战略：埃及愿景 2030”规划，力争打造覆盖北非、中东、南欧的电力出口和交易枢纽；积极推动交通网络多元均衡发展，推动现有单线客货混合铁路升级及信号系统改造，对 Dekheila、Abu Quir、Said 等现有港口升级扩容，并陆续启动多个高速铁路、现代化港口项目规划建设。

（3）以合规经营为底线，做好形势研判和风险防控

近年，全球政治经济环境趋于复杂，不稳定性、不确定性上升。北非地理区位优势明显，对地缘政治局势与国际经济环境变化也较敏感，在此背景下，北非市场主要进口食品价格上涨、旅游等行业复苏乏力，政府创汇能力减弱，加之美联储利率政策调整等的影响，北非各国货币加速贬值、资本外流压力骤增。2023 年，埃及、阿尔及利亚外债总额分别为 1699.5 亿美元、74.8 亿美元，国际储备分别为 348.4 亿美元、691.2 亿美元，FDI 存量分别为 1582.47 亿美元、359.6 亿美元，两国政府亟须进一步吸引外商投资，拓

展国际融资渠道以保障国家经济发展规划及重点项目落地实施。中资企业应严格执行国家及主管部门相关合规管理要求，密切关注当地政经形势变化，特别是债务风险和外汇风险，制定有效的风险防控措施及应急预案，保障业务经营平稳有序进行。

（三）南部非洲地区

南部非洲地区包括赞比亚、安哥拉、津巴布韦、马拉维、莫桑比克、博茨瓦纳、纳米比亚、南非、斯威士兰、莱索托、马达加斯加、科摩罗、毛里求斯等。

1. 业务概况

2023 年，中国企业在南部非洲地区新签合同额 124.3 亿美元，同比下降 5.%；完成营业额 70.4 亿美元，同比下降 10.1%。在该地区专业领域业务方面，新签合同额主要集中在电力工程建设、交通运输建设和一般建筑领域，占比分别为 30.2%、27.3% 和 27.1%。完成营业额主要涉及交通运输建设和一般建筑等领域，占比分别为 20.7% 和 15.5%。2023 年南部非洲地区国别市场业务排名前 10 见表 2–37。

2023 年南部非洲地区国别市场业务排名前 10 表 2–37

单位：亿美元

排名	国别	新签合同额	国别	完成营业额
1	南非	29.5	安哥拉	24.8
2	安哥拉	25.3	赞比亚	11.1
3	津巴布韦	17.2	南非	8.0
4	赞比亚	11.8	莫桑比克	6.4
5	纳米比亚	8.5	博茨瓦纳	6.0
6	莫桑比克	8.0	津巴布韦	4.7
7	莱索托	6.6	马达加斯加	2.7
8	马达加斯加	5.9	马拉维	1.8
9	毛里求斯	5.8	莱索托	1.7
10	博茨瓦纳	3.9	纳米比亚	1.5

2023 年南部非洲市场承包工程业务领域分布见表 2–38。

2023 年南部非洲市场承包工程业务领域分布 表 2–38

单位：亿美元

排名	专业领域	新签合同额	专业领域	完成营业额
1	电力工程建设	30.2	交通运输建设	20.7
2	交通运输建设	27.3	一般建筑	15.5
3	一般建筑	27.1	电力工程建设	9.3

续表

排名	专业领域	新签合同额	专业领域	完成营业额
4	其他	17.8	其他	8.4
5	水利建设	11.8	水利建设	7.1
6	通讯工程建设	5.3	通讯工程建设	5.4
7	工业建设	3.9	工业建设	2.3
8	制造加工设施建设	0.6	石油化工	0.7
9	废水（物）处理	0.3	制造加工设施建设	0.6
10	石油化工	0.0	废水（物）处理	0.4

2023 年南部非洲地区新签合同额前 10 的项目见表 2–39。

2023 年南部非洲地区新签合同额前 10 的项目　　表 2–39

排名	国别	项目名称	企业
1	安哥拉	曾扎—卡库索铁路项目	中国交通建设股份有限公司
2	南非	马卡纳（Makana）光伏项目	中国电力工程顾问集团东北电力设计院有限公司
3	津巴布韦	卡里巴 1GW 水上光伏电站项目	中能建国际建设集团有限公司
4	南非	南非客运铁路公司夸祖鲁地区 PRASA 列车控制系统规划、设计、供应、施工、安装、测试、调试和维护项目	中铁国际集团有限公司
5	津巴布韦	卡里巴 1000MW 水上光伏项目	中国能源建设集团西北电力建设工程有限公司
6	莱索托	高地供水二期 Polihali 引水隧洞项目	中国水利水电第十一工程局有限公司
7	南非	南非客运铁路局夸祖鲁—纳塔尔省服务区新建全面集成、功能齐全、完整和面向未来的南非客运铁路局列车通信系统的规划、设计、供应、施工、安装、测试、调试和维护项目	中铁武汉电气化局集团有限公司
8	南非	电信项目	华为技术有限公司
9	纳米比亚	Karibib 300MW 光伏 EPC 项目	中国能源建设集团广东火电工程有限公司
10	纳米比亚	坦塔利特河谷钽矿开采服务项目	中能建国际建设集团有限公司

2023 年南部非洲市场承包工程业务前 10 会员企业见表 2–40。

2023 年南部非洲市场承包工程业务前 10 会员企业　　表 2–40

排名	企业
1	中国交通建设集团有限公司
2	中国电力建设集团有限公司
3	中国交通建设股份有限公司

续表

排名	企业
4	中国电建集团国际工程有限公司
5	中国能源建设股份有限公司
6	中国葛洲坝集团股份有限公司
7	中国航空技术国际工程有限公司
8	中国江西国际经济技术合作有限公司
9	中国铁建股份有限公司
10	新疆生产建设兵团建设工程（集团）有限责任公司

备注：排名以会员企业完成营业额为依据，一级企业包含下属企业完成营业额。

2. 市场形势

（1）经济在重压下求复苏

根据非洲开发银行发布的南部非洲经济报告，受利率上升、国内需求疲软、电力危机和自然灾害等多种不利因素影响，南部非洲地区 GDP 增长落后于非洲其他地区。2022 年南部非洲地区 GDP 增速勉强达到 2.7%，远低于全球和非洲平均水平 3.4% 和 3.8%。为刺激国内经济复苏和发展，并为外商投资营造良好环境，该地区多国政府出台了一系列利好政策和计划，推动基建行业的持续向好发展。南非于 2022 年 3 月发布的《2050 年国家基础设施计划第一阶段》中，加大对国内基础设施建设的投资力度，把能源、运输、水利等基础建设作为重大关注领域。安哥拉作为该地区重要的石油出口国家，受益于近期的油价上涨，政府投入更多财政资金进行公共基础设施建设，其中石油化工领域的基础设施仍然是政府优先支持的方向。

（2）电力建设成为重中之重

目前南部非洲地区电力供应出现设施老化、能源资源短缺、电力供应体系存在结构性缺陷、电力设施人为破坏等多种问题，不仅影响了地区人民的正常生活，更严重影响铁路建设、商业、工业基础设施的发展，阻碍了国家工业化进程。如南非常年被电力短缺困扰。世界银行测算，南非作为非洲工业化程度最高的经济体，停电导致 240 亿美元的经济损失。根据《南非电力需求预测 2017—2050》预测，南非的电力需求在未来将呈现逐年增长态势，南非电网到 2024 年最大负荷约为 41.2GW，南非 2030 年前和 2050 年前的电力需求年平均增长率将分别 1.8% 和 1.4%。南部非洲地区电力短缺及设施更新需求，将给中国企业在电力电网及可再生能源领域提供了发展机遇。

（3）数字基建合作空间广阔

数字化转型或是加速非洲经济发展的关键驱动力，而数字基础设施建设是非洲大陆数字化转型的核心。在南部非洲国家中南非数字基础设施整体相对完善，拥有非洲大陆最广泛的数字基础设施，已经部署约 20 万公里的光纤，主要集中在城市地区，但农村地区仍未涉及。国家宽带战略、联接南非计划等大多数政府目标还待完成。2021

年 8 月举行的“中非互联网发展与合作论坛”上，中方宣布了“中非数字创新伙伴计划”，这一计划的主要内容之一包括加强数字基建，打通经济社会发展的信息动脉，这一计划促进了中国和南部非洲数字基础设施建设合作的稳步推进。

3. 发展展望

（1）针对地区经济结构的脆弱性，实施多元化发展战略

非洲大陆经济结构较为单一，易受到全球大宗商品价格冲击，如以农业经济为主的国家如赞比亚和津巴布韦等，经济易受自然灾害影响。经济结构单一性再加之部分国政局不稳定，经济政策连续性不强，多个国家面临货币贬值、税收下降、投资放缓、债务高企等问题突出。面对南部非洲经济脆弱性，中国企业在对外承包工程领域需要采取多元化经营发展战略，即业务领域多元化、区域市场布局多元化、资本多元化、合作伙伴国际化等，提高风险对抗能力。尤其是业务领域多元化，根据国别情况可向房建、电力水利、交通建设、数字基建、化工矿业配套建设等领域横向拓展。同时可以施工承包业务为中心，逐渐向规划设计、维护运营、商贸物流、投资等领域上下延伸，形成与工程承包产业互相衔接的全周期产业链条并互相促进。

（2）业务模式转型，积极探讨实施 PPP 类项目

为促进国家基建发展，南非、安哥拉、赞比亚、博茨瓦纳、莫桑比克等国家在积极探索公私合营模式（PPP），普遍出台扶持性政策来激励私有投资者实施 PPP 项目，包括制定投资法、PPP 法，提供经济特区优惠政策、能降低成本的关税税收政策等。未来几年，PPP 模式发展的重点领域包括电力、水务、通信、公路、港口、铁路、机场等领域。

（3）创新发展，培育差异化竞争能力

随着“一带一路”的深入推进，大批中国企业走向海外，出现了中国企业在海外扎堆、经营范围同质化的现象，体现在非洲南部开展业务的市场分布较为集中、提供的对外承包服务同质化、融资模式单一等方面。面对行业竞争激烈的问题，一方面，中国企业应持续进行业务模式、项目管理、技术改革和融资模式等多方面的创新，走智力密集、技术密集、资金密集的道路，向产业链高端开拓。另一方面，可专注细分领域，采取差异化经营战略，在专业上精益求精，提高企业专业水平和业务能力，加快企业品牌、产业品牌、区域品牌建设，提升品牌影响力，打造一批具有国际竞争力的“中国建设”高端品牌。

（四）东部非洲地区

东部非洲地区包括肯尼亚、埃塞俄比亚、乌干达、南苏丹、坦桑尼亚、厄立特里亚、索马里、吉布提、卢旺达、布隆迪和塞舌尔等国家。

1. 业务概况

2023 年中国企业在东部非洲市场新签合同额 180.1 亿美元，同比增长 11.5%；完成营业额 66.6 亿美元，同比下降 4.4%。在业务领域分布方面，新签合同额和完成营业额

都主要集中在交通运输建设领域，分别占比为 60.7% 和 19.3%。2023 年东非地区国别市场业务前 10 排名见表 2–41。

2023 年东非地区国别市场业务前 10 排名　　表 2–41

单位：亿美元

排名	国别	新签合同额	国别	完成营业额
1	坦桑尼亚	60.7	埃塞俄比亚	19.3
2	乌干达	46.8	肯尼亚	15.8
3	埃塞俄比亚	23.6	坦桑尼亚	14.6
4	南苏丹	22.7	乌干达	9.8
5	肯尼亚	19.4	南苏丹	2.3
6	吉布提	3.7	卢旺达	1.7
7	卢旺达	2.0	厄立特里亚	1.7
8	布隆迪	0.7	吉布提	0.8
9	厄立特里亚	0.5	布隆迪	0.2
10	塞舌尔	0.0	塞舌尔	0.1

2023 年东非市场承包工程业务领域分布见表 2–42。

2023 年东非市场承包工程业务领域分布　　表 2–42

单位：亿美元

排名	专业领域	新签合同额	专业领域	完成营业额
1	交通运输建设	79.0	交通运输建设	28.9
2	一般建筑	38.4	一般建筑	14.5
3	电力工程建设	18.8	电力工程建设	7.6
4	其他	14.1	水利建设	4.0
5	石油化工	14.5	通讯工程建设	3.4
6	水利建设	6.5	其他	2.7
7	工业建设	3.9	石油化工	3.1
8	通讯工程建设	3.7	工业建设	1.6
9	制造加工设施建设	0.9	废水（物）处理	0.5
10	废水（物）处理	0.3	制造加工设施建设	0.3

2023 年东非市场新签合同额前 10 的项目见表 2–43。

2023 年东非市场新签合同额前 10 的项目　　表 2-43

排名	国别	项目名称	企业
1	南苏丹	道路项目	中交一公局集团有限公司
2	乌干达	乌干达—坦桑尼亚东非原油管道有限公司原油外输管道项目	中国石油管道局工程有限公司
3	乌干达	穆图库拉区域市场项目二期	中国电建集团国际工程有限公司
4	乌干达	雷梅拉铁矿露天采剥及运输项目	中国电建集团国际工程有限公司
5	坦桑尼亚	伊加瓦到通杜马公路项目	中国土木工程集团有限公司
6	乌干达	视野矿业锂矿开发项目	中铁四局集团有限公司
7	坦桑尼亚	桑给巴尔曼加普瓦尼多用途码头一期项目	中国港湾工程有限责任公司
8	坦桑尼亚	桑给巴尔岛公路项目	中国土木工程集团有限公司
9	坦桑尼亚	达港码头石油储罐设计与建造工程（接收、储存各种液体散装货物的新油罐场及调运设施）	中铁大桥局集团有限公司
10	坦桑尼亚	米轨铁路轨道和桥梁修复改造项目塔博拉至基戈马段	中国土木工程集团有限公司

2023 年东非市场承包工程业务前 10 会员企业见表 2-44。

2023 年东非市场承包工程业务前 10 会员企业　　表 2-44

排名	企业
1	中国交通建设集团有限公司
2	中国铁建股份有限公司
3	中国土木工程集团有限公司
4	中国电力建设集团有限公司
5	中交第一公路工程局有限公司
6	中国中铁股份有限公司
7	中国电建集团国际工程有限公司
8	中国江西国际经济技术合作有限公司
9	中国建筑股份有限公司
10	中国路桥工程有限责任公司

备注：排名以会员企业完成营业额为依据，一级企业包含下属企业完成营业额。

2. 市场形势

（1）东非地区将继续引领非洲经济增长

根据非洲开发银行的《非洲微观经济表现和 2024 年展望》，东非在更深层次的区域一体化和改善基础设施投资的战略公共支出的助力下，在卢旺达、乌干达、埃塞俄比亚、肯尼亚、吉布提和坦桑尼亚等国经济增长推动下，地区经济增长预计将从 2023 年的 3.5% 提升到 2024 年的 5.1% 和 2025 年的 5.7%。东非地区将在 2023 年和 2024 年成为非洲大陆经济增长最快的地区。其中预计卢旺达 2024 年 GDP 将以 8% 增速领跑东非各国，乌干达、肯尼亚分别以 7%、6% 增速紧随其后。

（2）区域一体化和绿色发展促进基础设施投资建设的需求

区域一体化将继续在东非的经济增长中发挥关键作用。非洲大陆自由贸易区、东非共同体关税和货币联盟的实施将促进商品和服务出口，预计贸易增长将刺激对更高产能和跨境基础设施投资的需求。交通建设领域，在中国构建的“一带一路”立体互联互通网络引领下，东非第一条电气化铁路亚的斯亚贝巴—吉布提铁路（亚吉铁路）、连接东非第一大港口蒙巴萨和肯尼亚首都内罗毕的“大动脉”蒙巴萨—内罗毕铁路（蒙内铁路）等标志性工程，深化了东非区域间互联互通；通讯工程领域，在中非合作论坛约翰内斯堡峰会开幕前夕的“中非信息通信合作论坛”上，中方和东非共同体五国（坦桑尼亚、乌干达、卢旺达、布隆迪、肯尼亚）签署了《关于共建东非信息高速公路的谅解备忘录》，联合共同打造覆盖东非五国的宽带平台，即“东非信息高速公路”；电力领域，埃塞俄比亚—肯尼亚高压输电线路是非洲大陆首条跨国直流输电联网工程，也是东非电力互联规划主干线路。埃塞计划扩容至吉布提输电线路。目前，埃塞的电网与苏丹、吉布提和肯尼亚联通，并开始向上述国家出口电力。近年来，全球气候变化对基础设施可持续发展影响日益突出，特别是极端天气和自然灾害频发，对基础设施项目建设和运营带来极大挑战。东非地区各国政府制定了“能源结构转型”“绿色基础设施发展”等有关的发展倡议，以促进可再生能源建设为重点，推动本国基础设施向绿色低碳、环境友好的方向发展。

（3）私人资本助力基础设施发展融资

2023 年以来，为破解基础设施融资瓶颈，满足经济下行、债务承压、监管趋紧背景下的基础设施融资需求，东非地区政府鼓励国际承包商主动拓展新的融资渠道，来自私人部门的投资在该区域基础设施建设中发挥着越来越重要的作用，主要投资领域为交通和能源领域。得益于该地区政府出台的外资优惠政策，几年来有大批私人资本参与到国家基础设施建设中来，私人资本正逐渐成为与政府财政、银行金融、多双边机构资金等同等重要的融资渠道，在促进潜在需求释放、推动项目建设与合作升温等方面发挥着越来越重要的作用。另外，以私人资本投资为先导，联合国际银团撬动大型基础设施项目建设的合作模式，也成为跨境区域性互联互通大型项目的重要融资方式之一，将为东非基础设施建设注入发展动力。目前东非各国都已经加入了“一带一路”的倡议，双方政策高度契合，为东非区域国家推动基础设施建设、获得金融和技术支持、加快地区工业化进程和提升内生发展动能提供了强大的助力。

3. 发展展望和建议

（1）适应市场变化，谋求转型升级

受全球经济增长减速、国际贷款资金受限、市场容量萎缩等因素影响，工程总承包加融资的传统项目开发模式在东非市场遇到瓶颈。东非多国政府已出台相关优惠政策鼓励私人资本参与项目投资，以 BOT、PPP 等模式进行项目开发实施。中国企业可结合东非承包工程市场发展趋势，开展管理创新、模式创新，积极尝试投资参股、BOT、PPP 等新业务模式，由投资带动承包，从承包商转型升级为投资商、发展商、运营商、服务商，不断探寻境外承包工程新的增长动能和发展路径。

（2）对接区域发展需求，实现综合开发可持续发展

非洲大陆自由贸易区、东非共同体等区域一体化实施促进贸易增长并刺激对跨境基础设施建设的需求。企业可注重将区域经营战略与业务所在国的发展总体规划结合，实施综合开发，以道路或矿产开发等为牵引，加强周边和沿线工业园区、港口、电力等建设，带动沿线产业和经济社会发展，以产业发展为项目自主有效运营提供支撑，形成立足当地、带动地区、促进非洲工业化进程的良好态势。

（3）有序竞争，创新合作

鼓励进入该地区时间较早、竞争优势明显、经验丰富的大型企业与有关企业开展多形式合作，抱团出海，共同与项目所在国政府、大型企业、协会等机构进行对接；鼓励大型企业带动国内相关产业链“走出去”，逐步向高端领域、高端项目迈进，实现差异化经营。

第三节　欧洲市场

一、业务概况

（一）业务规模

2023 年中国企业在欧洲市场新签合同额 234.7 亿美元，同比增长 14.3%；完成营业额 171.2 亿美元，同比增长 7.3%。2011—2023 年中国企业在欧洲市场对外承包工程新签合同额和完成营业额走势分别见图 2–7 和图 2–8。

（二）主要国别

中国企业在俄罗斯联邦、塞尔维亚、西班牙等市场业务规模位居欧洲市场前列，在三国的新签合同额占欧洲市场总额超 60%，头部效应明显。其中，俄罗斯联邦市场贡献了在欧洲市场完成营业额的 47.5%。2023 年欧洲地区市场业务排名前 10 位的国别市场见表 2–45。

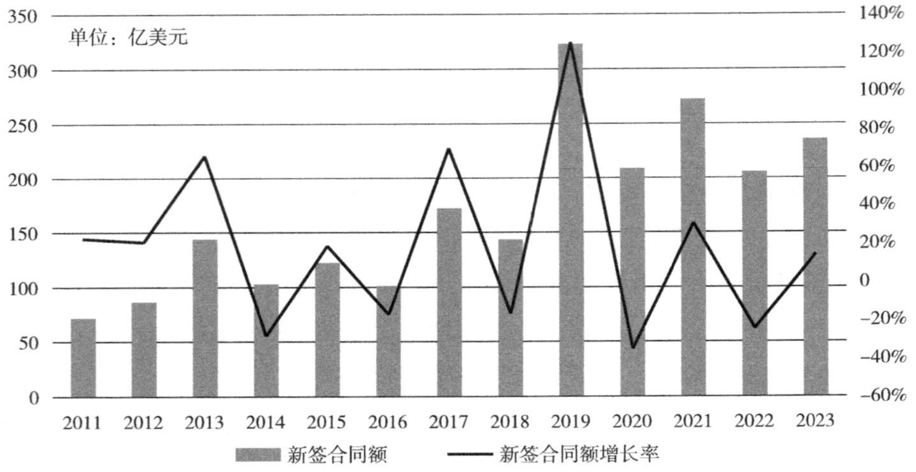

图 2-7　2011—2023 年中国企业在欧洲市场对外承包工程新签合同额走势

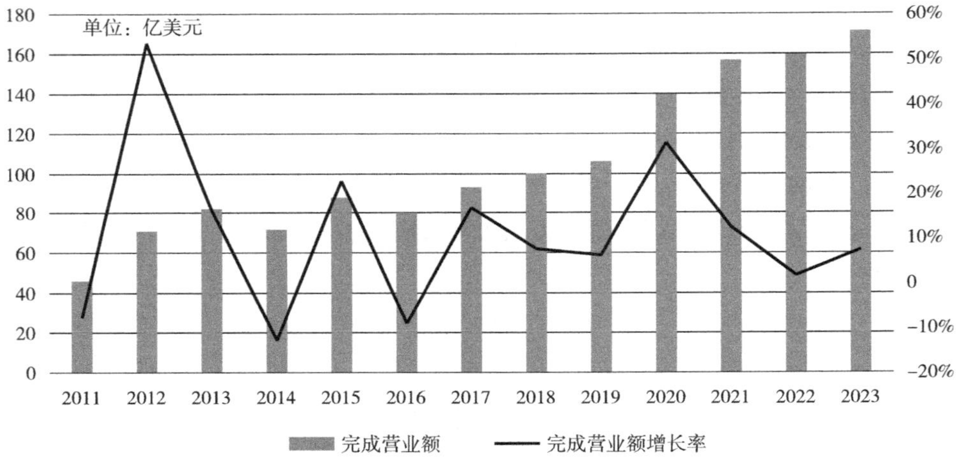

图 2-8　2011—2023 年中国企业在欧洲市场对外承包工程完成营业额走势

2023 年欧洲地区新签合同额和完成营业额前 10 市场排名　　表 2-45

单位：亿美元

排名	国别	新签合同额	国别	完成营业额
1	俄罗斯联邦	130.1	俄罗斯联邦	64.9
2	塞尔维亚	21.2	塞尔维亚	27.4
3	西班牙	12.4	西班牙	8.3
4	波兰	12.2	波兰	7.9
5	罗马尼亚	7.1	阿塞拜疆	6.5
6	白俄罗斯	5.2	白俄罗斯	6.2
7	法国	5.2	格鲁吉亚	5.8
8	阿塞拜疆	5.2	法国	5.3
9	波黑	4.9	德国	4.8
10	意大利	3.6	匈牙利	4.6

（三）业务领域

新签合同额方面，中国企业在欧洲市场业务除在交通运输建设和制造加工设施建设领域实现增长以外，其中交通运输建设领域增幅达到了71.1%，在其他领域业务均出现下滑；完成营业额方面，石油化工、电力工程建设等领域业务规模领先，同比均实现了正增长。2023年欧洲市场承包工程各业务领域分布情况见表2-46。

2023年欧洲市场承包工程业务领域分布情况　　表2-46

单位：亿美元

排名	专业领域	新签合同额	专业领域	完成营业额
1	石油化工	95.7	石油化工	45.9
2	通讯工程建设	28.5	交通运输建设	44.4
3	其他	24.6	通讯工程建设	28.3
4	交通运输建设	24.0	电力工程建设	13.4
5	电力工程建设	20.0	工业建设	12.4
6	工业建设	17.7	其他	9.4
7	一般建筑	13.0	一般建筑	8.9
8	制造加工设施建设	8.5	制造加工设施建设	5.6
9	水利建设	1.4	废水（物）处理	1.6
10	废水（物）处理	1.3	水利建设	1.4

（四）参与企业

2023年度对外承包工程企业欧洲市场业务30强见表2-47。

2023年度对外承包工程企业欧洲市场业务30强　　表2-47

排名	企业
1	中国化学工程集团有限公司
2	中国化学工程第七建设有限公司
3	中国铁建股份有限公司
4	中国交通建设集团有限公司
5	中国路桥工程有限责任公司
6	中国铁建国际集团有限公司
7	中国电力建设集团有限公司
8	中国能源建设股份有限公司
9	中国葛洲坝集团股份有限公司
10	中铁十六局集团有限公司

续表

排名	企业
11	中国中铁股份有限公司
12	中信建设有限责任公司
13	中国电建集团国际工程有限公司
14	中国五环工程有限公司
15	中铁建国际投资有限公司
16	上海振华重工（集团）股份有限公司
17	中钢设备有限公司
18	中铁九局集团有限公司
19	中国建筑股份有限公司
20	东方电气集团国际合作有限公司
21	山东高速集团有限公司
22	中国石油集团工程股份有限公司
23	中国机械工业集团有限公司
24	中国石油工程建设有限公司
25	中铁隧道局集团有限公司
26	中铁十一局集团有限公司
27	中国土木工程集团有限公司
28	中国交通建设股份有限公司
29	中国电建市政建设集团有限公司
30	中国成达工程有限公司

备注：排名以会员企业完成营业额为依据，一级企业包含下属企业完成营业额。

（五）主要项目

2023 年欧洲市场承包工程业务新签合同额排名前 10 的项目见表 2–48。

2023 年欧洲市场承包工程业务新签合同额排名前 10 的项目 表 2–48

排名	国别	项目名称	企业
1	俄罗斯联邦	波罗的海化工综合体项目	中国化学工程第七建设有限公司
2	俄罗斯联邦	楚科奇州巴依木斯斑岩铜矿项目	中国有色金属建设股份有限公司
3	俄罗斯联邦	涅涅茨克天然气化工综合体 180 万吨甲醇项目	中国葛洲坝集团股份有限公司
4	罗马尼亚	布加勒斯特 540MW 燃气—蒸汽联合循环电站	中国电力工程顾问集团东北电力设计院有限公司
5	阿塞拜疆	电信项目	华为技术有限公司
6	俄罗斯联邦	费多罗沃苔原铂金矿区开发项目	中能建国际建设集团有限公司
7	俄罗斯联邦	阿穆尔天然气加工厂项目 P1 标段	中国葛洲坝集团股份有限公司
8	法国	电信项目	华为技术有限公司

续表

排名	国别	项目名称	企业
9	俄罗斯联邦	萨哈共和国（雅库特）阿尔丹地区金矿开采及矿区基建项目	中国电建集团国际工程有限公司
10	白俄罗斯	斯拉夫钾肥项目	中信建设有限责任公司

二、发展展望

受通货膨胀、能源供应持续中断、定向财政支持能力有限以及紧缩性货币政策等多重因素影响，惠誉预测，2024 年欧洲建筑业的年增长率为 2.1%，低于惠誉对全球年增长率 3.0% 的预测。能源基础设施项目将是欧洲地区的一个关键亮点。交通基础设施建设市场规模预计为 2195.6 亿美元，预计到 2029 年将达到 2795.8 亿美元，预测期内（2024—2029 年）复合年增长率为 4.14%。

（一）市场机遇

在绿色低碳发展及碳中和目标的激励下，欧盟力图加快能源转型，希望通过发展可再生能源来减少欧洲对外部能源供应的依赖以加强其能源安全。在欧洲深陷能源危机、能源供应存在不可预测性的情况下，欧盟加快绿色发展的意愿强烈。惠誉预测，欧盟对基础设施项目的资金分配在近十年内将持续保持高位，可再生能源、交通运输和氢能产业将是欧盟基础设施投资最重要的领域。

此外，为了实现用进口液化天然气替代俄罗斯天然气进口的目标，欧洲地区近两年开始增加液化天然气进口的基础设施建设。根据全球能源监测（Global Energy Monitor，GEM）的数据指出，欧洲国家正在开发每年 248.7 亿 m^3 的新液化天然气进口能力和 16，491km 的新天然气输送管道，其中包括能够再进口 46bcm/y 天然气的跨境管道进入欧洲。2023 年，新开发项目的液化天然气进口能力增长了 9%，天然气管道长度增长了 18%。GEM 估计，欧洲新天然气基础设施的总资本支出可能为液化天然气接收站 44.4 亿欧元，天然气管道 39.7 亿欧元，总计 84.1 亿欧元。其中，已在建项目总计 10 亿欧元。除德国以外，欧洲其他一些国家如意大利、希腊，也积极寻求将近期的能源多样化举措与长期的脱碳目标联系起来，比如大力开发军民两用管道和其他基础设施，近期可用于运输天然气，远期可用于运输氢气等。

（二）面临挑战

政治方面，欧洲部分主要国家将举行大选，政治风险以及美国总统大选对欧洲的广泛影响将在这一年成为人们关注的焦点。6 月份的欧盟（EU）欧洲议会选举和 2025 年 1 月的英国大选，预计将在 2024 年期间对该地区的政治格局产生最大影响。

内外政策方面，冯德莱恩连任后，欧盟委员会已经发布了《净零工业法案》和

《关键原材料法案》草案，将欧洲本土制造能力作为核心，力图增强欧洲清洁技术工业的制造能力和原材料供应链弹性。欧盟于 2024 年 3 月提出“欧盟—非洲”战略，其核心是把非洲从目前的“发展援助对象”上升为“伙伴关系”。未来，欧盟希望与非洲在贸易、数字化、气候与环境、移民流动、多边主义等领域加强合作，而合作的目的是与中国、美国、俄罗斯等国家展开竞争。

过去几年欧盟陆续出台了一系列针对非欧盟、非政府采购协定（GPA）国家企业的限制政策，例如欧盟外商直接投资审查条例（FDI）、欧盟国际采购工具（IPI）、欧盟外国补贴条例（FSR）、欧盟碳边境调节机制（CBAM）、企业可持续发展报告指令（ESRD）等，这些法令的实施将极大地限制来自非 GPA 成员国企业参与欧盟国家能源、基建市场的投资开发、并购、工程承包，将对在欧盟经营的中国工程企业产生重大影响。2023 年年底，欧盟 26 国（不含匈牙利）签署的《欧洲风电产业联合宣言》旨在限制中国厂商，保护本土风电产业。欧盟理事会决定对进口自隆基绿能 + 上海电气关联企业的光伏板产品实施反补贴调查；计划对进口自中国的风电设备开展反补贴调查；对列车设备制造商中车青岛四方机车公司提供的潜在补贴一事展开调查；欧盟表示必将启动通过新一轮中国产品反补贴调查，考虑从高速列车扩展至风电及钢铁产品。

（三）发展建议

在当前地缘政治博弈加剧和国际竞争加剧的背景下，我国相关企业应树立风险意识，对企业产品、市场布局、供应链等进行风险评估，通过合规举措符合相关产业新标准，并及时调整供应链以降低风险因素。一是，坚持“因国施策”“一国一策”，以双边合作为主深化我国与重点欧盟国家务实合作。积极开展多方合作，形成利益共同体，及时深化已经建立的第三方市场合作机制；对中东欧等其他欧洲国家，坚持加强谋划、精准画像、打拉结合，以双边合作为主，深化数字经济、绿色能源、中欧班列等领域务实合作，拉紧利益纽带，深化各领域务实合作。二是，深入分析欧洲新规中的新要求和新标准，并在产品开发、原材料采购及供应链管理等各个方面及时采取行动，制定并实施中长期的应对方案。三是，加强与欧盟的沟通和合作，加强双方在技术、产业等领域的交流与合作，以及关键原材料的自主研发和生产能力，减少对进口原材料的依赖。同时，优化供应链管理，提高物流效率和降低成本，增强我国新能源产业的供应链稳定性和竞争力。

三、中东欧地区

（一）业务概况

中东欧地区是中国企业长期在欧洲的重点市场之一，业务规模占欧洲市场的三分之一。中国政府与中东欧国家合作将加快中东欧互联互通基础设施建设作为优先方向。随着“一带一路”倡议和中国与中东欧国家合作的不断推进，中国企业越来越多地参与到中东欧地区的工程承包和投融资项目合作中。2023年，中国企业在中东欧合作国别（塞尔维亚、保加利亚、罗马尼亚、黑山、北马其顿、斯洛文尼亚、波斯尼亚和黑塞哥维那（简称：波黑）、克罗地亚、阿尔巴尼亚、斯洛伐克、捷克、匈牙利、波兰、希腊）新签合同额53.8亿美元，同比下降42.5%；完成营业额48.6亿美元，同比增长35.1%。

从国别市场业务来看，中国企业在塞尔维亚、波兰、波黑等市场的业务规模位居中东欧市场前列。2023年中东欧地区国别市场业务排名前10位的国别见表2-49。

2023年中东欧地区国别市场业务排名前10位　　表2-49

单位：亿美元

排名	国别	新签合同额	国别	完成营业额
1	塞尔维亚	21.2	塞尔维亚	27.4
2	波兰	12.2	波兰	7.9
3	罗马尼亚	7.1	匈牙利	4.6
4	波黑	4.9	波黑	2.2
5	克罗地亚	3.2	克罗地亚	1.3
6	匈牙利	1.9	希腊	1.1
7	希腊	1.1	罗马尼亚	1.0
8	捷克	0.8	捷克	0.9
9	北马其顿	0.7	北马其顿	0.8
10	保加利亚	0.5	保加利亚	0.6

从新签合同额和完成营业额来看，中国企业在中东欧地区市场业务领域主要集中在交通运输建设、电力工程建设和通讯工程建设等领域。2023年中国企业在中东欧地区承包工程各业务领域分布见表2-50。

2023年中国企业在中东欧地区承包工程各业务领域分布　　表2-50

单位：亿美元

排名	专业领域	新签合同额	专业领域	完成营业额
1	电力工程建设	17.0	交通运输建设	26.2
2	交通运输建设	13.8	电力工程建设	6.8
3	一般建筑	4.9	通讯工程建设	3.9
4	其他	4.7	其他	3.9
5	通讯工程建设	3.6	工业建设	3.0
6	工业建设	3.3	一般建筑	2.3
7	石油化工	3.2	废水（物）处理	1.1

续表

排名	专业领域	新签合同额	专业领域	完成营业额
8	制造加工设施建设	2.1	制造加工设施建设	0.8
9	废水（物）处理	1.0	水利建设	0.6
10	水利建设	0.2	石油化工	0.0

2023 年中东欧地区承包工程业务新签合同额前 10 的项目见表 2–51。

2023 年中东欧地区承包工程业务新签合同额前 10 的项目 **表 2–51**

排名	国别	项目名称	企业
1	罗马尼亚	布加勒斯特 540MW 燃气—蒸汽联合循环电站项目	中国电力工程顾问集团东北电力设计院有限公司
2	波兰	烯烃综合设施扩建项目 K002 标段	中国土木工程集团有限公司
3	塞尔维亚	塞国家体育中心周边基础设施建设项目	中国电建集团国际工程有限公司
4	塞尔维亚	黑峰 150MW 风电项目 EPC 合同	中国技术进出口集团有限公司
5	塞尔维亚	丘卡卢—佩吉铜金矿基建开拓施工建设项目	金诚信矿业管理股份有限公司
6	塞尔维亚	奥波沃 300MW 光伏项目	中国电建集团国际工程有限公司
7	波兰	Jackowo 150MΩ 光伏储能项目	中铁电气化局集团有限公司
8	塞尔维亚	匈塞铁路诺维萨德—苏博蒂察段项目	中国路桥工程有限责任公司
9	波兰	S6 快速路科沙林至斯武普斯克 lot2 标段（斯瓦夫诺至斯武普斯克）建设工程项目	中国电建市政建设集团有限公司
10	塞尔维亚	玲珑国际欧洲有限公司兹雷尼亚宁工厂一期工程施工项目第一、三、四、五标段转交工程设计及施工合同	中交一公局集团有限公司

（二）发展展望

1. 市场展望

巴尔干地区的国家经济发展水平较欧盟成员国偏低，基础设施相对薄弱，公共债务率较低，且均有能源转型的需求，对于工程承包企业来说，具备一定发展空间。分领域来讲，交通基础设施仍然是塞尔维亚未来几年的重点发展领域，波黑未来将有多个大型交通设施项目发展建设。能源方面，欧洲地区大力发展新能源类项目，中东欧各国政府纷纷制定能源独立战略，力争尽快摆脱对化石能源的依赖。波黑政府倡导促进对波黑基础设施建设项目的投资，为外商投资波黑承包工程提供了商机。随着乌克兰危机导致能源电力价格上涨、外国投资人逐步进入波黑新能源市场以及当地政府政策支持，当地私人开发商也逐渐重视光伏、风电项目的开发。资金方面，以波兰市场为例，虽然通货膨胀率仍然很高，2023 年的平均通货膨胀率为 11.4%，但建筑市场基本保持稳定增长。货币政策委员会将波兰国家银行（NBP）的参考利率维持在

5.75% 的水平。2023 年 10 月政府选举后，欧盟的融资渠道较为畅通，公共采购领域有一系列新的项目准备启动，波兰国家重建计划（KPO）的资金将加速铁路和电力领域项目的投资建设。

2. 主要挑战

与此同时，中国企业在中东欧市场面临的以下多方面挑战。一是，地缘政治冲突长期化对经济造成重大影响，将直接影响政局稳定。虽然中国与中东欧各国在基础设施建设领域的合作取得了一定的成果，但是基础较为薄弱，中国—中东欧国家合作正在面临新的挑战。二是，该地区不少国家经济社会转型尚未成功，经济发展雪上加霜，部分国家民粹主义倾向日趋严重，出现一些以“国家安全、民众利益、就业保障”等名义设置的隐性投资壁垒，影响了中国与中东欧国家在“一带一路”倡议下的正常经贸合作。三是，欧洲通胀高企、物价高升、能源危机叠加，如匈塞铁路等项目使用的原材料成本上涨，在某种程度上影响了项目的正常进行。此外，个别传统市场面临欧盟资金冻结风险，如，欧盟委员会暂停了波兰下一阶段发展所需的 360 亿欧元的拨款。

3. 工作建议

一是，聚焦政治性弱、敏感度低的领域开展业务，如多关注可再生能源、数字技术与创新、交通基础设施建设、智慧城市建设等领域并积极尝试以新业态开展合作；二是，秉承“宜小不宜大”的原则，立足于自己擅长的领域，尽快熟悉市场规则、相关法律法规，逐步深入市场并辐射市场其他主要领域；三是，建立属地化模式，结合本土实力较强、专业化程度较高的企业的薄弱点或困难点，建立合作关系，实现优势互补。

第四节　拉丁美洲市场

一、业务概况

（一）业务规模

2023 年中国企业继续在拉丁美洲基础设施领域深耕求索，年度新签合同额 199.8 亿美元，同比下降 26.35%；完成营业额 136.9 亿美元，同比增长 20.85%。中国企业均基于自身定位，结合拉美各国别市场特点收获了较为满意的业绩答卷。一是，新能源为中拉能源合作开辟了广阔空间，合作模式已实现从工程承包到“投融资 + 建设 + 运营”融合发展的转变，实现了政策互通与产业链、供应链对接，三峡集团、中广核等企业在哥伦比亚、巴西等国投资的光伏项目陆续落地开工建设；二是，投资业务实现了新的突破，从传统的能源、交通、水务拓展至医疗卫生行业，在智利总统见证下，由中铁建投资的首个中国企业海外特许经营医院项目于 2024 年 1 月在智利奠基开工；

三是，在全球基础设施行业革新换代的大背景下，中国企业纷纷调整了经营策略，围绕各自拉美重点国别打造区域经营中心，向本土化经营方向发展。从项目类型来看，交通及市政工程类项目等传统领域有从 EPC 模式向 PPP 模式转移的趋势，新能源及矿业项目则以投资并购为主，通过中企投资带动其他中企工程承包业务发展。

2011—2023 年中国企业在拉丁美洲市场对外承包工程新签合同额和完成营业额走势分别见图 2–9 和图 2–10。

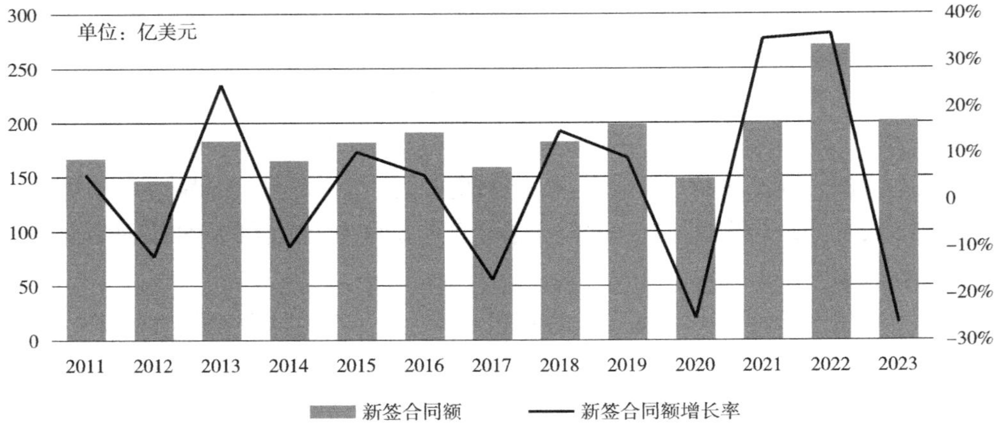

图 2–9　2011—2023 年中国企业在拉丁美洲市场对外承包工程新签合同额走势

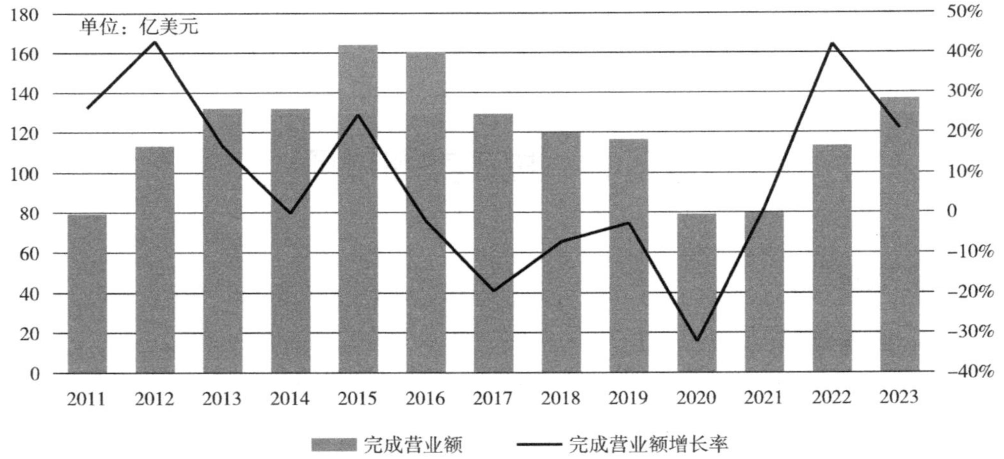

图 2–10　2011—2023 年中国企业在拉丁美洲市场对外承包工程完成营业额走势

（二）主要国别

中国企业在拉美各国签约数量较多的国别有秘鲁、巴西、哥伦比亚。从行业来看，签约量靠前的主要领域包括可再生能源、交通、市政建筑、矿业。秘鲁新签项目主要为民生工程，如学校、医院、道路、水务等，如中国能建葛洲坝集团签约多个医院和学校项目，中国电建签署了多个学校和河岸防护类项目。巴西、哥伦比亚则以能源和输变电投资为主，如国家电网2023年底中标巴西美丽山 ±800kV 特高压直流输电项目特许经营权，中广核巴西185MW光伏项目2024年初开工，三峡集团巴西风电和哥伦比亚光伏项目开工。2023年拉丁美洲地区新签合同额和完成营业额前10的国别市场排名见表2–52。

2023年拉丁美洲地区新签合同额和完成营业额前10的国别市场排名　　表2–52

单位：亿美元

排名	国别	新签合同额	国别	完成营业额
1	巴西	32.3	秘鲁	31.9
2	秘鲁	28.8	墨西哥	23.4
3	墨西哥	28.6	巴西	20.8
4	巴拿马	24.4	哥伦比亚	12.6
5	哥伦比亚	17.6	阿根廷	11.7
6	智利	15.1	厄瓜多尔	9.0
7	阿根廷	10.5	智利	7.3
8	厄瓜多尔	7.0	玻利维亚	7.3
9	尼加拉瓜	6.9	圭亚那	2.8
10	玻利维亚	6.6	牙买加	1.7

（三）业务领域

2023年拉丁美洲市场承包工程业务领域分布见表2–53。

2023年拉丁美洲市场承包工程业务领域分布　　表2–53

单位：亿美元

排名	专业领域	新签合同额	专业领域	完成营业额
1	交通运输建设	55.9	交通运输建设	40.3
2	电力工程建设	37.0	通讯工程建设	23.4
3	一般建筑	32.3	电力工程建设	23.0
4	通讯工程建设	27.2	一般建筑	14.6
5	其他	20.0	其他	14.0
6	工业建设	11.1	石油化工	9.5
7	石油化工	6.8	水利建设	4.7
8	制造加工设施建设	4.5	工业建设	4.6
9	水利建设	3.4	制造加工设施建设	2.6
10	废水（物）处理	1.6	废水（物）处理	0.2

（四）参与企业

2023 年度对外承包工程企业拉丁美洲地区市场 30 强见表 2–54。

2023 年度对外承包工程企业拉丁美洲地区市场 30 强　　表 2–54

排名	企业
1	中国交通建设集团有限公司
2	中国港湾工程有限责任公司
3	中国电力建设集团有限公司
4	中国铁建股份有限公司
5	中国电建集团国际工程有限公司
6	中国中铁股份有限公司
7	中国能源建设股份有限公司
8	中铁十局集团有限公司
9	中国机械工业集团有限公司
10	中国机械设备工程股份有限公司
11	中国葛洲坝集团股份有限公司
12	中国土木工程集团有限公司
13	中能建国际建设集团有限公司
14	中国铁建国际集团有限公司
15	中铁十九局集团有限公司
16	中国电力技术装备有限公司
17	哈尔滨电气国际工程有限责任公司
18	新疆生产建设兵团建设工程（集团）有限责任公司
19	烟建集团有限公司
20	中交第三公路工程局有限公司
21	上海振华重工（集团）股份有限公司
22	中国水利电力对外有限公司
23	中铁隧道局集团有限公司
24	中国路桥工程有限责任公司
25	中铁建国际投资有限公司
26	中工国际工程股份有限公司

续表

排名	企业
27	中交第三航务工程局有限公司
28	中铁十七局集团有限公司
29	中铁二十局集团有限公司
30	中交疏浚（集团）股份有限公司

备注：排名以会员企业完成营业额为依据，一级企业包含下属企业完成营业额。

（五）主要项目

2023 年拉丁美洲市场承包工程业务新签合同额前 10 的项目见表 2–55。

2023 年拉丁美洲市场承包工程业务新签合同额前 10 的项目　　表 2–55

排名	国别	项目名称	企业
1	巴拿马	第四大桥工程项目	中国港湾工程有限责任公司
2	巴西	电信项目	华为技术有限公司
3	哥伦比亚	波哥大地铁一号线项目	中国港湾工程有限责任公司
4	哥伦比亚	蒙特里亚绿色社区与市政开发项目	中国土木工程集团有限公司
5	智利	马乌莱大区医院项目	中国路桥工程有限责任公司
6	智利	CDP 可再生钢二期项目	中铁国际集团有限公司
7	秘鲁	Pronatel 国家宽带项目	长飞光纤光缆股份有限公司
8	秘鲁	伊洛港口项目	中国土木工程集团有限公司
9	巴西	伊泰普水电站 ±600kV 直流送出复兴改造项目 I 期	中国电力技术装备有限公司
10	墨西哥	电信项目	华为技术有限公司

二、发展展望

（一）拉美及加勒比海地区国家在推动自身基础设施完善和升级方面具有迫切愿望和巨大空间

许多国家都有基础设施、可再生能源、数智化等方面的发展规划和需求，弥补基建短板。如，巴西宣布到 2026 年将在铁路和公路基础设施领域投资 700 亿至 800 亿雷亚尔。秘鲁批准 2024 年投资超过 80 亿美元的基础设施建设项目。哥伦政府将投资 1400 亿美元用于改善国内交通基础设施。拉美国家积极出台支持性政策措施，通过扩大公共支出、引入公私合作伙伴模式、积极寻求外国融资等方式加大基建投资力度。

（二）拉美地区拥有储量丰富的能源，这为拉丁美洲的发展提供了新的机遇

当前，拉美地区国家持续推动可再生能源开发利用。IEA 发布的《全球可再生能源展望》报告指出，拉美地区可再生能源占比将在 2030 年超过 60%，在 2050 年提高至 80%。预计到 2050 年，对可再生能源的投资有望助推拉美地区生产总值提升 2.4%。拉美的锂、镍、钴、稀土、石油等战略资源丰富，巴西、阿根廷、智利和哥伦比亚农业发达。虽然全球经济低迷致使大宗产品需求减弱，但在大国博弈加剧、乌克兰危机前景不明的背景下，资源禀赋优势使得拉美具有战略价值，能源、农业两个重点领域存在较大挖掘潜力。

（三）中拉基建合作对双方有利且意愿强烈

成立于 2015 年的中拉基础设施合作论坛旨在促进中拉基础设施互联互通，助力中拉共建“一带一路”，是中拉双方在该领域分享经验、拓展合作的重要国际平台。近年来，中国与拉美及加勒比国家经贸各领域合作稳步推进，成果丰硕，《中国－拉共体成员国重点领域合作共同行动计划（2022—2024）》聚焦中拉高质量基础设施建设合作，将绿色低碳、数智化转型融入传统中拉基础设施的合作中。基础设施合作已经成为中拉全方面合作的最有代表性的领域，也是活力最强的领域。

（四）中拉基础设施合作面临一些困难和障碍

如中拉基建合作还时常受到来自外部的、第三方的干扰；一些国家政策环境多变，对大型基建项目开发建设进程形成障碍，部分拉美国家面临通胀、经济增长乏力以及金融机构流动性短缺、基础设施建设资金不足等困难，项目融资成本和实施成本相对较高，新项目推动落地难度加大等。

三、工作建议

基于拉美未来整体趋势和发展形势的分析，对中国企业在拉美地区的工程承包业务提出如下建议。

（一）加强务实沟通，构建中拉基建合作的顶层规划和设计

双方加大交流和合作，开展双边 PPP 项目的合作规划，确定合作重点领域，加强政策协调和资源整合，为企业在当地开展业务提供政策指引。加强便利化举措，如在标准及设备材料认证、人员流动签证、税收优惠等方面可以为企业合作提供更加便利化的安排。

（二）创新合作模式，拓展合作领域

中国企业可继续探索在拉美新型的合作模式，采用 BOT、PPP、第三方市场合作、投建营一体化等多种合作模式，积极与当地实力较强的企业亦或对拉美市场颇具经验的欧美企业探讨联营体、并购等多形式的合作，实现资源和实力的优势互补，加强风

险防控，提高合作效率。

（三）在巩固传统基础设施建设合作的同时，积极探索并拓展新的合作领域

推动中拉基础设施数字化、智能化、绿色化方面的发展，积极开展新能源领域合作，利用先进的信息技术和智能设备，提高基础设施的运营效率和安全性，降低成本和资源浪费，在拉美推动装配式建筑、零碳排放建筑项目的落地。

（四）拓展项目融资渠道，多渠道解决项目资金问题

中拉金融机构加强合作，共同探讨加大对中拉基建合作的融资支持力度。企业用好中拉产能合作投资基金、中拉合作基金、中拉基础设施专项贷款等融资渠道，发挥“中拉开发性金融合作机制”的平台作用，拓展拉美金融合作“朋友圈”，加大同国际金融机构的业务交流，建立多元化的投融资体系，积极利用国外资本优势，多种渠道解决项目融资问题。

第五节　大洋洲市场

一、业务概况

（一）业务规模

2023 年中国企业在大洋洲市场新签合同额 71.5 亿美元，同比增长 4.7%；完成营业额 59.0 亿美元，同比下降 0.1%。2011—2023 年中国企业在大洋洲市场对外承包工程新签合同额和完成营业额走势分别见图 2–11 和图 2–12。

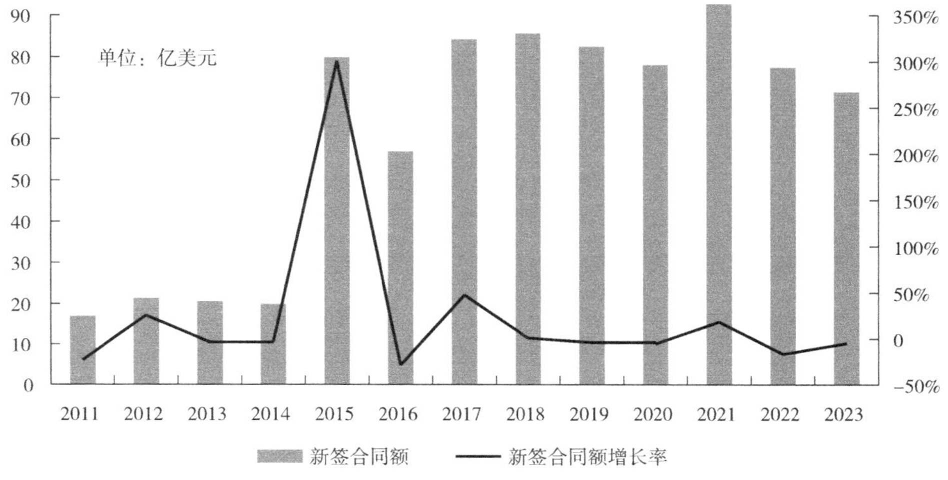

图 2–11　2011—2023 年中国企业在大洋洲市场对外承包工程新签合同额走势

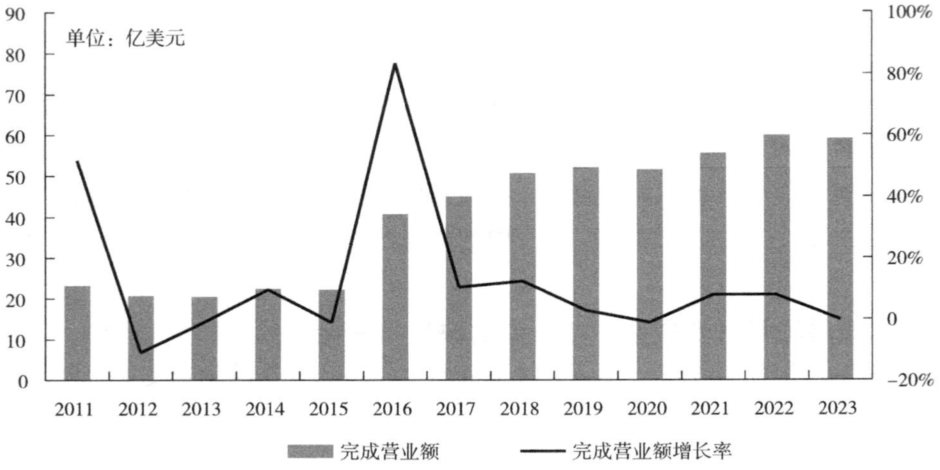

图 2-12　2011—2023 年中国企业在大洋洲市场对外承包工程完成营业额走势

（二）主要国别

2023年中国企业在大洋洲地区新签合同额和完成营业额前5位的国别排名见表2-56。

2023 年中国企业在大洋洲地区新签合同额和完成营业额前 5 位国别排名　　表 2-56

单位：亿美元

排名	国别	新签合同额	国别	完成营业额
1	澳大利亚	58.0	澳大利亚	46.7
2	巴布亚新几内亚	7.2	巴布亚新几内亚	7.9
3	瓦努阿图	2.1	斐济	1.3
4	斐济	1.9	所罗门群岛	1.2
5	所罗门群岛	1.8	新西兰	1.1

（三）业务领域

2023 年大洋洲市场承包工程业务领域分布情况见表 2-57。

2023 年大洋洲市场承包工程业务领域分布情况　　表 2-57

单位：亿美元

排名	专业领域	新签合同额	专业领域	完成营业额
1	交通运输建设	38.4	交通运输建设	36.7
2	一般建筑	22.6	一般建筑	15.3
3	电力工程建设	4.6	水利建设	1.8
4	其他	3.0	废水（物）处理	1.6
5	工业建设	1.6	电力工程建设	0.8

续表

排名	专业领域	新签合同额	专业领域	完成营业额
6	水利建设	0.6	其他	0.8
7	石油化工	0.3	制造加工设施建设	0.7
8	制造加工设施建设	0.2	石油化工	0.7
9	废水（物）处理	0.1	通讯工程建设	0.4
10	通讯工程	0.1	工业建设	0.2

（四）主要项目

2023 年大洋洲市场承包工程业务新签合同额前 10 的项目见表 2-58。

2023 年大洋洲市场承包工程业务新签合同额前 10 的项目　　表 2-58

排名	国别	项目名称	企业
1	澳大利亚	悉尼 M7—M12 公路改造升级项目	中国交通建设股份有限公司
2	澳大利亚	新州 M1 太平洋高速公路 Blackhill—Tomago 项目	中国交通建设股份有限公司
3	澳大利亚	昆州新图文巴医院项目	中国交通建设股份有限公司
4	澳大利亚	Dexus 布里斯班海滨项目	中国交通建设股份有限公司
5	澳大利亚	墨尔本地铁管理合同额变更	中国交通建设股份有限公司
6	澳大利亚	悉尼地铁西线东区隧道项目	中国交通建设股份有限公司
7	澳大利亚	昆州洛根医院二期扩建工程	中国交通建设股份有限公司
8	澳大利亚	维州西北计划联盟 MaidstoneTMF 项目	中国交通建设股份有限公司
9	澳大利亚	新州 Shoalhaven 区纪念医院项目	中国交通建设股份有限公司
10	瓦努阿图	维拉港润泊城项目管理收益项目	中铁四局集团有限公司

二、发展展望

大洋洲各国别（地区）经济发展水平差异较大，澳大利亚、新西兰两国经济发达，其他太平洋岛国和地区经济相对落后，基础设施建设存在较大缺口。总的来看，大洋洲政治社会环境稳定，拥有丰富的矿产资源和太阳能资源，以及发达的旅游业，重要的地理位置有利于与亚洲、美洲等地区密切的贸易和经济联系，各国政府重视发展国内及区域基础设施互联互通，开展基建合作具备优势条件。

（一）市场机遇

澳大利亚政府在未来五年内计划的 2300 亿澳元的公共基础设施投资，计划建设 120 万套新住宅，并将能源领域的投资增加三倍。此外，澳大利亚是世界上太阳能资源最好的国家之一，更是全球光伏发电最发达的地区之一，同时凭借其成本优势和有利的政策环境，澳大利亚被视为全球最适合开发绿氢产业的地区。2023 年 5 月，澳大利亚可再生能源署（ARENA）宣布投入 20 亿澳元启动“氢能领先计划”，用于支持 2~3 个旗舰项目，目标是到 2030 年实现高达 1GW 的电解制氢产能，以助力澳大利亚氢能产业发展，成为全球氢能领域的领导者。该计划从 2024 年开始招标，获批项目将在 2026—2027 年间启动，执行期为 10 年。2024 年 3 月，中共中央政治局委员、外交部长王毅访问澳大利亚，同澳大利亚外长黄英贤举行第七轮中澳外交与战略对话。经过双方共同努力，中澳关系实现破冰，重新起航，各领域交流合作逐步得到恢复，中澳关系实现了第二次重要转变，这将为中国企业赴澳开展业务创造有利条件。

新西兰通过设立全国基础设施机构（National Infrastructure Agency），协调关于新西兰基础设施的政府融资、联络国内和海外投资者，优化融资、采购和交付；通过 30 年基础设施规划，使项目交付具有长期确定性，实现更有效的规划；通过快速许可审批程序，使新西兰更容易创造未来基础设施需求。2022 年 4 月 7 月，《中华人民共和国政府和新西兰政府关于升级〈中华人民共和国和新西兰政府自由贸易协定〉的议定书》正式生效，达成了市场开放承诺和高水平规则，为两国进一步扩大经贸合作提供了重要机遇，将为稳固产业链、供应链合作提供有力支撑。新西兰提高了法律服务、工程和集中工程服务等领域开放水平，新增了对管理咨询及其相关服务全部开放的承诺；大幅放宽对中方投资者的审查门槛，给予中方投资者与《全面与进步跨太平洋伙伴关系协定》（CPTPP）成员同等的审查门槛待遇，有利于降低中国企业赴新投资的制度性交易成本，形成更加透明、稳定、可预期的投资环境，进一步激发双边服务贸易和投资领域合作潜力；在技术性贸易壁垒方面，双方扩大了产品合格评定程序的机构合作范围，还新增了边境措施、标志与标签等条款，对产品入境的程序性规定进行升级。

巴布亚新几内亚（简称巴新）国家执行委员会通过了“联通巴新”2020—2040（Connect PNG）基础设施发展规划，计划到 2040 年新建、升级全国 13 条国家公路主干道和各省主干道，总里程达 16000km，总投资约 69 亿美元。可以预见，未来公路工程依然是巴新最大的基础设施建设板块。巴新矿产资源丰富，如铜金矿、镍矿、液化天然气等，吸引了很多国际能源矿产巨头。为吸引外国投资、解决财政难题，巴新政府有放宽外国投资的意向，并重启了巴布亚液化天然气项目（Papua LNG）等重大外国企业投资能源矿产项目谈判。若未来几年大型能源矿产类项目能顺利签署实施，则可为巴新政府带来可观的收入，工程领域也将迎来又一波发展高潮。

斐济近两年旅游业的收入大大减少，政府的赤字率较高，目前，斐济政府已经开始对环岛公路进行升级改造，致力于通过提升基础设施改善旅游业，后期还将重点发展机场、公路、城镇供输水管道等基础设施，预计中国企业在斐济的工程承包市场有望进一步扩大。

（二）面临挑战

长期以来，太平洋及南太平洋地区岛国产业结构单一，小农经济突出，难以融入经济全球化。一方面，尽管岛国政府推出了各式各样的优惠措施，但低水平的互联互通和薄弱的基础设施无法长期有效地吸引外来投资，即使有外来投资，由于资源和成本的限制，生产出来的产品也只能满足当地市场需求；另一方面，太平洋岛国由于历史原因普遍存在土地产权不清晰、法律法规不完善等一系列制度缺陷，极大地影响了企业的投资意愿和正常运营。当前，太平洋岛国经济增长空间主要为增加可持续的贸易（包括服务）和投资、提高基础设施发展的效率、扩大私营部门的参与并使之为发展作出贡献、拓展农业和旅游业等支柱产业的发展空间。

具体挑战体现在以下几个方面：

一是，市场规模较小，大洋洲部分国家由于人口规模较小，市场规模相对有限，可能导致经济发展规模不足；二是，交通及物流成本高，有些地区由于与其他地区距离较远，交通和物流成本较高，阻碍地区贸易及投资发展；三是，对外依赖度高，一些大洋洲国家在能源、技术、制成品等方面对进口依赖较大，容易受到国际市场波动的影响；四是，劳动力较为紧缺。澳大利亚基础设施委员会（Infrastructure Australia）指出，澳洲基建面临劳动力危机，基础设施行业劳动力缺口或影响关键项目。据分析，在 22.9 万的全职劳动力缺口中，有 13.1 万缺口位于技工和普工领域；工程师、建筑师和科学家的短缺也尤为突出，这不仅给政府的预算带来额外的财政压力，也影响了私营部门的成本控制。新南威尔士州和维多利亚州等地区，由于劳动力短缺，一些主要的道路工程面临着无法获得必需投入物资和工人的困境。例如，布里斯班 2032 年奥运会的筹备工作和新州 Coffs Harbour 的太平洋高速公路旁路项目都可能因为劳动力和建筑材料的短缺而受到影响。

三、工作建议

（一）根据市场特点做好前期调研，实现业务的差异化发展

在澳大利亚、新西兰等准入门槛较高的发达国家市场，可尝试与本土公司开展属地化经营合作，在学习当地公司融资、管理等经验的同时，培养企业在高端市场经营、管理经验，积极参与光伏、氢能、海上风电、新基建等领域相关项目合作；在经济发展较为滞后的太平洋岛国，政府因财政困难更青睐承包商带资参与项目，因此可探索从工程承包为主向工程承包和项目投资并举转化，通过充分挖掘发展机遇，在相应国别实现业务的可持续发展。另外，澳大利亚、新西兰等国家用工成本很高，能源和矿产开发项目环境保护要求高，审批周期较长，建议中企进入市场前应做好深度调研，特别注意事前调查、分析、评估相关风险，便于经营过程中做好风险规避和管控。

（二）把握《区域全面经济伙伴关系协定》（RCEP）带来的发展机遇

RCEP 的正式生效，对促进亚太地区以及各相关国家的经济发展具有重要的积极

意义，对各相关国家推动共建“一带一路”在该区域的进一步深入发展也将产生重要的积极影响。以新西兰为例，中新签署《中华人民共和国政府和新西兰政府关于升级〈中华人民共和国政府和新西兰政府自由贸易协定〉的协定书》并于 2022 年 4 月正式生效实施，新方承诺在工程和集中工程服务等领域进一步提高开放水平，全部放开管理咨询及其相关的所有服务，为中国企业进入新西兰市场进一步提供了便利。

（三）积极拓展新业务领域，实现企业多元化发展

探讨错位投资、产业链集群投资等方式与不同领域的企业合作，通过基础设施建设带动全产业链合作，实现多元化发展。大洋洲国家拥有广阔的海域和极其丰富的渔业资源（如全球最大的金枪鱼产地），以及铁矿、镍合金矿、金矿、稀土等自然资源和海洋油气资源，特别是海洋油气资源几乎还处于未开发阶段。中国企业凭借雄厚的资金和先进的技术，同拥有矿产资源和其他自然资源的岛国开展投资合作，实现优势互补。

（四）探索模块化施工、数智化管理等技术应用场景，应对劳动力短缺、成本上涨等挑战

鉴于澳大利亚等市场基础设施行业面临巨大劳动力缺口，进入澳市场存在技术性和劳务流动壁垒，鼓励企业积极探索模块化施工方案，可有效缩短施工周期，减少延误风险；通过使用数字技术工具，利用数字化控制塔、BIM 和数字孪生、工地智能追踪等有效举措来促进工效和质量提升，强化项目管理和安全生产。

第三章

专业领域业务情况

第一节　交通运输建设业务

一、业务概述

交通运输建设领域业务涵盖了公路桥梁（含高速公路）、铁路（含地铁、轻轨及相关公共交通枢纽）、港口（含港口设施建设）、机场（含航站楼）及其他交通设施建设。

多年来，交通运输建设领域一直是中国企业对外承包工程业务中规模最大的专业领域。我国交通运输建设企业目前已经具备了包括投资、融资、开发、设计、建设、运营和维护的境外项目全产业链综合服务能力，已经成为国际市场的主要参与力量。2023 年，交通运输建设领域业务整体出现波动，但仍体现出较强的发展韧性。2023 年新签合同额 586.9 亿美元，同比下降 8.8%，占新签合同总额的 23.2%；完成营业额 411.2 亿美元，同比下降 0.8%，占完成营业总额的 26.5%。2011—2023 年中国企业对外承包工程业务交通运输建设领域新签合同额和完成营业额走势分别见图 3-1 和图 3-2。

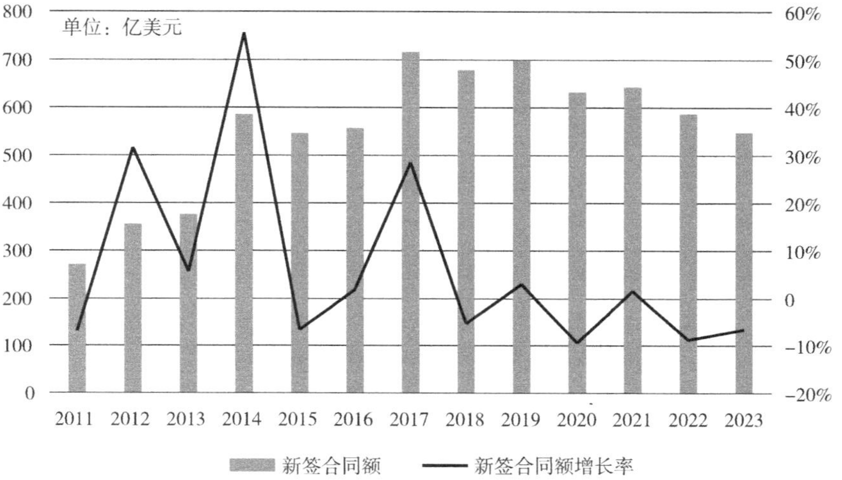

图 3-1　2011—2023 年中国企业对外承包工程业务交通运输建设领域新签合同额走势

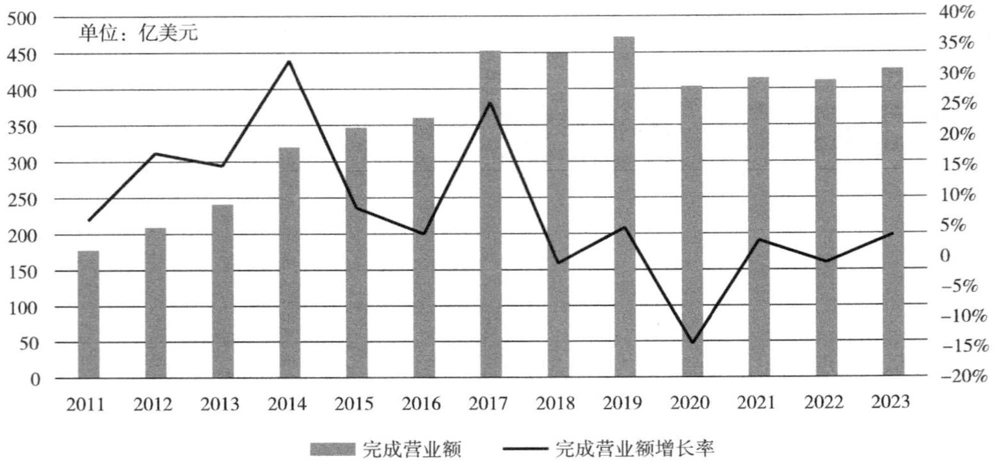

图3-2　2011—2023年中国企业对外承包工程业务交通运输建设领域完成营业额走势

（一）市场分布

中国企业交通运输建设业务集中在亚洲和非洲市场，在拉丁美洲、欧洲、大洋洲等市场的业务也稳步发展。2023 年交通运输建设领域业务在各地区的占比见图 3-3。

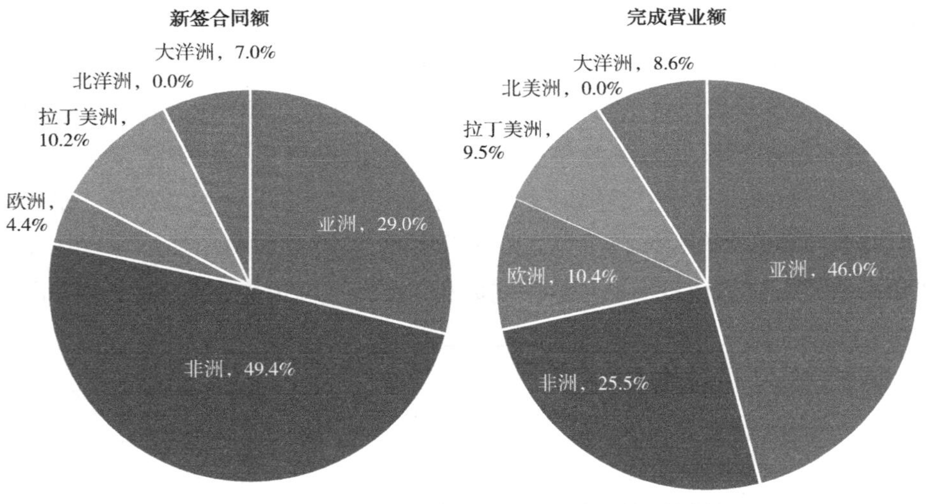

图3-3　2023年交通运输建设领域业务在各地区的占比

2023 年交通运输建设领域业务前 20 的市场情况见表 3-1。

2023 年交通运输建设领域业务前 20 的市场情况　　表 3-1

单位：亿美元

排名	国别（地区）	新签合同额	国别（地区）	完成营业额
1	尼日利亚	44.0	马来西亚	46.2

续表

排名	国别（地区）	新签合同额	国别（地区）	完成营业额
2	坦桑尼亚	36.8	澳大利亚	33.2
3	澳大利亚	32.3	中国香港	22.8
4	阿尔及利亚	30.4	孟加拉国	21.2
5	巴拿马	22.6	沙特阿拉伯	20.5
6	刚果（金）	20.5	塞尔维亚	17.4
7	马来西亚	20.2	尼日利亚	15.0
8	南苏丹	18.9	新加坡	13.7
9	几内亚	18.2	俄罗斯联邦	11.6
10	新加坡	15.8	安哥拉	10.7
11	中国香港	14.2	几内亚	10.5
12	孟加拉国	14.0	秘鲁	9.8
13	安哥拉	13.4	哥伦比亚	9.5
14	印度尼西亚	11.8	柬埔寨	8.4
15	乍得	11.0	埃塞俄比亚	8.3
16	中国澳门	10.8	印度尼西亚	8.1
17	柬埔寨	10.2	坦桑尼亚	8.1
18	乌干达	9.9	肯尼亚	7.0
19	沙特阿拉伯	8.6	墨西哥	5.6
20	加纳	8.0	中国澳门	5.5

（二）主要企业

2023 年，2023 年度对外承包工程企业交通工程 30 强见表 3-2。

2023 年度对外承包工程企业交通工程 30 强　　表 3-2

排名	企业
1	中国交通建设集团有限公司
2	中国铁建股份有限公司
3	中国港湾工程有限责任公司
4	中国中铁股份有限公司
5	中国路桥工程有限责任公司
6	中国建筑股份有限公司
7	中国电力建设集团有限公司
8	中国土木工程集团有限公司
9	中国电建集团国际工程有限公司
10	中国铁建国际集团有限公司

续表

排名	企业
11	中国电建集团山东电力建设有限公司
12	中建国际建设有限公司
13	中交第一公路工程局有限公司
14	中铁十六局集团有限公司
15	中交第四航务工程局有限公司
16	山东高速集团有限公司
17	中交第三航务工程局有限公司
18	江西中煤建设集团有限公司
19	中国航空技术国际工程有限公司
20	中国河南国际合作集团有限公司
21	上海隧道工程股份有限公司
22	中铁一局集团有限公司
23	中铁十局集团有限公司
24	中铁十八局集团有限公司
25	中铁七局集团有限公司
26	北京城建集团有限责任公司
27	中铁十一局集团有限公司
28	中铁十七局集团有限公司
29	中铁九局集团有限公司
30	中交疏浚（集团）股份有限公司

备注：排名以会员企业完成营业额为依据，一级企业包含下属企业完成营业额。

根据 2023 年度 ENR“全球最大 250 家国际承包商”榜单（以 2022 年业务为基础），中国交通建设集团有限公司位列全球国际承包商交通运输建设业务榜单第 1 位，中国铁建股份有限公司、中国中铁股份有限公司也进入前十强榜单，分列第 6 位、第 8 位。

（三）重点项目

2023 年中国企业在境外交通运输建设领域新签合同额前 10 的项目见表 3–3。

2023 年中国企业在境外交通运输建设领域新签合同额前 10 的项目　　表 3–3

排名	国别	项目名称	企业
1	阿尔及利亚	西部矿业铁路线（贝沙尔—廷杜夫—加拉·杰比莱特段）575km 新建铁路及全线 950km 的信号、通信及供电工程	中国铁建股份有限公司
2	巴拿马	第四大桥工程项目	中国港湾工程有限责任公司
3	南苏丹	道路项目	中交一公局集团有限公司

续表

排名	国别	项目名称	企业
4	马来西亚	东海岸铁路链接线项目	中国港湾工程有限责任公司
5	刚果（金）	金沙萨城市铁路项目四期（恩吉利国际机场—马鲁库）设计和实施工程	中国电建集团国际工程有限公司
6	澳大利亚	悉尼 M7—M12 公路改造升级项目	中国交通建设股份有限公司
7	尼日利亚	凯菲至马库尔迪公路运营及维护项目	中国港湾工程有限责任公司
8	哥伦比亚	波哥大地铁一号线项目	中国港湾工程有限责任公司
9	澳大利亚	新州 M1 太平洋高速公路—Black hill—Tomago	中国交通建设股份有限公司
10	埃及	国际开罗机场扩建及物流园项目	中国葛洲坝集团股份有限公司

二、业务展望

（一）轨道交通领域

1. 全球铁路网络建设概况

根据国际铁路联盟（UIC）发布的全球铁路数据统计，目前国际铁路总里程已达到126万公里，其中亚洲铁路规模最大，达到36.5万公里；欧洲、北美洲规模次之，分别约34万公里和33万公里，非洲、南美洲、大洋洲铁路规模较小。全球大部分地区既有铁路无论从规模上还是质量上，均不能适应经济发展的需要，部分地区铁路建设的严重滞后甚至制约和影响了经济发展。全球铁路网络建设情况见表3–4。

全球铁路网络建设情况　　表 3–4

地区	总里程（万公里）	占比	复线情况			电气化情况		
			里程（万公里）	复线率（%）	占比（%）	里程（万公里）	电气化率（%）	占比（%）
亚洲	36.5	29.0%	16.3	44.6%	51.9%	20.6	56.3%	49.6%
欧洲	33.8	26.8%	12.6	37.1%	39.9%	18.0	53.3%	43.4%
非洲	10.2	8.1%	2.4	23.3%	7.5%	2.2	22.0%	5.4%
北美洲	33.0	26.1%	0.0	0.0%	0.0%	0.2	0.6%	0.5%
南美洲	8.5	6.7%	0.2	2.7%	0.7%	0.2	2.0%	0.4%
大洋洲	4.2	3.3%	0.0	0.0%	0.0%	0.3	7.4%	0.7%
总计	126.2	100.0%	31.5	24.9%	100.0%	41.5	32.9%	100.0%

总体来看，亚洲铁路网规模最大，但各国铁路网质量差异较大，中国、东北亚铁路网相对发达，东南亚和中亚铁路网密度较低，各国间铁路整体互联互通性较差。欧洲铁路网覆盖密度和质量均较高，但分布不均，主要集中在西欧、北欧和西南欧诸国。非洲铁路网平均密度仅为33.6km/万平方公里，居世界各大洲之末，铁路主要集中在南部非洲地区，存在着路网连通性差、技术标准低、年久失修等问题。北美洲铁路网集

中在美国和加拿大南部地区，主要服务于货物运输，没有一条真正意义上的高速铁路。拉丁美洲铁路主要集中在巴西、阿根廷、墨西哥三国，铁路基础设施薄弱，线路少、密度低、分布不均，技术落后、设施陈旧，缺乏维修保养，运营管理水平低下。大洋洲拥有三种轨距铁路，主要集中在沿海，运营公司众多。

2. 市场需求与趋势判断

（1）市场需求

亚洲。亚洲铁路网规模居各大洲之首，中国铁路网突破 15.9 万公里，分别占亚洲、全球铁路网的 44%、13%，高铁规模 4.5 万公里，居世界第一。中老铁路开通运营，标志着酝酿了半个多世纪的泛亚铁路迈出关键一步。“一带一路”倡议将带动泛亚铁路建设进程，推动区域互联互通。目前，泛亚铁路中线泰国境内段已开工建设，一期工程曼谷—呵叻段计划在 2026 年完工，二期工程呵叻—万象段计划于 2029 年建成投入使用；西线缅甸木曼段已完成可研，曼皎段正在开展可研工作；东线中越跨境标准轨铁路列入中越联合声明，包括老街—河内—海防、同登—河内、芒街—下龙—海防铁路。泛亚铁路东、中、西三大通道稳步推进，路网建设前景广阔。2023 年 9 月，印度尼西亚雅加达至万隆高铁开通运营，标志着东南亚高铁时代正式拉开序幕。此外，随着中蒙俄、中吉乌、中尼等铁路规划设计工作的推进，越来越多的跨境铁路项目将会转入合作实施阶段。泰国交通部公布 2024 年项目规划，包括建设曼谷至乌汶府高铁，计划 2024 年开工，2028 年竣工；建设东部经济走廊（EEC）高铁网络，将东部经济走廊与泰国及周边国家的主要城市连接起来，预计 2030 年竣工。越南发布《2021—2030 年及面向 2050 年铁路网规划》，计划到 2030 年升级改造现有 7 条总长 2440km 的铁路，新建 9 条总长 2362km 的铁路，到 2050 年建成 25 条全长 6354km 的铁路网，预计铁路基础设施建设总投资近 105 亿美元。印度尼西亚计划到 2030 年投资 300 亿美元用于新建总长 12965km 的铁路，其中城际铁路网络 9210km，市域铁路网络 3755km。尼泊尔铁路发展 20 年规划计划到 2040 年新建铁路 4000km。印度铁路公司发布 2030 年国家铁路计划（NRP），计划到 2030 年建立一个“面向未来”的铁路系统，其中高铁规模达 7987km。

非洲。非洲铁路整体欠发达，大部分铁路是殖民时期所建，标准较低，轨距不一。根据规划，未来非洲将形成“四纵六横”铁路网，线网规模约 6.4 万公里，预计投资超过千亿美元。未来非洲新建及升级改造市场广阔，是建设大型骨干铁路项目最具潜力的区域，对于中国铁路产业和技术标准输出具有战略意义，是中国铁路产业“走出去”的主要目标市场之一。但需注意的是，近年来非洲不少国家主权债务极高，部分国家申请债务展期或豁免。国际货币基金组织已调高了部分非洲国家的债务风险等级，这使非洲国家难以继续向包括中国在内的国家借债来实施基建。受制于经济发展水平，大多数国家对于铁路建设仍处于观望状态，不过经济排名靠前的“非洲四小龙”——尼日利亚、南非、埃及、阿尔及利亚，近期有铁路建设规划。尼日利亚于 2021 年 8 月批准了 111.7 亿美元用于拉各斯—卡拉巴沿海标准轨铁路（SGR）线项目的建设，以连接该国所有沿海城市；批准 32 亿美元的合同以改造和重建哈考特—迈杜古里港铁路线。南非计划在豪登省和东开普省之间新建一条高容量铁路走廊，并在比勒陀利亚、约翰内斯堡和德班之间引入高速铁路。埃及铁路领域将投资 42 亿埃镑，用于开发建造 164 条铁路和 166 个火车站，以及十月六日城的新首都单轨铁路，恢复开罗地铁 3 号线三期、四期和开罗地铁 4 号线一期建设，修复亚历山大市的有轨电车等。阿尔及利亚宣布将在中国的帮助下建设 6000km 铁路线，构建全国铁路网，优先实施长 280km 的将磷酸盐运往安纳巴港的项目和长达 800 多公里的加拉杰比莱特矿至贝查尔铁矿石运输线项目。此外，乌干达正在寻求超过 9.76 亿美元的资金用于在未来五年修建和修复拥有百年历史的铁路系统。加纳计划对落后的铁路基础设施加强投资，首先是少量的大项目，随着铁路网络的铺开，将逐渐增加维护、升级和设备供应项目，最终带动小的建设项目。

中东地区。中东地区部分国家已经意识到石油资源的有限性，开始加大对铁路的投资，减少对石油的依赖，推动可持续交通发展。沙特、阿联酋与印度计划联合打造一条跨越整个中东地区的铁路网络，它连接黎凡特（包括叙利亚、黎巴嫩、约旦、巴勒斯坦和以色列五个国家）与阿拉伯国家，并通过海湾地区的海运路线与印度连接，旨在实现区域互联互通，加强参与国之间的经济联系，提高该地区运输效率和竞争力。阿联酋还宣布启动国家铁路计划，从阿布扎比到富查伊拉连接整个阿联酋。此外，阿拉伯半岛 7 个国家组建的海湾阿拉伯国家合作委员会（GCC）正在酝酿建设“超级沙漠铁路”，以摆脱对石油、天然气的依赖，带动经济多元化发展。近年来，土耳其政府大力抓铁路建设，计划通过铁路将沿海港口与一些重要省份实现连接，为发展铁水联运打下基础。土耳其公布《2053 年运输和物流总体规划》，计划到 2053 年将铁路网扩展至 28590km，将铁路在客运中的份额从 1% 提高到 6.2%，超过欧洲平均水平；将增加 60% 的铁路货运投资，以促进土耳其“中间走廊”的发展。

拉丁美洲地区。拉丁美洲地区属于中高端市场，特别是在墨西哥、哥伦比亚、智利、秘鲁等准入门槛较高的国家，欧美企业优势明显，当地工程公司也具备天然优势。为了提振拉丁美洲的经济发展，各国政府都提出了相应的投资计划，其中阿根廷铁路投资将达到 1000 亿比索，部分原因是中国投资的推动，未来四年将向阿根廷铁路的恢复计划投入 47 亿美元的巨额贷款；智利国铁公司在 2020 年上半年宣布了 19 亿美元的轨道项目投资，这是其 50 亿美元“轨交强国”战略的一部分，目标是到 2027 年将乘客人数增加到 1.5 亿人次；巴西自 2021 年 9 月启动 Pro Trilhos 计划以来，已有 19 个项目被授权签署合同，据估计，在 16 个州的铁路网中可以增加多达 19000km 的铁路，私营部门的公司在各种计划中的投资高达 2240 亿雷亚尔；委内瑞拉制定了庞大的“两横三纵”铁路发展规划，计划到 2030 年底建成拥有 16 条铁路线、总长达 13665km 的铁路系统，但因资金短缺，在建铁路项目基本都已停工，铁路发展规划被迫搁置。中美洲也在积极推进铁路项目的发展，得益于中美洲一体化银行和美洲开发银行的支持，如危地马拉的地铁项目、哥斯达黎加的大都市圈的有轨电车项目都是具有重要历史意义的大型基础设施建设项目。

欧美日等发达国家和地区。近年来，西欧、日本等国大力发展城市轨道和高速铁路建设。尽管欧盟国家基建市场政策门槛较高，但欧盟及其成员国为促经济、稳民生、保就业，出台系列财政宽松政策，并提前释放好前期基建项目的资金储备，为中企拓展欧洲市场创造机遇。欧盟已宣布将在未来 10 年间投资 1.1 万亿欧元，新建总长 18250km 的高铁网，连通欧盟各国首都。为加快欧洲铁路网建设，欧盟 2022 年 2 月宣布正式启动欧洲铁路计划，旨在通过消除互联互通的壁垒，提供集成解决方案，打造一个高性能、一体化的欧洲铁路网。目前，欧盟已宣布提供 54 亿欧元资金支持 135 个交通基础设施项目，80% 的资金将分配给铁路和内陆水道等低碳排放项目。维谢格拉德集团（V4）四国均在计划建设一条可连接首都的高速铁路，匈牙利的高铁预计将从布达佩斯出发绕过威尔泰斯山脉（Vértes）到杰尔（Gyr），斯洛伐克也在确定高铁路线，而捷克和波兰已在进行详细规划。德国、法国等欧盟成员国也增加了对铁路行业的投资预算。德国铁路行业将在 2027 年前实施预计 450 亿欧元的铁路投资方案，包括增加对联合运输终端网络、铁路基础设施水平的投入，力争到 2030 年该国 25% 的货物通过铁路运输。法国计划从现在起到 2040 年，为铁路系统投资 1000 亿欧元。英国将斥资 20 亿英镑用于升级和改造公路、铁路等基础设施。美国已通过 1 万亿美元基础设施法案，未来 5 年将拨款 660 亿美元用于铁路和轨道交通建设。澳大利亚的资源配套铁路以及澳新的城市轨道交通逐渐复苏，全长 1700km，耗资逾百亿澳元的内陆铁路项目已经启动。

中东欧及独联体国家。中东欧国家普遍存在交通基础设施发展滞后等问题，如塞尔维亚、波黑等国，交通基础设施不完善；保加利亚、立陶宛、匈牙利等国虽然交通网较发达，但存在设施老化等现象，各项设备亟须更新改造。目前，中东欧各国正计划加快高铁建设，并对既有铁路进行升级改造，铁路市场前景广阔。由于缺乏适合时速 300km 以上的高铁列车运行的基础设施，俄罗斯高速铁路的发展一直受到限制，随着该国政府对新建项目支持力度的提升，俄罗斯计划加快推进高铁建设，规划到 2030 年投资 6770 亿卢布对境内 2.2 万公里的铁路进行升级改造，但由于俄乌冲突导致的国内局势不稳定，目前铁路建设计划暂时搁置。波兰计划投资 5 亿兹罗提用于铁路改造，其中 80% 的资金来自欧盟基金。捷克计划到 2050 年投资 8000 亿克朗建设高速铁路，其中 2030 年前计划投资为 1500 亿克朗。

（2）发展趋势

预计轨道交通领域将呈现如下发展趋势：

①全球铁路运输市场持续增长

铁路运输在发达国家和发展中国家越来越受欢迎。这一增长可归因于城市化率的不断提高，以及世界各地城市对高效、可持续公共交通选择的需求。此外，对高铁的强劲需求也对铁路运输市场产生积极影响。全球铁路运输市场正在经历一场变革，拥抱创新技术，扩大覆盖范围，向可持续和高效的运输解决方案转型以满足不断变化的需求。2023 年全球铁路运输市场价值为 5385.5 亿美元。预计在 2023—2027 年期间，该市场的复合年增长率达到 5.9%，到 2027 年，市场规模约 6777.8 亿美元。在城市化、技术进步和碳中和的推动下，全球铁路运输市场蓄势待发，有望持续增长。

②跨国铁路合作日益紧密

随着铁路网络的扩张、铁路技术的发展、各国间铁路运输合作的开展，铁路交通运输又进入新的一轮发展高潮。目前，全球铁路总里程已超过 126 万公里，铁路逐步发展为联系各国的经济大动脉、大众化交通工具。便捷的铁路交通促进了更大范围内的资源更密切地调配，有力地促进了各国间的经济交流、合作与发展。如今，各国政府和企业越来越意识到跨国铁路互联互通的重要性。例如，中国提出的“一带一路”倡议，着重强调基础设施互联互通，已建成中老、亚吉、蒙内、雅万等铁路，在建曼谷至呵叻、匈塞等铁路，中欧班列 2023 年开行 1.7 万列、发送 190 万标箱，未来有望跨国合作建设中巴、中尼、中越、中缅和中吉乌等国际铁路。通过跨国铁路项目的推进，各国间的经济、文化、技术等资源得以共享，推动共建国家的共同发展。

③全球高速铁路竞争激烈

当下全球各国对于高速铁路的竞赛愈加激烈，全球 20 多个国家和地区正在修建和规划修建的高速铁路，总运营里程超过 6 万公里，最高商业运营时速达 350km。日、法、德、美、英纷纷投入到更高标准、更高质量以及智能化、数字化高速铁路关键技术的研发中，欧盟提出的以市场为导向的 shift2Rail 科技创新项目、德国铁路推出的铁路 4.0 发展规划、法国国家铁路公司提出的数字化法铁项目以及英国提出的数字时代下的铁路发展蓝图等，都是旨在提高和巩固本国高速铁路产品及服务在国际市场的领导地位。高铁里程位居全球第一的中国更是提出加快建设交通强国，将进一步推动时速 400km 级高速铁路关键技术、600km 级高速磁悬浮系统技术储备等重大科技研发，为引领世界高速铁路发展奠定坚实的技术支撑。未来高速铁路将更加高速化、智能化，更加注重高质量、高效益发展。

④铁路装备市场不确定性加剧

能源危机和通货膨胀导致市场环境的不确定性不断加剧，这将对铁路行业的发展产生深刻影响。俄罗斯是世界第四大铁路装备市场，因俄乌战争受到西方严厉制裁，西方发达国家的制造企业大多退出俄罗斯市场，中断了现有项目。欧洲和北美发达国家深受能源价格高企、供应链中断等问题的困扰，由于铁路行业对能源、钢铁、铝等高度依赖，也将受到一定的负面影响。

⑤高通胀加重基础设施运营商的负担

根据《2022 全球铁路装备市场发展趋势》研究报告，铁路基础设施的市场规模目前为 460 亿欧元，占据整个铁路行业市场的四分之一左右。钢材和混凝土价格急剧上涨，这对全球铁路基础设施运营商提出了严峻的考验：在预算有限的情况下，不得不延缓在建工程项目和维修项目的建设进度，或者重新调整工程规模，这也迫使各国铁路基础设施运营商更倾向于通过数字化技术而非新建或改造线路来增加运力。

⑥机车市场持续增长

目前机车车辆装备市场规模为 1230 亿欧元，预计到 2026 年将以 5.1%（包括通货膨胀）的复合年增长率增长，其中机车市场的年增长率为 2.9%。铁路货运对机车的需求尤其大，到 2026 年，铁路货运机车市场复合年增长率将超过 8%。越来越多的调车机车倾向于采取零排放解决方案，高性能内燃机车的绿色解决方案正在开发测试中，但在成熟的解决方案可量化生产之前，内燃机车还将继续在美国等市场畅销。

3. 重点项目

2023 年中国企业在境外铁路建设领域新签合同额前 10 的项目见表 3-5。

2023 年中国企业在境外铁路建设领域新签合同额前 10 的项目 表 3-5

排名	国别（地区）	项目名称	企业
1	阿尔及利亚	西部矿业铁路线（贝沙尔—廷杜夫—加拉·杰比莱特段）575km 新建铁路及全线 950km 的信号、通信及供电工程	中国铁建股份有限公司
2	马来西亚	东海岸铁路链接线项目	中国港湾工程有限责任公司
3	刚果（金）	金沙萨城市铁路项目四期（恩吉利国际机场—马鲁库）设计和实施工程	中国电建集团国际工程有限公司
4	哥伦比亚	波哥大地铁一号线项目	中国港湾工程有限责任公司
5	安哥拉	曾扎—卡库索铁路项目	中国交通建设股份有限公司
6	中国香港	港铁 MTR 地铁项目	中国路桥工程有限责任公司
7	蒙古国	东线乔巴山至霍特至毕其格图铁路项目	中国葛洲坝集团股份有限公司
8	澳大利亚	墨尔本地铁管理合同额变更	中国交通建设股份有限公司
9	尼日利亚	拉各斯蓝线轻轨土建五期项目	中国土木工程集团有限公司
10	中国澳门	澳门轻轨东线北段设计连建造工程	中国土木工程集团有限公司

（二）港口建设领域

1. 全球港口及港口建设概况

2023 年随着全球经济分化复苏，全球供应链布局从集中化向多元化、近岸化、本土化转变，供应链格局从全球分工向区域内集聚转变，全球区域性基建市场发生深刻变化。从全球海运贸易航线来看，印度洋—红海—地中海一线港口建设机遇不断加大，“海上丝绸之路”沿线中间地带的发展中国家和地区是港口开发的关键着力点；从我国参与沿线港口建设的关键合作伙伴来看，新加坡、缅甸、斯里兰卡、巴基斯坦、阿联酋、吉布提、肯尼亚、埃及、希腊、摩洛哥等国因其各具特色的地位受到更多重视；

从战略贸易港口来看，新加坡港、皎漂港、汉班托塔港、瓜达尔港、哈利法港、吉布提港、蒙巴萨港、塞得港、比雷埃夫斯港和丹吉尔港的角色更为关键。从“海上丝绸之路”沿线港口的腹地环境来看，区域化特征明显，各地区港口之间差距较大；部分港口可以依托邻国和周边国家有效扩大经济腹地和纵深，从而获得更大的港口竞争力与发展潜力；临港城市和港口产业园区的建设会影响港口的竞争力和发展前景，港口所在国的发展规划及其与中国拓展“港口+”合作的政策意愿也是影响港口开发成效的重要因素，如斯里兰卡科伦坡港口城等。

2. 发展趋势

2023年全球宏观经济持续低迷，GDP增长率将继续放缓。美元利率保持高位加重了中低收入国家偿债压力，债务风险与财政危机导致各国基础设施建设支出大幅缩减。地缘政治危机严重影响经济和安全，全球产业链转移、供应链重塑、地缘经济竞争日趋激烈。为适应全球供应链重构，传统交通基础设施特别是港口基础设施改造升级将持续加速；同时伴随着金砖国家、上合组织持续扩员，在自由贸易协定的保障下，发展中国家间的基础设施和经贸往来日益密切，跨界合作与产业链、供应链整合将成为国际工程承包重要策略，跨国、跨行业合作共同打造综合性解决方案将为工程承包发展创造更多机会。

从机遇来看，一是，高质量共建“一带一路”引领行业转型升级，“八项行动”中构建“一带一路”立体互联互通网络明确指出要积极推进“丝路海运”港航贸一体化发展，加快陆海新通道建设，为我们下一阶段工作指明了方向；二是，绿色低碳将推动绿色基建领域蓬勃发展，全球加速绿色低碳转型将加快投资、生产、消费以及产业链、供应链的重塑，推动全球供应链不同领域、不同环节加速向绿色低碳转变，绿色基建将成为国际基础设施投资与合作的重点领域，传统基础设施项目的绿色升级也将为港口升级带来巨大的发展空间；三是，数智驱动将推动国际“新基建”市场迅速增长，以劳动力偏好驱动的全球供应链发展逻辑正在改变，数字技术的运用有效提升了生产效率和智能化水平，“新基建”成为各国经济刺激计划的重点，在智慧港航等领域将有更多的国际工程项目机会。

从挑战来看，一是，全球供应链竞争从市场化竞争向政治权力角逐转变，部分国别市场营销空间被进一步压缩，同时营销活动面临更高的安全审查、合规风险和舆情风险。二是，全球债务上升以及通胀拖累国际基建市场主观投入意向，近40个发展中国家面临债务问题，国别主观举债意愿及客观偿债能力下降，斯里兰卡、赞比亚、加纳等重点国别深陷债务危机，莫桑比克、喀麦隆、尼日利亚、巴基斯坦、埃及、突尼斯等国别债务违约风险突出且在短期内无法得到有效解决，国别政府基建设施投入持续减少，主权借贷意愿大幅下降，公司部分重点市场、传统市场受到冲击。三是，国际大型、综合类项目以及中高端市场的现汇项目竞争愈发激烈，国际市场对于承包商国际资源整合和综合集成能力的要求不断提高，地区市场准入门槛提升。

展望 2024 年，为深入推动“一带一路海上丝绸之路”，高质量开展海外港口建设与运营，需做好以下三个方面：

一是，重点关注印度洋沿岸东南亚、西亚、南亚和非洲东部等地区。西亚是我国最主要的能源进口地，南亚是我国能源运输的重要通道。在上述两个地区中，尤其是南亚沿岸，重点分布着瓜达尔港、科伦坡港、汉班托塔港等多个大型港口，大部分拥有多年的租赁期或特许经营期，受到政府的高度重视，可降低对传统运输通道—马六甲海峡的过度依赖，开发新的能源通道。东南亚和非洲是近年来我国企业参与海外港口项目的重点地区，与其他地区相比东南亚和非洲人口众多，海岸线资源好，适合开展海上进出口业务；同时东南亚、非洲地区随着贸易量不断增加，航运需求不断提升，从基础设施的投资能力和运营管理水平来看，东南亚和非洲已成为发展海外港口业务的重点地区。可进一步加快上述地区国际海运通道、自由港区建设，以港口业务为主干，推进“海上丝绸之路”与“陆上丝绸之路”完美衔接。

二是，积极拓展“港口 +”模式，加强港口发展的腹地支撑。港口经济深度开发是中国的发展经验和重要优势，提前规划和适时开发临港经济园区、港口城市及其他关联产业，实现港口与园区、港口与城市协调发展和相互促进日益重要。深入推进港口运营产业链集群建设，打造港口运营配套工业园区、标准化产业链园区。发挥智能绿色码头运营与维护产业链优势，依托现有港口运营项目与周边配套的工业园区，以智慧港口运营中所需的维护性部件、消耗型零部件和运营所需的自动化设备为主要产品，共建产业链集成与服务中心。发挥产业规模资源优势，依托供应链促进上下游企业协同发展、开放共享，推动工业园产品为港口运营服务，同时以港口运营促进工业园所在地的经济发展，引领带动智慧港航运营和维护服务高质量和可持续发展。加强港口与城乡建设、产业发展布局的有效衔接，推进城市景观岸线与港口生产岸线协调发展，将港口污染防治融入城市生态环境保护体系，促进港城协调发展。依托港口建设物流中心、商品车和大宗商品交易平台、跨境贸易中心，促进要素资源集聚，服务临港产业升级。推动港口岸线与后方土地统筹开发，共建共用内陆无水港，增强港口的辐射带动作用。

三是，积极“以陆促海”，满足“一带一路”海陆联通交汇的需求。受到配套基础设施滞后和政策环境因素的制约，沿线很多港口的配套与延伸基础设施跟不上发展需要，特别需要重视修建公路、铁路等配套设施使港口适合多式联运，进一步发挥港口的海陆交通枢纽优势，完善港口的内陆集疏运体系，合理推进多式联运的发展，提升港口发展潜力与竞争力。同时，重视港口区位重叠和无序竞争问题，加强沿线港口开发规划和协调，实现协同错位发展；综合考虑海外经济利益分布与港口所在国对“一带一路”倡议的态度及政策稳定性，营造更为有利的港口投资合作环境，加大与共建国家的发展战略对接，丰富经贸合作形式，将港口建设的点与投资项目和园区的片、线连接起来，最大限度地发挥港口开发的综合效益。

3. 重点项目

2023 年境外港口设施建设领域新签合同额前 10 的项目见表 3–6。

2023 年境外港口设施建设领域新签合同额前 10 的项目　　表 3–6

排名	国别	项目名称	企业
1	几内亚	力拓西芒杜港口 EPC3 项目	中国港湾工程有限责任公司
2	几内亚	科纳克里石油码头海港项目	中国铁建港航局集团有限公司
3	秘鲁	伊洛港口项目	中国土木工程集团有限公司
4	坦桑尼亚	桑给巴尔曼加普瓦尼多用途码头一期项目	中国港湾工程有限责任公司
5	几内亚	力拓西芒杜港口 EPC1 项目	中国港湾工程有限责任公司
6	坦桑尼亚	达港码头石油储罐设计与建造工程（接收、储存各种液体散装货物的新油罐场及调运设施）	中铁大桥局集团有限公司
7	俄罗斯联邦	苏霍多尔粮食码头建设项目	中国葛洲坝集团股份有限公司
8	马尔代夫	斯拉夫士散货码头项目	中国港湾工程有限责任公司
9	柬埔寨	贡布多功能港口启动期项目	中国港湾工程有限责任公司
10	马来西亚	沙巴州诗碧丹码头项目	中国葛洲坝集团股份有限公司

（三）民航机场建设领域

1. 全球民航市场概况

根据国际航空运输协会（IATA）的相关数据及指标显示，2023 年全球航空业保持复苏态势，客运总量同比增长 36.9%，进一步接近疫情前水平。2023 年亚太地区航空公司全年国际客运量同比增长 126.1%，势头最为强劲；欧洲地区航空公司年客运量则同比上升了 22%，其中 12 月客运量首次高于疫情前同期；此外，中东、北美、拉美和非洲等各地区 2023 年客运量增速也均接近或超过 30%。国际航空运输协会预测，随着全球航空市场的进一步开放及各国行业利好消息的推出，2024 年全球航空业有望保持持续增长态势。预计航空业全年收入水平将达到 9640 亿美元，同比增长 7.6%；全球旅客出行人数有望突破 47 亿人次，创 2019 年以来新高。

全球航空货运方面，需求与 2023 年同期相比激增了 18.4%。地区表现中，亚太地区显著增长 24.6%，欧洲和中东地区也有两位数增长，凸显了全球航空货运业的复苏之势。

总体而言，强劲的复苏将为民航机场基础设施新建与改扩建带来新的机遇，与此同时，航空业的复苏仍较脆弱，未来易受到全球经济形势、地缘政治冲突以及供应链紧张等诸多外部因素影响。

2. 市场需求与发展趋势

（1）亚太地区

该地区仍是全球经济规模最大、最具发展活力的地区。随着地区经济的快速发展，亚太地区更是成为全球民航发展最活跃的地区，客运量和货运量在全球航空业中的占比均为最高。澳大利亚、新西兰、日本、韩国等发达国家市场准入制度严格，不易进入；东南亚及南亚、中亚国家政策支持力度大，且接连与多国签署自贸协定，并成功签署《区域全面经济伙伴关系协定》（RCEP），将助推经济发展及航空客、货运量的提升，民航基础设施市场具备深挖潜力。

（2）非洲地区

目前非洲航空业面临的主要挑战是航空网络关联性差和配套基础设施薄弱。在民航基础设施方面，非洲机场本身密度低、航线网络布局欠缺，通达性较差，其航线密度、机场密度都远远低于其他地区。现有机场设施陈旧一些跑道破损严重，无法满足运营及安全的需求。随着非洲单一航空市场的建立，及非洲各国人均 GDP 的逐步提高，对机场改扩建及新建的需求将同时扩大，非洲各国经济增长放缓，多国达到债务红线，对建设项目的融资能力、投资决策均产生较大影响。

（3）中东地区

经济条件与民航发展整体情况较好，主要风险为各当局对机场设计及建设要求标准高，市场规则较复杂且竞争激烈，法律条文不够明确。此前，受政治事件影响，主要竞争国土耳其在该区域逐步减少了业务，形成了一定的市场空间，企业可以在充分做好前期市场调研，并对项目合同、成本进行精细化管理的前提下，发展该区域业务。

（4）拉美加勒比地区

对于机场进行全方位改造的需求很大。进入拉美市场难度体现在：基建市场竞争日益激烈，有传统优势的欧美企业，也有巴西等拉美有实力的承包商；法律和政策复杂多变、税费繁杂，出台政策和法律随意性强，缺乏连续性、协调性、透明性和可操作性；受葡萄牙和西班牙的传统影响，加之美国的影响，技术标准较为严格；工会势力强大，劳工保护力度较大、劳务签证难；环保要求高；拉美地区基建资金短缺严重，倾向采用 PPP 或 BOT 等形式参与基础设施建设，需要企业具备较强的融资能力。

（5）西欧地区

一直以来被巴黎机场集团建筑设计公司（ADPI）等传统老牌企业垄断，且欧洲发达国家企业本身工程能力很强，在设计、施工、管理等方面拥有先进经验，相关制度规范很完善，技术标准完备，对于环保等要求极其严格，进入也较为困难。

（6）俄罗斯及中东欧地区

俄罗斯具有较为完善的铁路、机场等交通基础设施，但其中大部分建成时间较早，目前设施老化严重。俄罗斯虽每年都有一定的财政预算用于基础设施更新改建，但是依旧存在较大的资金缺口。为保证本国基建行业企业的发展，俄罗斯基础设施项目设有准入门槛，一般要求投标企业加入行业自律组织协会。如果企业能够满足行业准入条件，改建修复类项目会有较大需求。中东欧地区除基础设施亟待修复外，也存在一定的新建需求，但由于经济发展较为低迷，资金和建设力量均较为缺乏，项目推动比较缓慢。未来行业发展与各国经济政策导向密切相关，且该地区受地缘政治影响较大，这也给项目开发带来较大不确定因素。

目前，民航机场建设项目呈现以下发展趋势与特点：

一是，当前市场形势下，预计全球航空市场的洗牌与变革速度将加快，亚太、拉美和非洲等区域航空运力恢复速度较快，且上述地区新兴经济体机场建设需求量大；全球整体航空业务量将会随着全球 GDP 的增长而回升，航空业依旧是全球经济发展的重要引擎，机场建设市场发展可期。

二是，民航机场建设项目与公路、铁路和港口等项目相比，具有投资金额小、施工周期短、项目自身还款能力强、国际影响力大等优势。但机场建设也同样存在着专业性强、环境影响大、施工难度高、保障安全运行压力大、工程参与方多等特点，因而机场建设机遇与挑战同在。

三是，机场建设的投资弹性较大，可从几亿到十几亿美元，项目的建设期和还贷期一般都较长，因此项目的规划和投资定位十分重要，项目风险在此阶段可能埋下伏笔。民航机场工程是一个复杂的、专业性较强的系统工程，需要结合地区的经济发展水平、人口状况、区域交通设施、航线网络分布等因素，分析确定机场的等级和规模；需研究外部交通衔接、空域状况、气象、水文地质条件、电磁环境等对机场建设的影响；机场的规划布局涉及跑道、站坪、助航灯光、通讯导航、航空油料、航站楼工艺、弱电系统、飞行程序等设施和技术。因此，机场项目不同于一般交通基础设施项目，“决策—实施—运营”整个项目生命周期都需要进行系统的、专业的分析和论证，需要专业公司的参与。

四是，结合国内外机场建设经验来看，项目前期定位不清，规模脱离实际需求，不考虑民航机场专业技术风险，在后期将会导致项目超支，建成后可能部分功能缺失或存在隐患，带来业主拒付和索赔风险等。未来“投建营”项目将成为主流，前期是否对机场的定位、规划及运营需求进行把握，对于整个项目的经济效益影响十分突出。

整体来看，在国际合作方面，中国企业将继续积极参与国际特别是“一带一路”共建国家和地区的机场建设和运营项目，推动形成互联互通的全球航空网络。

3. 重点项目

2023 年境外民航机场建设领域新签合同额前 10 的项目见表 3-7。

2023 年境外民航机场建设领域新签合同额前 10 的项目　　表 3-7

排名	国别（地区）	项目名称	企业
1	埃及	国际开罗机场扩建及物流园项目	中国葛洲坝集团股份有限公司
2	沙特阿拉伯	吉达机场飞机棚维修项目（一阶段）项目	中铁十八局集团有限公司
3	中国香港	香港国际机场三跑道系统项目 3303 合同—第三跑道和附属工程	中国电建集团国际工程有限公司
4	多米尼克	国际机场项目	中铁五局集团有限公司

续表

排名	国别（地区）	项目名称	企业
5	尼加拉瓜	蓬塔韦特国际机场改扩建项目—A 标段	中工国际工程股份有限公司
6	尼加拉瓜	蓬塔韦特国际机场改扩建项目—B 标段	中工国际工程股份有限公司
7	柬埔寨	暹粒吴哥国际机场项目	云南省建设投资控股集团有限公司
8	坦桑尼亚	姆萨拉托国际机场项目	北京建工集团有限责任公司
9	沙特阿拉伯	利雅得国际机场 H 指廊扩建项目	民航机场建设集团北京国际工程有限公司
10	埃塞俄比亚	航空博莱机场总部大楼工程设计、施工及调试项目	中国土木工程集团有限公司

（四）公路建设领域

全球公路工程建设依旧是促进全球经济发展的主要推动力之一，为产业升级和城市化进程提供支持。随着“六廊六路”互联互通架构基本形成，公路项目也逐渐过渡到高质量、可持续发展业态，同时更加注重沿线港口、机场、城市、园区、能源等领域的联动开发。

随着公路工程建设领域自动化施工、智能交通管理系统、绿色环保技术、智能路网规划等方面技术创新的普及与深入运用，全球公路工程建设的发展趋势正朝着智能化、可持续、区域互联互通、交通一体化的方向发展。未来公路建设将更加注重国际合作，加强跨国道路建设，促进全球交通互联互通，共同应对全球性挑战。

同时，目前全球公路建设面临着多方面的挑战，包括资金、项目盈利能力、环保、安全等。只有综合考虑各方面的因素，制定科学的解决方案，才能推动公路建设可持续发展，促进经济繁荣。

2023 年中国企业在境外公路设施建设领域新签合同额前 10 的项目见表 3–8。

2023 年中国企业在境外公路设施建设领域新签合同额前 10 的项目　　表 3–8

排名	国别	项目名称	企业
1	南苏丹	道路项目	中交一公局集团有限公司
2	澳大利亚	悉尼 M7—M12 公路改造升级项目	中国交通建设股份有限公司
3	尼日利亚	凯菲至马库尔迪公路运营及维护项目	中国港湾工程有限责任公司
4	澳大利亚	新州 M1 太平洋高速公路—Black hill—Tomago	中国交通建设股份有限公司
5	坦桑尼亚	伊加瓦到通杜马 218km 公路项目	中国土木工程集团有限公司
6	多哥	巴萨—达庞（207km）道路新建以及修复项目	中铁十四局集团有限公司
7	坦桑尼亚	桑给巴尔岛 277.7km 公路项目	中国土木工程集团有限公司
8	乍得	恩贾梅纳—蒙杜—库特雷道路翻修及 10 年维护项目 LOT1	中地海外集团有限公司
9	毛里求斯	建造拉巴瑞思—贝松连接公路	北京建工国际建设工程有限责任公司
10	南苏丹	RM 公路项目（Mundri—Mvolo）段	中铁五局集团有限公司

三、工作建议

（一）业务发展趋势

回顾中国企业参与国际交通运输建设项目的历程，结合国际交通运输建设的未来发展态势，综合分析中国企业参与国际交通工程建设的发展趋势：

1. 交通运输建设领域发展前景依然广阔

依据ENR2023年发布的250家全球最大国际承包商数据，250家上榜企业总营业额约为4285亿美元，其中交通运输领域的总营业额约为1425.8亿美元，占比约为33.3%，仍然是各专业领域中占比最大的领域。根据惠誉基础设施关键数据显示，目前全球在建和筹备的大型交通基础设施项目超过1万个，总投资规模超过6.8万亿美元，分别占全球基础设施的58%和68%，较大幅度领先其他领域。如越南发布的《2021—2030年铁路网规划及至2050年远景规划》，预计总投资超过100亿美元；印度尼西亚计划到2030年投资300亿美元用于新建总长12965km的铁路；西非尼日利亚、科特迪瓦、贝宁、多哥、加纳等国共同规划建设拉各斯——阿比让高速公路，预计投资超过150亿美元。2020—2023年，各国交通运输建设领域的基础设施建设计划虽一度出现部分缩减与延缓，但既定建设计划终将落地。同时，考虑到各国均面临的较紧张的财政和融资环境，投资规模适中，拉动经济和就业作用强的“小而美”项目或将得到优先推动。

2. 业务开发模式多元化趋势明显

多年来，中国企业参与国际交通运输建设业务的模式趋向多元，从分包到EPC，到EPC+F，EPC+F+O&M不断发展，从单一设施建设，向物流园区、工业园区、经济特区等综合开发扩展。以港口、铁路、公路项目带动临港产业集群和城市开发的“港口＋园区＋城市”综合一体的“产融合作”开发模式，成为交通建设领域“走出去”的新趋势。政府和社会资本合作（PPP）模式以“互利共赢”的优势成为行业龙头企业探索产融合作模式的优先选择。此外，“投建营一体化”模式，集规划设计、项目投资、建设以及运营维护于一体，既有利于实现对外投资合作业务可持续发展，也有利于推动国际产能和装备制造合作，与PPP模式呈现有机结合、互相促进的局面。此外，随着市场投资者主体结构的不断变化，EPC、PMC等交钥匙工程模式，以及BOT、BOOT、PPP等承包方式逐渐采用，工程项目利润重心由施工环节向产业链前端的规划设计、咨询和后端的运营维护环节发生转移。

3. 市场对企业综合服务能力的要求持续提高

随着国际交通运输呈现高速化、集成化、高科技化、智慧化、绿色化、品质化的发展趋势，对参与建设的企业提供涵盖规划研究、勘察设计、技术咨询、监理服务、设备供应、运营维护等全产业链以及物资贸易、基础设施投融资等多领域综合服务能力的要求日益提高。具备较强综合服务能力、较强抗风险能力的综合型承包商的业务开拓优势将不断增强，行业马太效应将进一步凸显。

4. 企业经营管理水平不断提升

随着国际交通工程领域项目的综合化、大型化趋势，对项目参与企业在经营管理的科学化、信息化、规范化等方面的水平提出了更高要求，为降低成本、提高效益，工程企业需要积极推进技术创新、管理创新、模式创新。通过运营管理体系建设，加大对经营机构及项目的管控力度；依托信息化、大数据等管理手段，对项目的成本进行全过程管控；通过扁平化结构进行项目管理，减少中间环节，提高效率和效益。通过参与国际交通工程市场竞争的过程，推动自身的经营管理水平迈上新的台阶。

（二）当前难点问题

1. 全球交通治理复合体系融合性亟待改进

全球交通运输建设不仅要在各国内解决自身与经济社会，以及各种运输方式之间的协调发展问题，还要在国际层面上解决各国间的协调发展问题。在当今国际交通的不协调不平衡问题十分突出。发达国家目前已形成完善的综合交通运输体系，交通科技创新成果、智慧交通建设的产生与发展速度遥遥领先于发展中国家。完善全球交通治理体系的关键在于推动各国优势互补和专业化协作，促进世界交通运输的协调发展，减少市场准入、技术标准等方面的壁垒，进而构建善治的全球交通治理体系，推动全球化复合型基础设施网络建设。

2. 业务发展的质量水平仍需提高

目前我国企业实现业务高质量可持续发展，在项目实施过程中不断“提质增强”的理念日益增强；但整体业务质量仍有待提高，部分企业经营管理水平不高，盈利能力较差，大部分企业投融资、项目管理与运营能力不强。除少量具备国际先进水平的头部企业外，大部分企业仍集中在产业链条下游、利润较低的施工领域，大多数靠成本价格进行国际竞争。在全球发展面临深刻复杂变化以及我国经济进入双循环相互促进新发展格局的背景下，推进我国对外承包工程业务迈向国际基建产业价值链高端，实现高质量发展是大势所趋。

3. 投融资诸多难题尚未破解

交通运输设施的建设与维护需要高强度的资本投入，财政预算紧缺是全球交通运输发展的最大障碍。交通运输建设的投融资领域尚有诸多难题需要破解。如：通过何种机制把资金优先投资到有利于交通安全和运输服务的维修和改善上，特别是投资于农村和落后区域；如何发挥市场机制作用，推行基础设施建设养护一体化的 PPP 模式；如何通过 TOD 模式用好未来收益，解决交通建设长期资金来源；如何发挥好政府投资杠杆撬动作用，通过建立政府性交通发展基金和外部溢出效益补偿机制吸引社会资本，解决基础设施财务的可持续性等。在当前市场形势下，资金紧缺，将严重制约市场的发展速率，影响企业参与市场开发与项目实施的积极性。

4. 技术标准障碍仍然存在

交通运输领域对标准的依赖性尤为明显，而各国市场间的标准差异成为工程承包企业需要跨越的重要门槛。多年来，中国交通领域技术标准已逐步走向国际市场，但总体来看，国际市场对我国技术标准的认识仍相对陌生，欧美标准仍占据主导位置。国内的设计、设备、材料标准自成一体，尚未与国际市场完全接轨。此外，业务所在国别的市场准入条件和管理法规往往制约了中国企业进入当地市场。遵循国际标准化工作规则，统一制定中国标准外文版并在对外投资、技术出口和援建工程中推广使用，与共建“一带一路”国家加强标准化对接和标准融合，具有典型的示范意义。而多双边标准技术认证协议的签署，则可在更广泛的国际交通运输基础设施合作项目中产生影响。

5. 专业人才缺乏

专业人才缺乏是中国企业参与国际交通基础设施建设面临的主要问题之一。交通运输工程专业性强，技术要求高，交通运输建设企业要实现高质量发展，需要打造一支技术过硬、具备国际视野、综合能力拔尖的复合型人才队伍。中国企业通过多年的实践积累，已培养出一批专业水平较高的国际交通工程技术和管理人才，但大多集中于行业骨干企业，而大批中小型企业、地方企业、民营企业对专业人才特别是复合型人才的需求十分迫切。此外，部分企业年轻干部职工“走出去”的积极性下滑，使人才队伍断层现象愈发明显。要求企业加强自身的创新能力建设，探索科学的施工方法和管理方法，结合完整、合理的培养机制与实践机会，大力培养复合型、创新型人才，完善人才梯队，与国际高水平接轨。

（三）相关工作建议

1. 优化业务发展布局，培育新的业务增长点

加强区域和国别统筹，优化业务发展布局。着力巩固亚非等传统市场，加大中东欧、拉美地区市场开拓力度，积极拓展欧美等高端市场。深挖“一带一路”重点国别交通基础设施潜力，跟踪相关国家经济刺激政策以及交通基础设施建设规划，特别是亚洲、非洲等重点区域市场的项目信息。推动建设符合东道国发展目标、经济有回报、环境友好、社会效益良好、抗风险能力强的可持续交通基础设施项目，谋划相关配套产业布局，培育新的业务增长点。

2. 推动行业绿色、数字化转型

提升绿色可持续发展能力，积极探索绿色发展新路径，加强科技创新，把绿色发展的概念贯穿项目开发与建设运营的全过程，建设绿色低碳交通基础设施项目。推动产业链实现网络化、数字化、智能化发展，加快与传统项目建设的融合，加速数字赋能，推广“新基建”理念，加大人工智能、区块链、大数据、物联网、5G 等技术在公路、铁路、航运、机场建设等领域的应用力度，打造“智慧公路、智慧轨道、智慧港口、智慧机场”，充分利用信息技术，解决建设过程中安全、成本、进度和质量等问题，提升经营效率、降低运营成本。

3. 加强人才队伍培养

企业加强自身的创新能力建设，探索科学的施工方法和管理方法，结合完整、合理的培养机制与实践机会，培养一批熟悉国际交通工程技术标准、规范和市场运行规则、国际通用专业化管理模式、项目索赔合同条件及法律条文、相关地区市场的专门人才，同时做好人才储备工作，建立完善专业人才梯队。

4. 加强设计咨询的引领与推动作用

“承包强、设计弱”是我国对外承包工程长期面临的问题，交通运输基础设施建设与设计咨询紧密相连，目前中国企业的设计咨询能力与项目实施能力相比还相对滞后，存在着“走出去”动力、能力与支持力度不足等问题。弥补短板，增强设计咨询服务能力，优化设计咨询与承包工程企业间的合作模式，将可以有效提升中国企业实施对外承包工程项目的能力。“规划引领，设计先行”对于推动中国企业在国际交通运输领域深耕市场、提前介入项目、延伸产业链条等方面具有重要作用，建立与我国对外承包相匹配的设计、规划、咨询能力，仍将是“十四五”期间我国对外承包工程行业由链到环的重要保障。

5. 加强国际化合作，合力打造韧性交通

面对日趋激烈的全球市场竞争，一方面，中国企业应进一步加强与国际大型承包商、设计咨询企业、设备制造厂商在基础设施建设和装备建造上的合作，积极开拓第三方市场，提升市场本地化运营能力，拓展可持续交通领域的合作潜力；另一方面，政府有关部门及相关机构应持续加强与相关国际组织的事务合作，深入参与交通运输全球治理，积极参与交通运输领域国际规则和标准制定，积极推动全球交通治理体系变革，加快落实联合国 2030 年可持续发展议程框架下的交通运输事项，为中国企业参与国际交通基础设施建设创造更有利的政策与市场条件。

第二节 电力工程建设业务

一、业务概述

2023 年，中国企业在境外电力工程建设领域新签合同额 498.2 亿美元，同比增长 36.7%，占年度对外承包工程新签合同总额的 18.8%，带动总体增长 5.3%；完成营业额 228.4 亿美元，增长 5.4%，占年度对外承包工程完成营业总额的 14.2%，带动总体增长 0.7%。2011—2023 年中国企业境外电力工程建设领域新签合同额和完

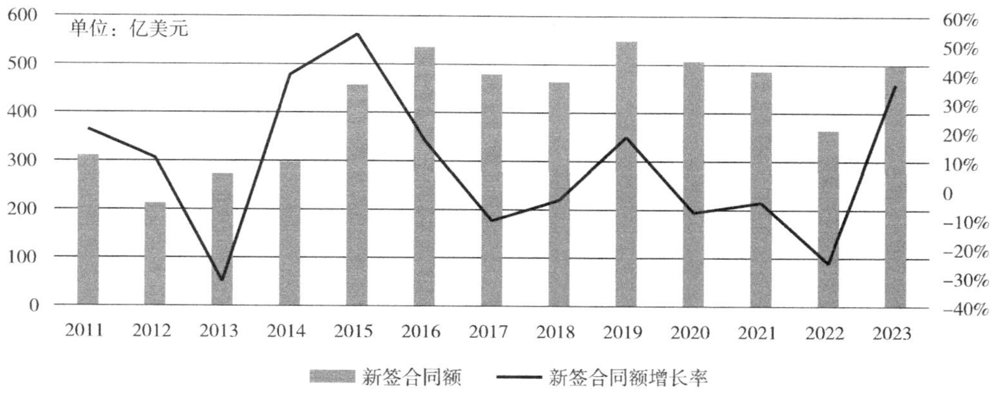

图3-4　2011—2023年中国企业境外电力工程建设领域新签合同额走势

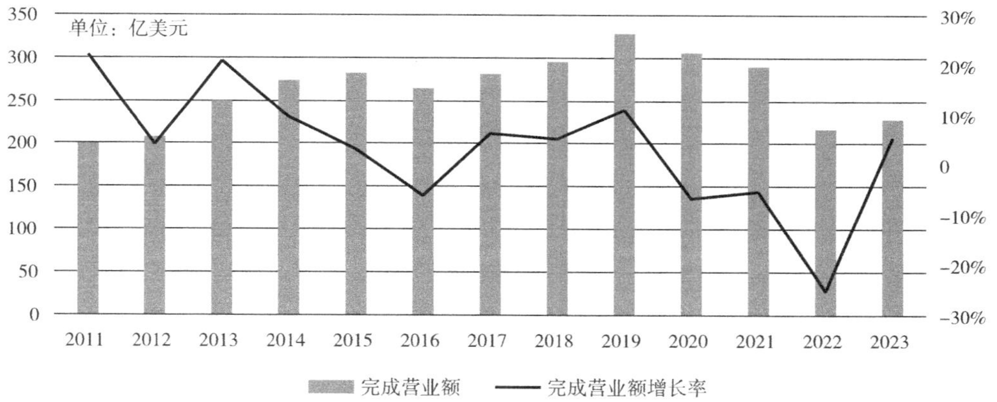

图3-5　2011—2023年中国企业境外电力工程建设领域完成营业额走势

成营业额走势分别见图 3-4 和图 3-5。

（一）市场分布

亚洲仍是中国企业电力工程建设业务规模最大的区域市场。2023 年，中国企业在亚洲市场电力工程建设业务新签合同额 300 亿美元，同比增长 50.2%，占该领域海外业务总量的 60.2%；完成营业额 154.5 亿美元，同比减少 0.2%，占该领域海外业务总量的 67.6%。业务规模第二大的电力市场为非洲市场，新签合同额 1135.4 亿美元，完成营业额为 35.6 亿美元。2023 年电力工程建设领域业务在各地区的占比见图 3-6。

2023 年电力工程建设领域业务前 20 的市场情况见表 3-9。

（二）主要企业

2023 年度对外承包工程企业电力工程建设领域 30 强名单见表 3-10。

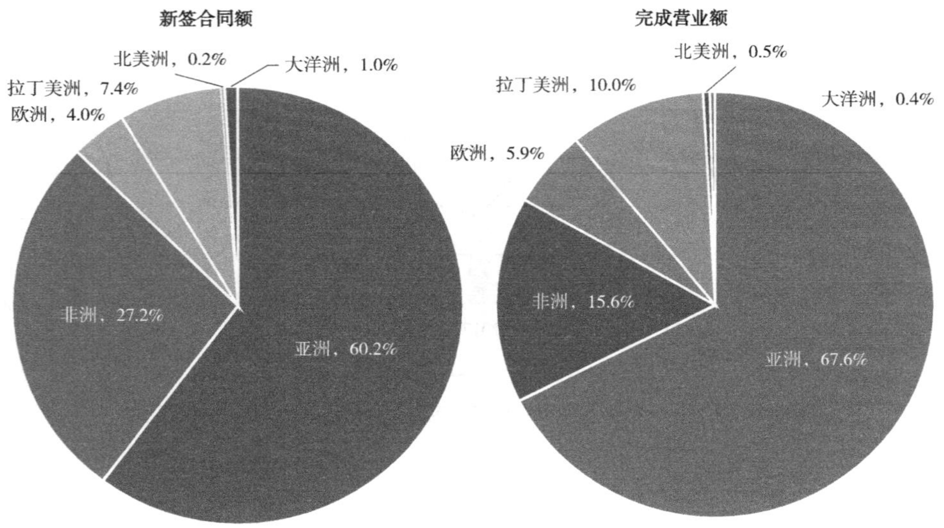

图3-6　2023年电力工程建设领域业务在各地区的占比

2023 年电力工程建设领域业务前 20 的市场情况　　表 3-9

单位：亿美元

排名	国别	新签合同额	国别	完成营业额
1	越南	56.8	孟加拉国	26.8
2	菲律宾	47.5	乌兹别克斯坦	16.9
3	尼日利亚	31.4	巴基斯坦	16.9
4	孟加拉国	27.1	印度尼西亚	16.1
5	乌兹别克斯坦	26.5	沙特阿拉伯	16.1
6	印度尼西亚	23.5	阿拉伯联合酋长国	12.4
7	沙特阿拉伯	20.6	老挝	8.5
8	蒙古国	16.8	墨西哥	6.6
9	南非	13.2	越南	6.0
10	津巴布韦	13.1	菲律宾	5.8
11	伊拉克	13.0	埃及	5.2
12	尼泊尔	11.2	阿根廷	4.3
13	墨西哥	10.9	柬埔寨	4.0
14	巴西	10.3	坦桑尼亚	3.6
15	刚果（金）	9.7	安哥拉	3.5
16	巴基斯坦	9.2	马来西亚	3.3
17	坦桑尼亚	8.5	印度	3.2
18	刚果（布）	7.4	巴西	3.0
19	乍得	6.7	智利	2.9
20	伊朗	6.3	尼日利亚	2.7

2023年度对外承包工程企业电力工程建设领域30强名单　　表3-10

排名	企业
1	中国电力建设集团有限公司
2	中国能源建设股份有限公司
3	中国电建集团国际工程有限公司
4	中国葛洲坝集团股份有限公司
5	山东电力建设第三工程有限公司
6	中国机械工业集团有限公司
7	中能建国际建设集团有限公司
8	中国电力技术装备有限公司
9	东方电气集团国际合作有限公司
10	中国能源建设集团浙江火电建设有限公司
11	中国机械设备工程股份有限公司
12	中国重型机械有限公司
13	特变电工股份有限公司
14	上海电气集团股份有限公司
15	哈尔滨电气国际工程有限责任公司
16	北方国际合作股份有限公司
17	中国能源建设集团广东火电工程有限公司
18	中国能源建设集团天津电力建设有限公司
19	国机重型装备集团股份有限公司
20	中国能源建设集团山西省电力勘测设计院有限公司
21	中能建建筑集团有限公司
22	中国水利水电第八工程局有限公司
23	中国冶金科工股份有限公司
24	中冶南方工程技术有限公司
25	中国通用技术（集团）控股有限责任公司
26	中国水利水电第十四工程局有限公司
27	中国交通建设集团有限公司
28	中国江西国际经济技术合作有限公司
29	上海电力建设有限责任公司
30	中国建筑股份有限公司

（三）重点项目

2023 年中国企业在境外电力工程建设领域新签合同额前 10 项目见表 3–11。

2023 年中国企业在境外电力工程建设领域新签合同额前 10 项目　　表 3–11

排名	国别	项目名称	企业
1	越南	清化省芒勒风电三期项目（600MW）	中国葛洲坝集团股份有限公司
2	印度尼西亚	三林集团巴淡岛能源动力及配套工程	上海宝冶集团有限公司
3	越南	天富第 2 阶段 2 期 400MW 海上风电项目	中国电力工程顾问集团西南电力设计院有限公司
4	刚果（布）	伊尼扬加水电站及配套输变电线路项目	中国葛洲坝集团股份有限公司
5	蒙古国	南戈壁省南部能源基地二期 500MW 风电项目	中能建国际建设集团有限公司
6	蒙古国	南戈壁省南部能源基地一期 500MW 风电项目	中能建国际建设集团有限公司
7	沙特阿拉伯	阿尔舒巴赫 2.6GW 光伏电站项目	中能建国际建设集团有限公司
8	南非	马卡纳 1000MW 光伏项目	中国电力工程顾问集团东北电力设计院有限公司
9	刚果（金）	加丹加 1GW 光伏项目	中能建国际建设集团有限公司
10	菲律宾	碧瑶基帮岸 500MW 抽水蓄能电站项目	中国电建集团国际工程有限公司

二、业务展望

（一）市场需求和趋势判断

全球电力行业清洁化趋势明显，可再生能源发电增速快于化石能源发电。根据国际能源署（IEA）预测，未来 20 年，火电、水电、核电和新能源装机年均增长分别为 –0.4%、0.8%、–0.6% 和 5.2%。2040 年，火电在全球发电中占比将下降 14 个百分点，核电下降 1 个百分点。

根据 IEA 在 2024 年 1 月 24 日发布的年度报告《2024 年电力》，由于发达经济体电力消费量下降，全球电力需求增速 2023 年略有放缓至 2.2%，增幅较 2022 年下降 0.2%，发达经济体是主要拖累因素，其中欧盟电力需求连续两年下降，2022 年和 2023 年欧盟电力需求分别下降 3.1% 和 3.2%，工业领域电力需求连续两年同比降幅在 6% 左右，尽管目前电力价格高位下降，但电力需求预计恢复到 2021 年的水平仍然需要 3 年；美国则由于天气原因在制冷供暖端电力需求减弱，2023 年电力需求下降 1.6%，同比增长 2.6%；发展中国家是 2023 年全球电力需求的主要引擎，其中，中国电力需求同比增长 6.4%，主要由服务和工业领域，特别是高耗能的化工类、光伏制造产业链等需求扩张带动电力需求增长；而 2023 年电力需求增长最快的是印度，同比增长 7%。

从长期来看，2024—2026 年，全球经济增长将带动电力需求的快速增长，居民端和交通板块的快速电气化以及数据中心的建设提速是主要驱动力，特别是在中国和发达经济体。IEA 预计，2024 年将增至 3.4%，到 2026 年，全球电力需求增长的约 85%

将来自发达经济体以外的国家，尤其是中国、印度和东南亚国家。

随着全球对气候变化的关注加深，可再生能源在全球电力市场中的份额持续增长，这意味着从传统的化石燃料发电向可再生能源发电转变，如太阳能、风能、水能等。随着技术进步，太阳能、风电等可再生能源的成本正在快速下降，使其成为越来越有竞争力的电力来源。为全球电力发展提供了新的机遇。许多国家实施了支持清洁能源发展的政策，如补贴、税收优惠和绿色证书制度等，这些政策为电力行业的转型提供了良好的市场环境，将推动清洁能源项目的投资和建设，加速电力行业的绿色转型。欧盟提出“欧洲绿色协议”，旨在到2050年实现欧洲地区的碳中和，通过提高可再生能源的使用比例、提高能源效率和推动清洁交通等措施，建立碳排放交易市场，通过对碳排放定价来激励减排。2021年2月，美国宣布重新加入《巴黎协定》，并承诺减少温室气体排放，提供太阳能和风能项目的税收激励，鼓励清洁能源的投资。印度推行能源效率改进措施，包括在建筑、交通和工业部门推广节能技术，通过政策支持和技术发展，使太阳能成为印度能源结构的重要组成部分。日本制定了“基本能源计划”，旨在提高能源效率和推广可再生能源，减少对核能和化石燃料的依赖，提出了绿色增长战略，通过技术创新和市场激励来推动低碳经济的发展。德国加大对风能和太阳能等可再生能源的投资，旨在从核能和化石燃料转向可再生能源，计划2050年可再生能源占电力消费的80%以上。

（二）业务发展机遇

1. 国际新能源领域

世界能源绿色低碳转型全速推进，从高碳到低碳、由化石能源向清洁能源转型已成为全世界的迫切要求，由此催生的各类新业态、新技术迎来巨大发展机遇。美国落基山研究所估计，到2030年，太阳能和风能的成本将再下降25%~50%，全球电动汽车渗透率可能达到75%。

根据国际能源署预测，到2030年，全球清洁能源经济将新增3000万个就业岗位，到2050年，全球风电容量将达到6044GW、光伏容量将达到8519GW、储能容量将达到5827GWh，分别是2021年的7.3倍、10倍和8.17倍。2022年全球新增电力装机容量中，以光伏、风电为主的可再生能源新增装机占比达到83%，维持绝对主力地位，全球电力系统迎来结构性转变。

光伏领域，得益于技术进步、成本下降以及政策支持，全球光伏市场需求持续旺盛，尤其是在屋顶光伏、农光互补、渔光互补等分布式光伏领域。光伏+储能的组合模式越来越普遍，以解决光伏出力的间歇性和不稳定性问题，提升电网接纳能力。其投资需求主要来源于发达国家、非洲、中东和拉美地区。中国、美国、印度、日本等国光伏装机容量增幅较大，非洲光伏市场虽起步较晚，但发展空间巨大，未来五年全球新增光伏总容量将超过750GW（平均每年150GW）。

风电领域，作为成熟的可再生能源技术，陆上风能需求持续增长，特别是在风资源丰富、土地资源充足的地区。政策支持、成本下降和技术进步（如更大容量风机、更长叶片、数字化运维等）推动了陆上风电项目的规模化开发。海上风电已成为风能增长的新引擎。其不受土地限制、风资源丰富的特性使其在全球能源转型中扮演重要角色，特别是在欧洲、中国等地，大型海上风电场项目规划和建设如火如荼。未来五年，全球新增风电总容量将超过 350GW（平均每年 70GW），预计中国和欧美发达国家依然占多数份额，其他发展中国家市场份额在 20%~25% 左右，约为 70~87.5GW。

氢能领域，氢能被视为实现深度脱碳的关键能源之一，各国政府纷纷出台氢能发展战略，支持氢能产业链的研发、示范项目和基础设施建设。初期需求主要集中在工业领域（如炼钢、化工）、交通领域（燃料电池汽车、船舶、火车）以及能源储存和调峰。全球离网分布式能源系统也在加速发展，主要增长来源于撒哈拉沙漠以南非洲地区、印度和东南非地区。

垃圾发电领域，城市垃圾处理及焚烧发电业务在亚太、欧亚及中东北非区域面临越来越多的机遇和需求。其中，亚太地区是全球垃圾发电市场的主导力量，未来 5 年该地区垃圾发电市场复合年均增长率约 11%，中国、日本、印度等亚洲国家有望在低成本垃圾发电方面创造更多商机。

随着"一带一路"建设的深入推进，新能源产业"走出去"由点到面，呈现出全品牌、全球化拓展，具有地域覆盖面广、合作模式丰富多样、合作内涵不断提升等鲜明特点。在全球低碳发展的背景下，中国企业广泛参与国际资金合作、技术合作、政策合作和市场合作，建设新能源基础设施，助力低碳经济发展。在太阳能光伏领域，中国具备全球最大的光伏全产业链开发和建设优势，非洲还有很多的无电地区人口，需要低价可负担得起的清洁能源，需要各方助力共同推动光伏产业的发展，才能实现联合国 2030 年人人享有可再生能源的目标，达到电力人人可及，惠及大众。欧洲是新能源比例最高的地区之一，具有完善的新能源政策和激励机制，欧洲风电发展一直处于领先地位，特别是海上风电，而中国海上风电处于起步阶段和快速发展阶段，中国乃至亚太的海上风电市场具有良好前景，逐步成为新的开发和投资热点。除了传统市场如中国、美国、欧洲等地外，新兴市场如印度、拉丁美洲、非洲等地区的光伏需求快速增长，成为全球光伏市场新的增长点。

2. 国际水电领域

依据相关统计资料，全球水电技术可开发总量约为 15.8 万亿度 / 年（15847.4TWh/年），全球水电经济可开发总量约为 9.6 万亿度 / 年（9633.9TWh/ 年）。

截至 2023 年，主要受到地理环境、气候条件、经济社会发展水平和能源需求等因素的影响，全球各大洲在水电开发程度和发展需求方面存在显著差异。亚洲拥有世界上最大的水电开发潜力，占全球技术可开发量的 50%。亚洲的水电开发需求强烈，特别是在中国、印度、巴基斯坦等国家，这些国家拥有丰富的水资源和迅速增长的能源需求。中国在水电开发方面处于领先地位，预计到 2030 年，中国的水电装机规模（含抽水蓄能）将超过 5.4 亿 kW。此外，亚洲其他国家，如老挝、缅甸等，也在积极推进水电项目，以满足日益增长的电力需求。非洲的水能资源开发程度相对较低，但开发潜力巨大，非洲许多国家面临电力短缺问题，水电被视为解决这一问题的关键途径。尼罗河、赞比西河和尼日尔河等河流具有巨大的水电开发潜力，非洲国家正寻求国际合作和投资，以加快水电项目的开发。欧洲的水电开发程度较高，增长潜力有限。欧洲国家普遍已经建立了较为完善的水电基础设施，但仍在寻求提高水电效率和可持续性的方法，抽水蓄能电站在欧洲尤其受到关注，作为平衡可再生能源波动性的重要手段。北美洲的水电开发程度也相对较高，特别是在美国和加拿大。这些国家拥有成熟的水电产业和基础设施，同时也在探索新的水电技术和提高现有设施的运行效率。南美洲的水电开发程度居于全球平均水平，拥有丰富的水资源，特别是亚马孙河、奥里诺科河等河流。巴西等国家在水电开发方面取得了显著进展，但仍有大量未开发的潜力。大洋洲的水电开发程度相对较低，但在新西兰和澳大利亚等国家，水电作为可再生能源的一部分，仍在持续发展中。

国际能源署（IEA）和国际可再生能源署（IRENA）预计，为实现 2050 年全球净零排放目标，水电装机容量需要翻倍，达到 2500GW~3000GW。《世界能源展望》水电年均增量图分析，初步预测 2017—2030 年全球水电总增量与 2005—2017 年全球水电总增量相比略有减少，由于中国国内水电增速显著放缓，预测期内国际水电增量同比将显著提高；2030—2040 年全球水电总增量将大幅度减少，其增长幅度不及 2017—2030 年增加量的一半。预测水电的年增长率在 1.3%~1.6%，低于过去 20 年的 2.6%。水电在全球发电中的份额大致稳定在 15% 左右。经济的不断增长和电力需求增加，提高了开发亚洲、拉丁美洲和非洲地区丰富水电资源的经济可行性。

3. 国际火电领域

虽然全球正在向清洁能源转型，但火电作为传统能源行业核心，在很多国家和地区仍然是电力供应的主要来源。在清洁能源不稳定或成本较高的情况下，火电作为电力供应的基荷电源，确保了电力系统的稳定性和可靠性。

当前全球火电发电量中，燃煤发电占 59%，燃气发电占 36%，燃油发电占 5%。随着全球对碳约束的持续收紧，全球煤电正面临不得不达峰的状况。北美、欧盟等煤电装机大幅减少，未来市场发展的重心在亚洲，包括印度以及亚太的部分国家。除中东外，燃油发电在全球范围内将普遍减少；天然气需求 2035 年前后将进入峰值平台期，天然气发电更多地用于保障高峰时段电力供应，并为可再生能源消纳提供灵活性支持。国际能源署（IEA）表示，未来 20 年，燃油发电年均下降 6.7%，燃煤发电年均下降 0.8%，燃气发电年均增长 0.2%。

4. 国际输变电领域

由于各国的经济和社会发展水平不一致，各国的电网发展情况存在较大差异。欧美发达国家已经形成以电力市场为中心的、完整并高度发展的电力系统，其电力发展的主要诉求为智能化、自动化，在保障系统安全可靠的前提下，更多地接入新能源，促进能源转型。而撒哈拉以南非洲国家及缅甸、印度等国家的电力系统仍然处于较为薄弱阶段，其主要目标是增加电网接入率，降低电网损失。

各地区电网现状特点不一。（1）亚洲电网快速发展且多样化，覆盖广泛的国家，包括中国、印度、日本、韩国等经济体以及东南亚、中亚和南亚的多个国家。装机容量方面，亚洲电源装机持续增长，截至 2022 年底，亚洲电源装机容量达到 45.0 亿 kW，其中太阳能和风能装机容量为 10.5 亿 kW。发电量方面，2022 年亚洲太阳能和风能发电量占总发电量的 23.4%，火电发电装机容量占总装机比重逐年下降，2022 年降至 58.3%。（2）欧洲电网高度互联，清洁能源装机容量快速增长，电网覆盖约 30 个国家，包括欧盟成员国和非欧盟国家。装机容量方面，欧洲清洁能源装机量从 2008 年起快速增长，占比从 48.5% 提升至 2022 年的 67%。发电量方面，2022 年欧盟和英国共发电 3120.38TWh，其中核电发电量占比最大，风电和太阳能发电量占比也在增长。（3）北美洲电网规模庞大，技术先进，电网覆盖美国、加拿大和墨西哥等国家。装机容量方面，北美洲拥有大量的化石燃料发电设施，同时也在发展可再生能源。发电量方面，美国是全球最大的电力生产国之一，电力供应充足。（4）南美洲电网资源丰富，特别是水电资源，电网覆盖 12 个国家。装机容量方面，南美洲以水电为主，尤其是巴西和阿根廷等国家。发电量方面，水电发电量占比较大，同时也在发展风能和太阳能发电。（5）非洲电网发展不平衡，许多国家电网覆盖不足，特别是在撒哈拉以南非洲地区。电网覆盖 54 个国家，但在电力供应方面存在巨大缺口，北非普遍实现了电力供应，而撒哈拉以南非洲有 5.7 亿人口缺乏电力供应。装机容量方面，非洲正加快发展可再生能源，但整体装机容量相对较低。发电量方面，非洲的发电量正在增长，但具体数据因国家而异。（6）大洋洲电网地域分散，电网互联程度较低。电网覆盖澳大利亚、新西兰以及太平洋岛国等。装机容量方面，大洋洲以化石燃料发电为主，但太阳能和风能发电也在增长。发电量方面，澳大利亚是该地区的主要电力生产国。

预计全球电网发展趋势将呈现如下特点：

一是，随着全球电力需求的持续增长，各国对电网基础设施的投资建设也在增加。据预测，全球输变电设备市场规模将在未来几年内持续扩大，预计到 2029 年将达到 1.68 万亿元人民币。

二是，特高压输电技术作为远距离、大容量电力输送的关键技术，已经在全球范围内得到广泛应用。特高压交流输电技术已成熟并实现大规模工程应用，而特高压直流输电技术也在不断突破，成为超远距离、超大容量电力输送的核心技术。此外，柔性交流输电技术和柔性直流输电技术也在快速发展，具备优越的快速性能和灵活的控制能力，未来具有广阔的发展前景。

三是，亚洲地区将引领全球电力消费增长，预计从2022—2032年，亚洲电力消耗将显著增长，其中，中国和印度是主要的增长动力；而在中东北非地区，火电仍将在电力能源结构中占较大比例，但预计未来十年内新增非水电可再生能源装机容量将显著增长。

四是，全球能源转型正在推动电力能源体系的演变重构。可再生能源在全球电力结构中的占比预计将增加，从2022年的29%上升到2025年的35%。这表明清洁能源的比重在不断提升，与发电相关的碳排放量将受到更多关注。

五是，各国政府对输变电行业的支持政策以及对清洁能源的投资，将对行业的发展产生重要影响。例如，中国在特高压输电技术的研发和应用方面取得了显著成就，政府的支持和投资在其中起到了关键作用。

全球输变电行业正朝着技术创新、市场扩张、能源结构转型和绿色低碳的方向发展。随着全球对清洁能源和可持续发展的重视，输变电行业将继续迎来新的发展机遇。未来东南亚、中西非和亚太地区是电网项目主要市场，其中，老挝、泰国、喀麦隆、安哥拉、赞比亚、埃塞俄比亚等国别市场电网类项目需求强劲，缅甸、尼日利亚、莫桑比克、坦桑尼亚、多米尼加等市场潜力巨大。

（三）发展趋势

整体来看，在电力领域，绿色环保的投资理念已成为境外投资高质量发展的共识。在“一带一路”的优质项目投资中，必须践行绿色投资原则，遵守投资所在国别（地区）政策法规，为当地可持续健康发展和经济民生改善作出贡献，以优质投资项目画好“一带一路”工笔画。

各地区市场业务呈现不同的特点。在东南亚区域，中国企业在较多国家电力领域实力强劲，同时也面临着日韩企业的激烈竞争。随着中国与东盟经贸往来的日益密切，在中缅经济走廊、中老经济走廊、中日韩三方合作等双边、多边合作机制下，中国企业参与东盟区域电力项目机遇较多，前景广阔，特别是在越南市场的电力建设和投资。中国企业积极参与当地的绿色能源发展，如风电和光伏项目。在南亚区域，中国企业在南亚地区的电力项目主要集中在水电和太阳能发电领域，在中巴经济走廊、印中孟缅走廊、中尼能源合作框架等双边、多边的政府合作机制下，未来南亚地区电力业务将有持续的发展。在东南非区域，中国企业在大多数国家电力投资和承包业务上具有较大优势，但也面临着印度和土耳其企业的激烈竞争，中国企业技术成熟、价格相对低，电力成套设备被接受度也较高。除中国资金项目外，中国企业在世界银行、非洲开发银行等资金的项目竞争中也有一定优势。受大部分国家举债困难等影响，传统EPC及EPC+F类项目的难度将越来越大，PPP、IPP和投建营一体化模式将成为电力市场的发展趋势。在中西非区域，中国企业主要面临着欧美和亚洲企业的激烈竞争，中国企业参与水电项目业务优势明显，未来可通过加大与当地公司或欧美公司合作的方式参与项目的实施。中西非大部分国家经济基础差、电力缺乏、基础设施薄弱、经济发展困难，PPP、IPP 和投建营一体化模式将成为发展趋势。在中亚、西亚、北非、中东欧区域，中国企业需适应欧盟的市场准入规则和标准，同时面临来自欧盟和亚洲其他国家企业的竞争，但中国企业在新能源类项目（如光伏项目）具有一定的优势，电力业务未来可期。在拉美区域，中国企业在拉美地区的电力项目投资额呈增长态势，特别是在清洁能源项目中的参与度不断提升；但对比欧美和拉美本地企业优势并不明显，主要体现在对设计、施工和材料标准不熟悉。未来中国企业可通过收购当地电厂或对电力线路维护等模式进入当地电力市场，或力争通过中国资金完成融资突破。

1. 国际新能源业务发展展望

近年来，中国新能源国际合作主要以光伏、水电、风电为重点，其中，光伏、风电领域的国际合作范围更广。中国已为全球多个国家供应绿色能源产品，提供相应的解决方案，并对部分项目提供投资或融资。同时，中国正为“一带一路”共建国家应对气候变化及保障绿色能源供应作出积极贡献。中国新能源企业“走出去”主要有以下四种合作形式：

（1）新能源工程总承包及融资业务，主要包括新能源工程设计及建设等。

（2）新能源电站项目投资或并购，以欧洲、大洋洲及拉丁美洲等地区为主。

（3）境外投资设厂生产光伏组件及电池等。在光伏制造项目的境外选址方面，中国新能源企业深耕东南亚市场。越南、马来西亚、泰国是重点区域，占中国光伏境外工厂总量的 60% 左右。

（4）开拓“新能源设计 +”的国际合作新形式。通过加强海外风电项目资源整合力度，以新能源项目设计为抓手，深化新能源工程总承包及小比例投资等业务，中国正在全球各地整合、打通新能源产业链。

在当前国际形势下，中国新能源高质量国际合作综合优势明显。第一，中国新能源产业链居于全球领导地位，特别是中国光伏产业链已具有全球优势。在光伏行业，中国是全球唯一具备从上游材料到中游组件再到下游电站投资能力的国家。中国光伏企业已经从原来的“三头在外”（原料在外、市场在外、设备在外）转变为“三个世界第一”（多晶硅产量、硅片产量和组件产量均居世界第一，2022 年分别占世界总量的 87.3%、97.5% 和 88.3%），成为名副其实的光伏产业大国、技术强国。中国光伏组件产量连续 16 年位居全球首位，多晶硅产量连续 12 年位居全球首位，光伏新增装机量连续 10 年位居全球首位。在风电领域，全球十大风机制造商中有六家中国企业，2022 年中国以 48.8GW 的新增吊装容量继续领跑全球，占全球装机的一半以上。在氢能领域，我国氢气产能约为 4000 万吨 / 年，产量约为 3342 万吨 / 年，已从全球产氢大国迈向氢能强国。第二，中国新能源境外投资增长空间大，中国企业拥有巨大的电力投资及融资能力。未来，如中国新能源境外投资达到全球 10%，中国企业境外光伏和风电投资规模至少可达 80GW，金额可达 500 亿美元。

随着中国不断扩大对外开放，中国新能源高质量国际合作迎来新契机。中国企业参与“一带一路”相关的新能源国际合作中，需因地制宜，在不同的区域及国别市场采取不同的市场策略。中国企业需要聚焦东南亚乃至亚太新能源市场，这是中国新能源产业国际合作的重要阵地。同时，中国企业需要加强中东和北非光伏、光热项目合作，在欧洲需要加强中欧海上风电国际合作，在拉美地区需加强中拉新能源全领域合作。

国际新能源业务“投建营一体化”趋势明显。目前，单纯的承包商角色已无法满足日益复杂的海外新能源市场发展需求，承包商要努力实现由工程承包商向投资建造商的转变，具有项目开发、投融资、工程承包、管理运营、全产业链一体化集成服务能力。与新能源领域的国际资本和产业投资商相比，中国企业在海外新能源投资领域仍处于起步阶段，实现承包商向投建营商转型发展，需向国际知名投资开发商学习，也需要政府部门、金融机构大力支持。

新能源行业经营环境日益复杂化。目前，很多国家都将本地化率作为项目开发的条件或激励措施，尤其是在新能源刚刚起步的国家更为明显。既提升本地化率，满足所在国产业发展需求，又要提升管理能力和属地化能力是中国企业突破高端市场的壁垒。

高比例可再生能源发展趋势显现。随着新能源的快速发展，新能源装机比例不断攀升，新能源快速增长也对传统电网调控、电力消纳带来了挑战。从当前发展来看，高比例可再生能源时代在未来 10 年内即将到来，目前中国西北电网的可再生能源消纳已经达到 20% 左右，欧洲可再生能源消纳一直处于领先地位，德国甚至可在短期内实现电力系统全部由可再生能源供给，这是基于欧洲良好的电力交易机制和智慧电网等多种条件。高比例可再生能源，尤其是光伏、风电的波动性，会给电网调控、电源调节带来多方面的挑战。通过多种手段降低高比例新能源对电网带来的冲击，使新能源和电网协调发展是未来国际新能源发展趋势之一。

储能正高速发展，氢能中长期具有很好的发展前景。风电、光伏具有供应间歇性，年内日内分布不均衡，大规模接入风光电力后，需要有调节性能的灵活电源配套运行、保障电网的安全和稳定；储能电站已经成为新的增长点，预计氢能将在 2025 年左右具备规模化、产业化，将成为能源电力供给的重要组成部分。

2. 国际水电业务发展展望

水电业务作为可再生能源的重要组成部分，在全球能源结构转型和应对气候变化的背景下，展现出积极的发展前景。随着技术进步和成本效益的提高，水电项目在全球多个地区受到重视，尤其是在亚洲和非洲等资源丰富地区。随着绿色发展、可持续发展理念逐步深化，各国对可靠、清洁、经济能源的需求持续增加，已有 100 多个国家明确继续发展水电，全球水电呈现稳定增长趋势。预计未来水电将继续在全球电力供应中扮演关键角色，特别是在提供稳定电力和促进能源安全方面。

中国水电企业是全球清洁低碳能源、水资源与环境建设领域的引领者，凭借其行业领先地位、强大的技术实力、完善的产业链整合能力、丰富的国际项目经验以及对社会责任的积极履行，不仅在国内市场稳居主导地位，也在全球水电行业中树立了中国品牌的标杆。在半个多世纪的发展中，形成了从规划设计、施工建设到运行维护的完整技术体系，掌握了大坝筑造、地下工程、水轮发电机组安装等核心工程技术；积极参与国际技术交流与合作，推动技术创新和产业升级，部分企业已成为国际水电技术标准的重要参与者和制定者；通过直接投资、工程承包、技术输出、股权合作等多种方式，与各国政府、企业、金融机构等开展广泛合作，为全球能源结构优化、水资源合理利用以及经济社会可持续发展作出了重要贡献。

回顾中国企业参与国际水电项目的历程，结合国际水电市场的未来趋势，综合分析中国企业参与国际水电项目的趋势如下：

一是，国际水电市场仍有广阔的市场空间。尽管国际水电市场近期（2017—2030年）增速略有减小，远期（2030—2040年）总增量减少较大，但从全球水电资源、市场基础、发展动力和总体发展目标看，国际水电市场空间依然广阔。特别是在新兴经济体和发展中经济体，如撒哈拉以南非洲、东南亚和拉丁美洲，中国企业在水电项目的建设、融资和运营中扮演着关键角色。

二是，抽水蓄能电站将成为今后电力建设的重点方向之一。抽水蓄能电站兼具储能、调峰、调频、改善电能质量的功能，是目前储能领域最有效和最经济的方式，随着风电、光伏等新能源的大规模开发以及电力系统规模的不断扩大，用电负荷和峰谷差持续加大，对抽水蓄能电站和跨日甚至跨年调节水电站的开发建设提出了更多的需求。预计在未来十年内，抽水蓄能项目将占全球新增水电装机的显著比例，这为中国水电企业在该领域提供了新的增长点。

三是，商业模式创新仍将是市场的一大趋势。国际水电项目的投资主体有地方政府、世界银行等多边金融机构、国内五大发电公司、所在国本土企业等。目前，政府投资、使用世界银行和中国金融机构贷款的项目越来越少，本土企业和中小型民营企业投资项目逐步增多，但均面临着融资难的问题。在此市场形势下，中国企业开展国际水电市场必须做商业模式创新。

3. 国际火电业务发展展望

中国电力企业海外投资以清洁能源为主，但仍然存在一定比例的火电。国际火电业务在能源转型背景下将逐步向低碳化、清洁化方向发展，侧重推广煤炭清洁利用技术和扩大天然气发电作用，同时加强火电机组灵活性改造以适应可再生能源大规模接入。数字化、智能化升级将成为行业常态，以应对日益严格的碳定价机制与环保政策、激烈的市场竞争以及电价市场化改革。尽管全球总体趋势是减少对火电的依赖，但在电力需求快速增长的新兴市场，火电仍将在短期内发挥重要作用。此外，火电行业还需妥善应对老旧机组退役与资产处置问题。

相对于燃煤电站，由于燃气电站其天然的低排放特性，具有清洁能源的优势，同时燃气电站的快速建设周期和调峰能力也越来越受到缺电地区国家的欢迎。随着全球天然气储量的不断探明、页岩气开采技术的快速发展及其开采成本的不断下降，同时伴随着燃机技术的升级，都为燃气电站大型化和规模化带来广阔的市场前景。而燃机的高效率和单位低造价也使其具有很强的竞争力，燃气电站在中东、中西非、欧亚等重点区域发挥了重要的基荷作用，同时在未来电源趋于小型化、离散化的潮流下，也更容易与新能源电力相结合，发挥稳定负荷的作用。

4. 国际输变电业务发展展望

2015 年以来，全球电网年投资额约 2800~3000 亿美元。预计未来十年，全球电网年均投资额近 4000 亿美元。依据全球输电机构发布的报告，全球输配电市场（基于设备需求预测），2019—2024 年间，年均增长会保持在 7.25% 以上。从区域看，中国、印度、欧盟和美国占据电网全球投资额的 70% 以上，其他区域占 30%；从结构看，约 70% 的投资用于配电网建设。

中国企业参与电网项目的主要形式有：以国家电网公司和南方电网公司为代表，广泛参与电网特许经营项目或者股权投资；以中国电建和中国能建为代表，广泛参与电网竞标或议标项目；设备厂家主要参与设备竞标，部分进行总包尝试。其主要优势有：一是，技术方面，中国特高压技术较为成熟，在大容量、长距离、跨区域送电项目上具有优势；二是，设备方面，中国设备厂家涵盖发电、输电、配电、用电各个环节产品，产品种类丰富且具有成本优势；三是，金融支持，中国金融机构的支持有利于中国公司在境外开展特许经营或实施融资类项目；四是，民营企业活跃，为电网其他类项目做了积极尝试。

目前各个国家和地区的电网发展水平不一，电网落后地区和国家（如撒哈拉以南非洲国家）如何有效加快电网建设，并且尽可能满足未来电网的发展和避免环境问题；电网发展水平一般的国家（如东南亚、南亚国家）如何有效提升电网的运行效率，并保证电网的安全性和可靠性，兼顾能源清洁化和绿色化；电网较为发达的国家（如欧洲、美洲国家）如何增加新能源的接入率，助力能源转型。以上三点将成为电网发展的主要目标。

综上，国际输变电业务未来将围绕新能源并网、电网互联、数字化升级、新材料新技术应用、政策环境适应、商业模式创新等主线展开深入变革，旨在构建更加智能、绿色、高效、开放的现代电力系统，以满足全球能源转型背景下日益复杂的电力供需格局与用户需求。具体表现为：适应新能源大规模并网需求，增强电网柔性与稳定性；推动跨国、跨区域电网互联与电力市场融合；全面实现数字化、智能化转型，提升运维效率与系统可靠性；应用新材料、新技术提升输电效率与容量；适应政策与监管环境变化，兼顾环保与社会影响；创新商业模式与服务，提供综合能源解决方案。在此进程中，中国企业凭借技术优势、创新服务模式、品牌影响力以及深度本地化运营，积极参与全球能源互联建设，有望在全球电力市场中实现更大突破与增长，为推动全球能源转型、实现可持续发展目标作出重要贡献。

三、工作建议

一是，上下游电力产业链协同拓展海外业务。经过多年的发展，我国电力企业发挥技术、资金、管理等领域优势，通过投资、工程承包、设备出口、技术和管理咨询等形式，积极拓展海外业务，为促进相关国家基础设施改善发挥了重要作用。中国电力企业之间协同性不足，内部竞争时有发生，不利于电力行业国际化发展。因此，应促进电力行业形成上下游产业链合力，协同拓展海外业务。

二是，充分发挥品牌优势提升国际产能合作层次。中国电力企业要充分发挥企业品牌、技术、管理、资信等综合优势，积极推动规划设计、资本运作、工程建设、装备制造、运营管理、咨询服务等电力中高端优质产能合作，向设计研发、营销服务、品牌培育等价值链高端环节延伸，提高参与国际分工的层次和水平；推动行业上下游企业共同建立产能合作产业园区，带动装备制造企业在海外市场形成集群式竞争优势，拓展电力行业国际产能合作领域；推进金融机构深度参与电力合作项目，服务中国电力企业开展国际产能合作，重点支持绿地开发、工程承包、装备出口、国际并购等项目。

三是，积极布局海外电力新技术新业态。当前，发电技术、电网技术与信息技术的融合不断深化，以互联网融合关键技术应用为代表的电力生产走向智能化，中国电力企业应依托在特高压输电技术、智能电网、超超临界机组技术、大型水电机组技术、控制保护领域中的技术领先优势，带动电力设备出口贸易，逐渐形成自主产品、自主品牌和自主技术系列，大力推进技术标准国际化，积极开展新能源技术合作，提高国际影响力和话语权。积极开展海外电力投资运营，积极开展欧美、拉美等地区海外电力资产收购和绿地项目投资建设，拓展电力主营业务，提供国际性电力供应和服务。

四是，提升国际标准规范输出能力。国际标准化组织作为国际标准工作最前沿的阵地与平台，对其工作参与的深度与广度直接体现了规则制定中话语权的强弱，也体现了一个国家自主创新的能力与核心竞争力的高低。因此，中国电力企业要针对具备标准输出条件的对外投资、工程建设项目，强化标准互认、标准共建，将中国电力标准纳入东道国标准体系；加强中国电力标准对外宣传，推进中国电力技术标准纳入国际标准；积极参与 ISO、IEC 等国际标准化组织的标准化活动，加强对重点国家行业政策、监管体系和标准体系的研究，推动建立双多边标准合作机制，强化标准与政策、规则的有效衔接，争取国际电力行业标准制定权和话语权。

第三节　一般建筑业务

一、业务概述

2023 年，中国企业在境外一般建筑业务领域新签合同额 550.0 亿美元，同比下降 5.6%，占对外承包工程行业整体的 20.8%；完成营业额 290.2 亿美元，同比下降 2.4%，占比为 18%。2011—2023 年中国企业境外一般建筑领域新签合同额和完成营业额走势分别见图 3-7 和图 3-8。

图 3-7　2011—2023 年中国企业境外一般建筑领域新签合同额走势

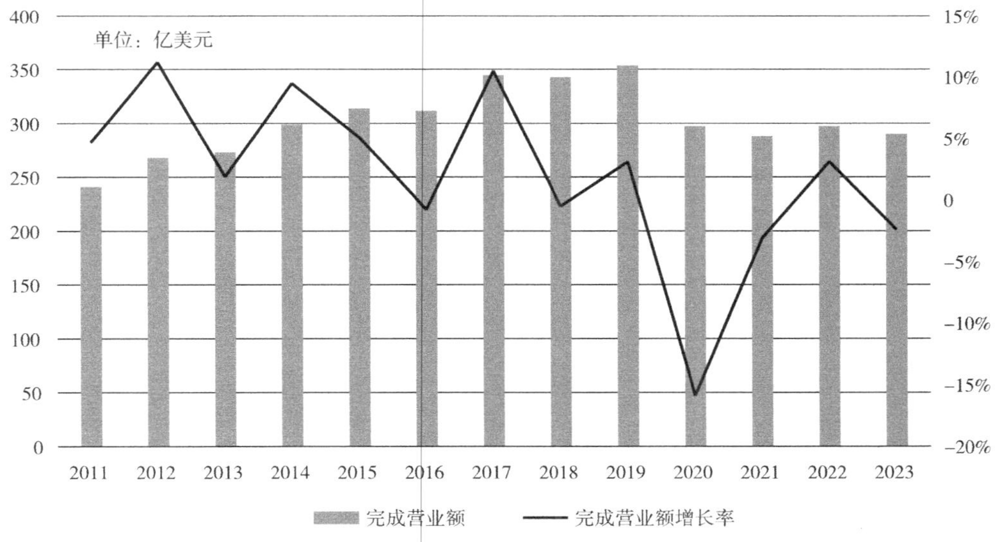

图 3-8　2011—2023 年中国企业境外一般建筑领域完成营业额走势

（一）市场分布

中国企业境外一般建筑领域业务主要集中在亚洲和非洲市场，其中 2023 年亚洲市场一般建筑业务新签合同额占比 63.3%，非洲市场占比 23.7%，欧洲、美洲、大洋洲合计占比 13.1%。2023 年一般建筑领域业务在各地区的占比见图 3-9。

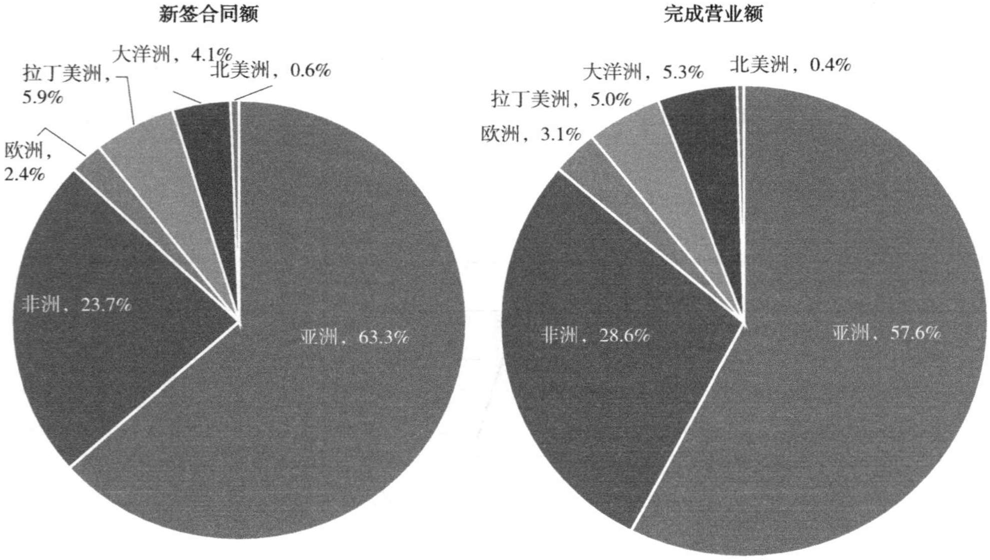

图3-9　2023年一般建筑领域业务在各地区的占比

2023 年一般建筑领域业务量前 20 位的海外市场排名情况见表 3-12。

2023 年一般建筑领域业务量前 20 位的海外市场排名情况　　表 3-12

单位：亿美元

排名	国别（地区）	新签合同额	国别（地区）	完成营业额
1	中国香港	91.5	中国香港	46.4
2	沙特阿拉伯	62.6	新加坡	23.5
3	阿拉伯联合酋长国	37.4	阿尔及利亚	18.9
4	澳大利亚	20.2	埃及	14.2
5	新加坡	19.9	中国澳门	13.1
6	阿尔及利亚	18.1	阿拉伯联合酋长国	10.9
7	印度尼西亚	17.2	沙特阿拉伯	9.3
8	马来西亚	15.2	马来西亚	9.3
9	孟加拉国	13.4	澳大利亚	8.8
10	加纳	11.8	伊拉克	8.7
11	埃塞俄比亚	11.7	以色列	7.7
12	科威特	11.4	埃塞俄比亚	7.7

续表

排名	国别（地区）	新签合同额	国别（地区）	完成营业额
13	乌干达	11.0	秘鲁	6.7
14	柬埔寨	9.1	安哥拉	6.3
15	泰国	9.1	柬埔寨	6.3
16	塞内加尔	9.1	泰国	5.9
17	尼日利亚	9.0	科特迪瓦	4.3
18	老挝	8.7	巴布亚新几内亚	4.0
19	坦桑尼亚	8.6	菲律宾	3.9
20	斯里兰卡	8.1	乌兹别克斯坦	3.3

（二）主要企业

一般建筑业务类别多，涉及面广，市场门槛相对较低，参与企业较为广泛。2023 年度对外承包工程企业一般建筑工程领域 30 强见表 3–13。

2023 年度对外承包工程企业一般建筑工程领域 30 强　　表 3–13

排名	企业
1	中国建筑股份有限公司
2	中国交通建设集团有限公司
3	中国铁建股份有限公司
4	中建国际建设有限公司
5	中国中铁股份有限公司
6	中国建筑第八工程局有限公司
7	中国电力建设集团有限公司
8	中国电建集团国际工程有限公司
9	中国土木工程集团有限公司
10	浙江省建设投资集团股份有限公司
11	青建集团股份公司
12	中国冶金科工股份有限公司
13	中国机械工业集团有限公司
14	中国江西国际经济技术合作有限公司
15	中铁十八局集团有限公司
16	中国建筑第三工程局有限公司
17	新疆生产建设兵团建设工程（集团）有限责任公司
18	上海建工集团股份有限公司
19	中国路桥工程有限责任公司
20	烟建集团有限公司

续表

排名	企业
21	北京城建集团有限责任公司
22	中国港湾工程有限责任公司
23	中建科工集团有限公司
24	中国江苏国际经济技术合作集团有限公司
25	威海国际经济技术合作股份有限公司
26	中国京冶工程技术有限公司
27	中鼎国际工程有限责任公司
28	龙信建设集团有限公司
29	中铁建工集团有限公司
30	中工国际工程股份有限公司

备注：排名以会员企业完成营业额为依据，一级企业包含下属企业完成营业额。

（三）重点项目

2023 年一般建筑领域新签合同额前 10 项目中，大项目主要集中在城镇化快速推进的地区，其中 6 个在非洲市场、3 个在亚洲市场。2023 年中国企业在一般建筑领域新签合同额前 10 的项目见表 3–14。

2023 年中国企业在一般建筑领域新签合同额前 10 的项目　　表 3–14

排名	国别（地区）	项目名称	企业
1	沙特阿拉伯	ROSHN 房建框架项目	中国港湾工程有限责任公司
2	中国香港	BLW—香港启德新急症医院 Site A 项目	中国建筑股份有限公司
3	中国香港	BLV—威尔斯亲王医院第二期重建一阶项目	中国建筑股份有限公司
4	阿拉伯联合酋长国	R1029 岛屿开发项目	中国建筑股份有限公司
5	科威特	萨阿德阿卜杜拉新城基础设施一标项目	中国葛洲坝集团股份有限公司
6	乌干达	穆图库拉区域市场项目二期	中国电建集团国际工程有限公司
7	新加坡	八珊顿道混合用途大楼改建项目	中国港湾工程有限责任公司
8	中国香港	大楼主体工程项目	中国冶金科工集团有限公司
9	塞内加尔	中高档别墅群项目	华山国际工程有限公司
10	澳大利亚	昆州新图文巴医院项目	中国交通建设股份有限公司

二、业务展望

（一）发展趋势

2023 年境外一般建筑业务发展趋势如下：

1. 一般建筑市场需求旺盛

世界银行报告显示，预计到 2050 年城市居民将增加 25 亿人，70% 人口住在城市。

东南亚和非洲部分国家的城市化发展进程进入提速阶段，商用建筑和地产开发项目建设计划增多。随着城镇化进程加速推进和人口增长，公寓住宅、商用建筑、文体设施等房建领域项目需求增加，境外一般建筑业务将长期迎来较好发展机遇。

2. 多国新城新区和保障性住房建设加速

新城新区建设、保障性住房建设多由所在国政府主导推动，是当地政府较为关注的民生项目和政绩工程。新城新区建设方面，近年来多国提出新城新区建设计划，如埃及新首都建设、沙特 NEOM 新城建设、印尼政府迁都计划等。保障性住房建设方面，根据联合国人类住区规划署的统计数据，撒哈拉以南非洲地区有 2.3 亿人生活在贫民窟，而联合国可持续发展目标之一是到 2030 年完成贫民窟改造，要实现该目标，非洲在接下来的几年里还需建造数亿套住房。

3. 产业链重构带动物流仓储设施建设

由于国际产业链重构，东南亚、非洲国家可能会加大物流仓储、工业厂房和各类园区建设力度。沙特 2023 年宣布物流中心建设整体规划，将在国内建设 59 个物流中心，占地总面积超 1 亿 m^2。跨境电商的飞速发展也带动了海外仓建设需求，截至 2023 年底，中国企业累计建设运营跨境电商海外仓超约 1800 个，面积约 2200 万平方米，主要分布在欧美等国家或地区。

4. 低碳零碳建筑引领产业变革

随着气候变化对人类社会的影响越来越明显，减碳减排日益成为各国决策者的重要考量因素，“绿色施工”“建筑工业化”和“智慧建造”已成为建筑行业的转型方向。随着全球对环保问题的关注度不断提高，绿色建筑和可持续发展成为国际房建领域的重要趋势。

（二）面临的困难障碍

1. 世界经济增长动能不足

全球经济复苏缓慢的影响在不同地区的表现不一。发达国家因其强有力的财政政策和货币政策具备较快的复苏能力，而发展中国家和新兴市场国家则因为资金和债务等问题面临更大挑战。如在非洲、拉丁美洲等地，不少项目因资金压力被迫推迟或取消。特别是在以私人业主资金为主的商务综合体、房屋建筑等一般建筑业务领域，企业面临着合同额缩减、启动延期以及竞争加剧等诸多挑战。

2. 供应链脆弱性更加明显

全球范围内，大宗商品价格上涨，供应链重塑等导致一般建筑业务面临材料成本不同程度上涨、利润空间压缩、原材料供货不畅等问题。经济学人智库（EIU）预测，2024—2028 年世界经济将更为碎片化和区域化，产业政策的回归将促使企业采用更低效的供应链。基于效率原则构建的全球供应链面临重塑，给承包商在全球范围内的资源配置能力提出更高要求。

3.“双碳”背景下建筑行业绿色低碳转型迫在眉睫

建筑行业是全球碳排放的重要领域之一。在“碳减排”逐渐成为全球共识的大环境下，为应对气候变化，降低碳排放量，包括中国在内的多个国家制定了相关政策。如何从“高能耗、高排放”的传统建设模式向绿色低碳发展转型，是摆在建筑企业面前的重要课题。

三、工作建议

（一）推动绿色低碳转型

“双碳”时代，绿色可持续发展成为一般建筑业务领域的重要方向。建筑企业应在建筑设计、施工和运营过程中，充分考虑节能、减排、环保等因素，运用绿色建造、智慧建造、工业化建造等新型建造方式，提高建筑品质和效率，降低建设成本，打造品质卓越、舒适宜居的绿色建筑。

（二）坚持技术创新驱动

技术创新是推动一般建筑领域发展的重要驱动力。当前，全球数字转型因新冠疫情、人工智能而加速，企业要坚持以市场需求为导向，顺应数字化和智能化发展趋势，加大科技研发和国际先进技术的引进力度，培育建筑全产业链领先的技术能力，同时坚定推动智能建造工艺和技术的研发应用，带动中国建造技术走向海外。

（三）强化价格竞争力

建筑业在全球都是充分竞争行业，保持价格竞争优势是企业生存发展的基础。可选择的方式包括形成项目群，通过集中采购降低履约成本；利用本土化生产要素（本土员工和采购等）降低成本；加强技术进步，依靠技术和管理降低成本；加强本土化建设，克服文化差异导致的成本增加；中国企业加强合作并将合作延伸至整个供应链，将中国供应链的价格优势转化为中国企业的竞争优势。

第四节　其他专业领域业务

一、石油化工领域

石油化工项目包括炼油厂和石化厂建设、油气管线建设、海上石油平台建设、服务维护运转等。2023 年中国企业在石油化工领域业务新签合同额 290.7 亿美元，同比增长 6.4%，在对外承包工程新签合同额中的占比为 11.0%；完成营业额 195.1 亿美元，同比增长 14.6%，在对外承包工程完成营业额中的占比为 12.1%。2011—2023 年中国企业在石油化工领域新签合同额和完成营业额走势分别见图 3-10 和图 3-11。

2023 年石油化工领域业务在各地区的占比见图 3-12。

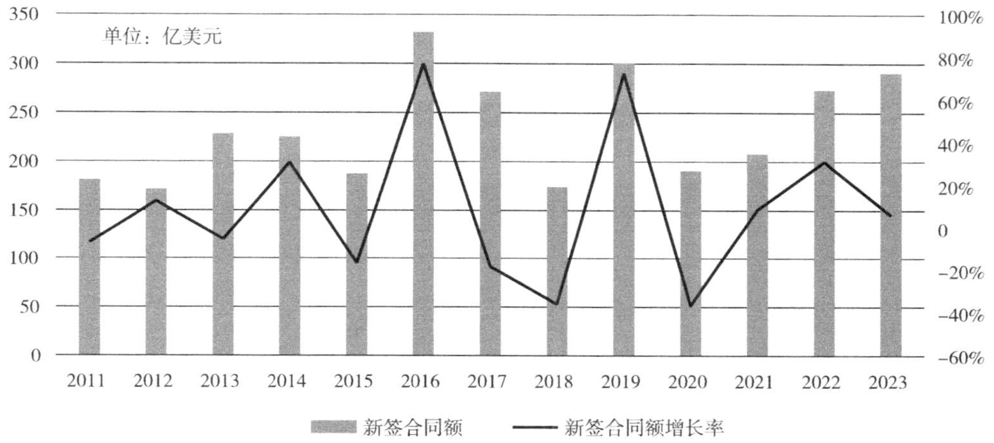

图 3-10　2011—2023 年中国企业在石油化工领域新签合同额走势

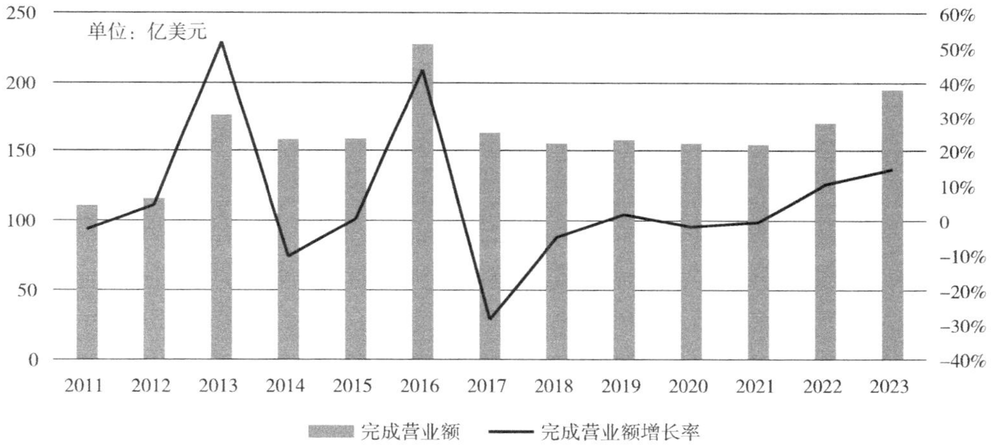

图 3-11　2011—2023 年中国企业在石油化工领域完成营业额走势

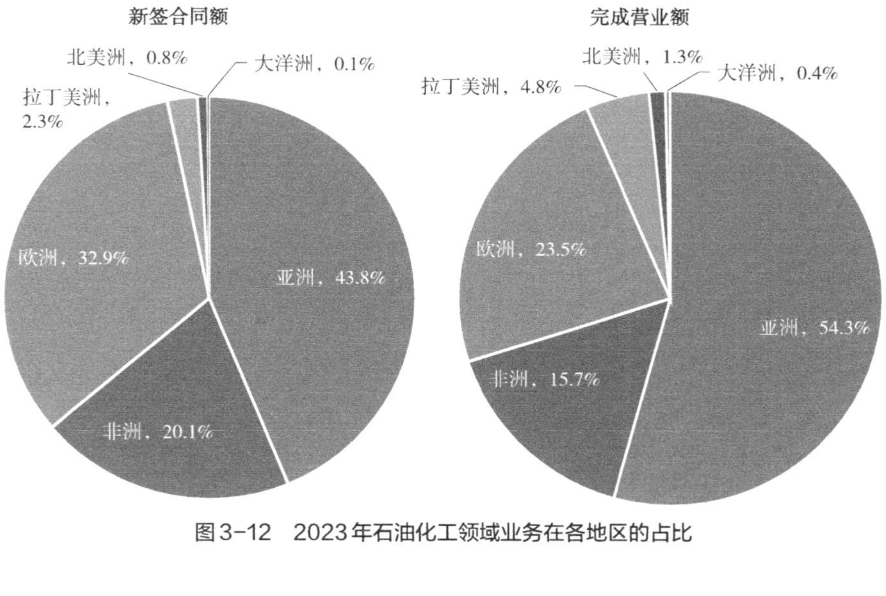

图 3-12　2023 年石油化工领域业务在各地区的占比

2023 年石油化工领域业务规模排名前 10 的市场见表 3–15。

2023 年石油化工领域业务规模排名前 10 的市场 表 3–15

单位：亿美元

排名	国别	新签合同额	国别	完成营业额
1	俄罗斯联邦	90.3	俄罗斯联邦	43.7
2	沙特阿拉伯	38.2	沙特阿拉伯	31.9
3	伊拉克	23.6	伊拉克	25.8
4	刚果（布）	18.7	科威特	9.6
5	阿尔及利亚	15.0	尼日尔	7.9
6	阿拉伯联合酋长国	12.9	印度尼西亚	6.7
7	约旦	12.4	阿拉伯联合酋长国	6.3
8	乌干达	10.2	哈萨克斯坦	5.0
9	科威特	9.0	刚果（布）	4.3
10	哈萨克斯坦	7.4	厄瓜多尔	3.9

2023 年中国企业在境外石油化工领域新签合同额前 10 的项目见表 3–16。

2023 年中国企业在境外石油化工领域新签合同额前 10 的项目 表 3–16

排名	国别	项目名称	企业
1	俄罗斯联邦	波罗的海化工综合体项目	中国化学工程第七建设有限公司
2	刚果（布）	海上浮式液化天然气工程建造项目	惠生（南通）重工有限公司
3	约旦	炼厂第四期改扩建项目	中石化炼化工程（集团）股份有限公司
4	乌干达	乌干达—坦桑尼亚东非原油管道有限公司原油外输管道项目	中国石油管道局工程有限公司
5	沙特阿拉伯	阿美 Amiral 项目（P5AC）——罐区及与 SATORP 集成炼厂项目	中石化南京工程有限公司
6	沙特阿拉伯	阿美 Amiral 项目 P5AC 包	中石化炼化工程（集团）股份有限公司
7	俄罗斯联邦	涅涅茨克天然气化工综合体 180 万吨甲醇项目	中国葛洲坝集团股份有限公司
8	卡塔尔	ISND5—2 项目	海洋石油工程股份有限公司
9	沙特阿拉伯	钻修井项目	中石化中原石油工程有限公司
10	阿尔及利亚	阿国家石油公司奥兰阿尔泽工业区丙烷脱氢和聚丙烯总承包项目	中国寰球工程有限公司

二、工业建设领域

工业建设项目包括钢铁和有色金属加工厂、化学品厂（化肥厂等）、食品和饮料加工厂、纸浆和造纸厂、非金属矿物制品厂（水泥厂、石灰厂、玻璃厂等）等。2023 年中国企业在工业建设领域业务新签合同额 173.5 亿美元，同比下降 6.9%，在对外承包工程新签合同额中的占比为 6.6%；完成营业额 115.0 亿美元，同比增长 15.2%，在对外承包工程完成营业额中的占比为 7.2%。2013—2023 年中国企业在境外工业建设领域新签合同额和完成营业额走势分别见图 3-13 和图 3-14。

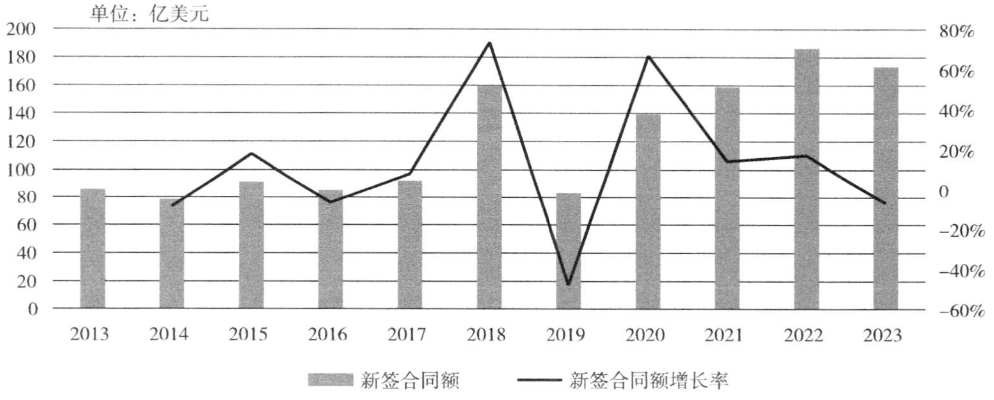

图 3-13　2013—2023 年中国企业在境外工业建设领域新签合同额走势

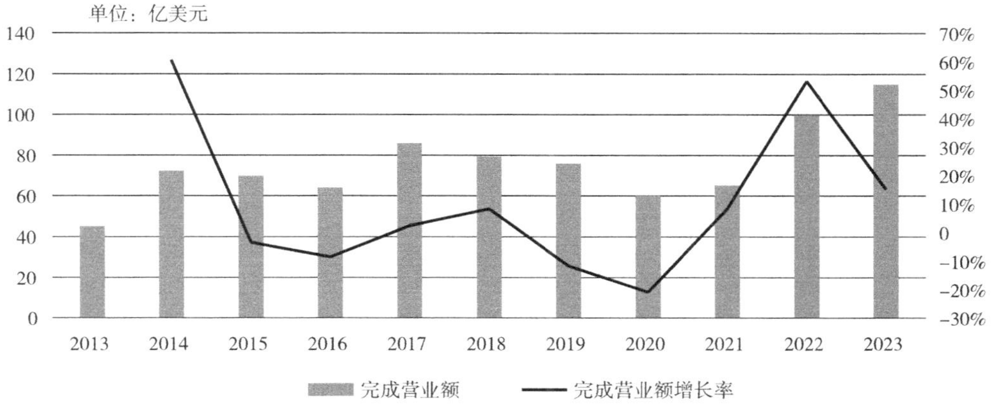

图 3-14　2013—2023 年中国企业在境外工业建设领域完成营业额走势

2023 年工业建设领域业务在各地区的占比见图 3-15。

2023 年工业建设领域业务规模前 10 的市场见表 3-17。

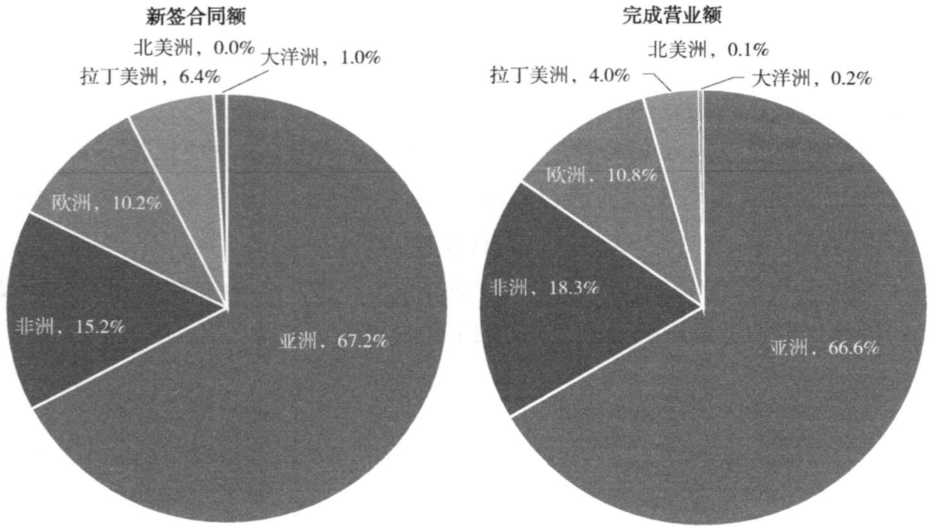

图 3-15　2023 年工业建设领域业务在各地区的占比

2023 年工业建设领域业务规模前 10 的市场　　**表 3-17**

单位：亿美元

排名	国别	新签合同额	国别	完成营业额
1	印度尼西亚	48.0	印度尼西亚	32.2
2	沙特阿拉伯	13.5	越南	7.7
3	越南	8.7	马来西亚	6.0
4	泰国	8.4	阿尔及利亚	5.1
5	俄罗斯联邦	7.9	白俄罗斯	4.9
6	哈萨克斯坦	6.9	印度	4.4
7	马来西亚	6.6	尼日利亚	4.2
8	伊拉克	6.1	俄罗斯联邦	3.9
9	白俄罗斯	5.1	乌兹别克斯坦	3.6
10	刚果（金）	4.8	刚果（金）	3.6

2023 年中国企业在境外工业建设领域新签合同额前 10 的项目见表 3-18。

2023 年中国企业在境外工业建设领域新签合同额前 10 的项目　　**表 3-18**

排名	国别	项目名称	企业
1	印度尼西亚	华宝工业园镍钴项目	中国冶金科工集团有限公司
2	沙特阿拉伯	RSA 超级铝城项目 EPC 总承包工程	上海宝冶集团有限公司

续表

排名	国别	项目名称	企业
3	俄罗斯联邦	费多罗沃苔原铂金矿区开发项目	中能建国际建设集团有限公司
4	印度尼西亚	亚拓美嘉镍铁冶炼项目一期工程	中国二十二冶集团有限公司
5	印度尼西亚	苏拉维西岛 Routa 年产 1200 万吨红土镍矿开采和运输 EPC 项目	中国能源建设集团广东火电工程有限公司
6	白俄罗斯	斯拉夫钾肥项目	中信建设有限责任公司
7	沙特阿拉伯	SPCC 公司 JAZAN 日产 5000t 熟料水泥生产线总承包项目	中国中材国际工程股份有限公司
8	马来西亚	文安钢铁（马来西亚）有限公司 SAMALAJU 工业园区焦化及配套工程	中冶赛迪工程技术股份有限公司
9	印度尼西亚	OBI 镍铁项目 RKEF 二期工程	上海宝冶集团有限公司
10	印度尼西亚	硕石印尼投资有限公司 12×48000KVA 镍金属生产线总承包合同	中国二十冶集团有限公司

三、通讯工程建设领域

通讯工程建设领域包括通信线路和设备安装、通讯传送架与设施的施工（含地下和水下通信电缆）、数据和网络中心建设、广播电视转播塔施工以及其他（含电信）。2023 年中国企业在通讯工程建设领域业务新签合同额 154.2 亿美元，同比增长 1.2%，在对外承包工程新签合同额中的占比为 5.8%；完成营业额 135.1 亿美元，同比下降 10.3%，在对外承包工程完成营业额中的占比为 8.4%。2011—2023 年中国企业在通讯工程建设领域新签合同额和完成营业额走势分别见图 3-16 和图 3-17。

2023 年通讯工程建设领域业务在各地区的占比见图 3-18。

2023 年通讯工程建设领域业务规模前 10 的市场见表 3-19。

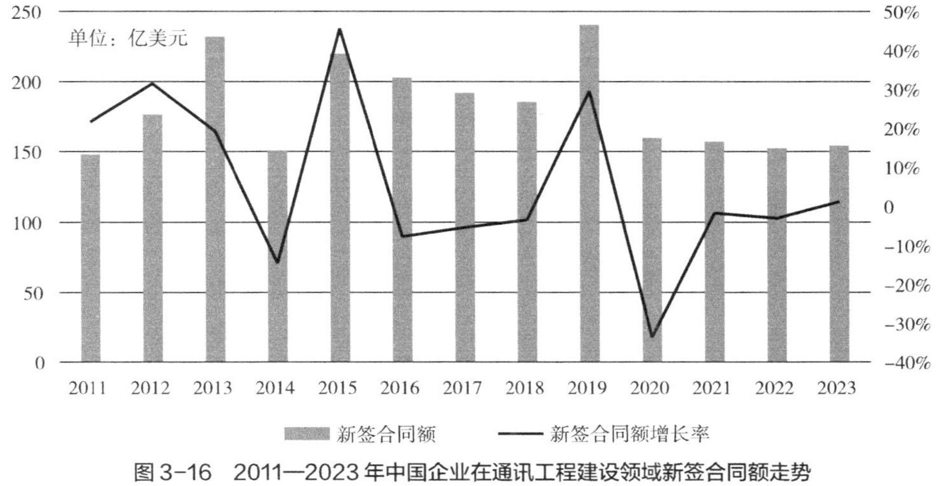

图 3-16 2011—2023 年中国企业在通讯工程建设领域新签合同额走势

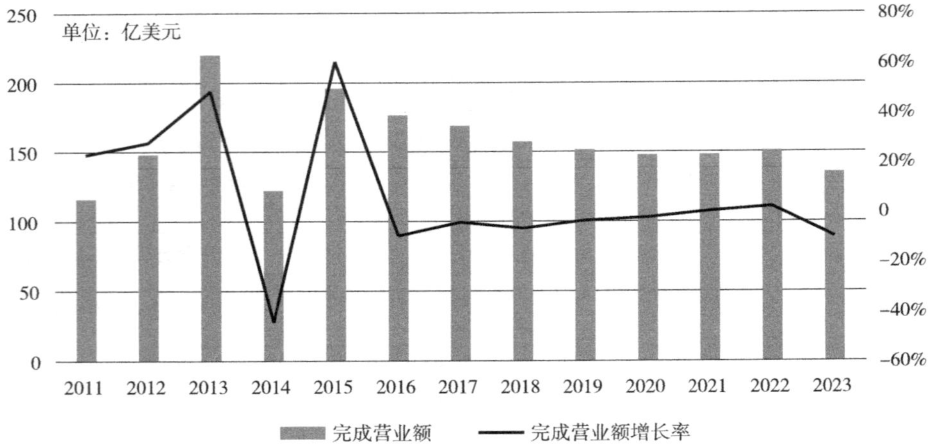

图 3-17 2011—2023 年中国企业在通讯工程建设领域完成营业额走势

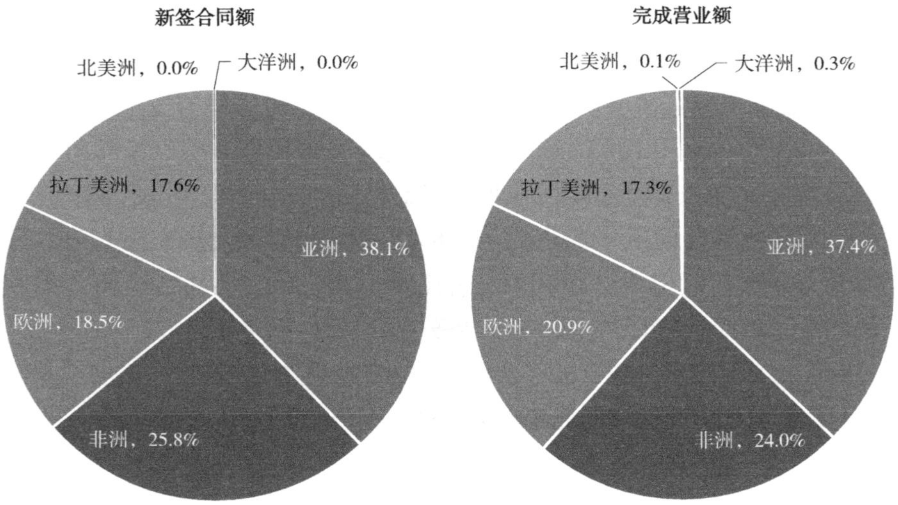

图 3-18 2023 年通讯工程建设领域业务在各地区的占比

2023 年通讯工程建设领域业务规模前 10 的市场　　表 3-19

单位：亿美元

排名	国别（地区）	新签合同额	国别（地区）	完成营业额
1	埃及	14.8	巴西	10.9
2	巴西	10.7	尼日利亚	8.6
3	中国香港	9.2	菲律宾	8.4
4	印度尼西亚	9.0	印度尼西亚	8.0
5	尼日利亚	8.4	埃及	7.9
6	泰国	7.9	泰国	6.9
7	秘鲁	5.8	阿塞拜疆	4.7

续表

排名	国别（地区）	新签合同额	国别（地区）	完成营业额
8	阿塞拜疆	5.1	马来西亚	4.3
9	马来西亚	5.1	南非	4.1
10	菲律宾	4.8	法国	3.9

四、水利建设领域

水利建设领域包括水处理及海水淡化、供水管线及沟渠建设、水坝及水库、防洪堤坝及海堤建设、打井工程等。2023 年中国企业在水利建设领域新签合同额 60.5 亿美元，同比增长 4.5%；完成营业额 48.3 亿美元，同比下降 4.5%。2011—2023 年中国企业在水利建设领域新签合同额和完成营业额走势分别见图 3–19 和图 3–20。

2023 年水利建设领域业务在各地区的占比见图 3–21。

2023 年水利建设领域业务排名前 10 的市场见表 3–20。

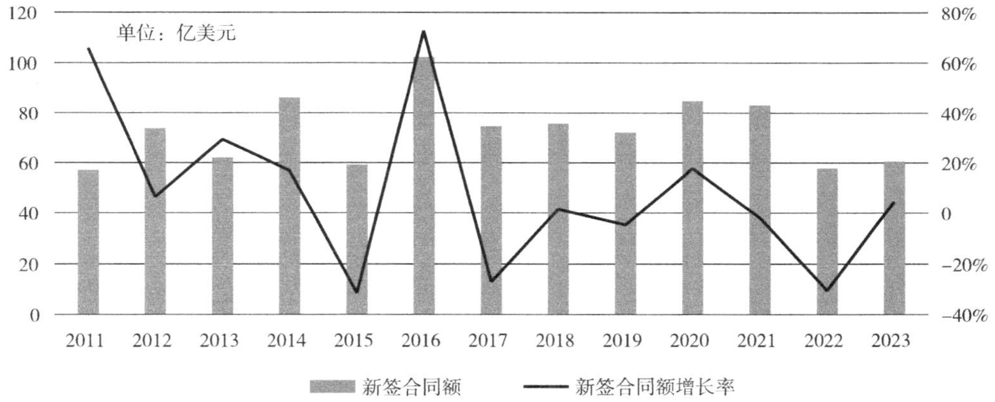

图 3–19　2011—2023 年中国企业在水利建设领域新签合同额走势

图 3–20　2011—2023 年中国企业在水利建设领域完成营业额走势

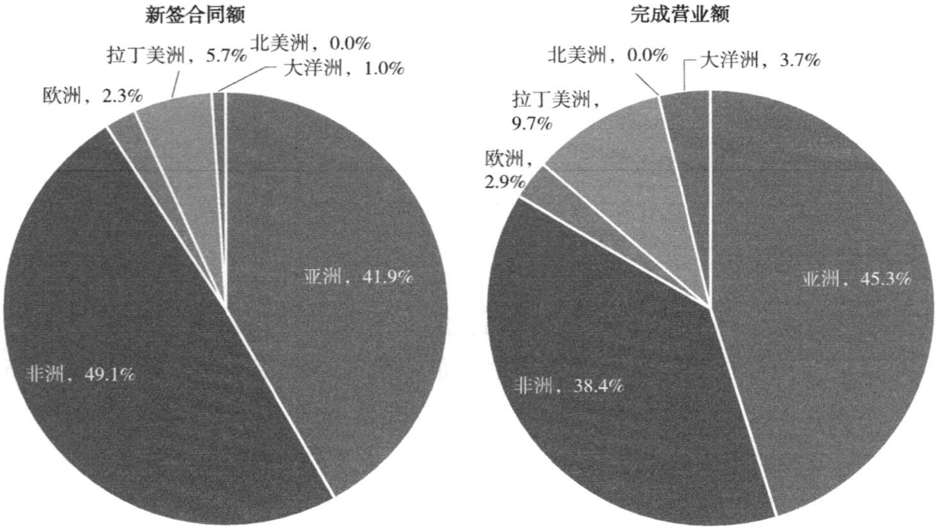

图 3-21 2023 年水利建设领域业务在各地区的占比

2023 年水利建设领域业务排名前 10 的市场 表 3-20

单位：亿美元

排名	国别（地区）	新签合同额	国别（地区）	完成营业额
1	沙特阿拉伯	13.9	沙特阿拉伯	6.9
2	莱索托	6.6	尼日利亚	3.7
3	几内亚	5.4	秘鲁	3.6
4	中国香港	4.5	中国香港	2.9
5	菲律宾	3.0	博茨瓦纳	2.2
6	坦桑尼亚	2.8	肯尼亚	2.1
7	纳米比亚	1.9	安哥拉	2.1
8	秘鲁	1.9	尼泊尔	1.7
9	科特迪瓦	1.8	阿拉伯联合酋长国	1.6
10	乌干达	1.5	澳大利亚	1.6

2023 年中国企业在境外水利建设领域新签合同额前 10 的项目见表 3-21。

2023 年中国企业在境外水利建设领域新签合同额前 10 的项目 表 3-21

排名	国别（地区）	项目名称	企业
1	沙特阿拉伯	朱拜勒 3A 独立海水淡化项目	山东电力建设第三工程有限公司

续表

排名	国别（地区）	项目名称	企业
2	几内亚	科纳克里供水项目	中国电建集团国际工程有限公司
3	沙特阿拉伯	吉赞基础下游工业城冷却水二期项目	中国港湾工程有限责任公司
4	莱索托	高地供水二期 Polihali 引水隧洞项目	中国水利水电第十一工程局有限公司
5	沙特阿拉伯	阿美 Jafurah 海水淡化项目	中国电建集团山东电力建设有限公司
6	中国香港	CEP—元朗防洪坝及明渠改善计划	中国建筑股份有限公司
7	莱索托	高地二期——珀里哈利大坝及其附属工程施工项目	中国水利水电第八工程局有限公司
8	沙特阿拉伯	Jafurah 海水淡化和输水系统项目	中国电建集团国际工程有限公司
9	纳米比亚	坦杰斯科佩灌溉项目	中国江西国际经济技术合作有限公司
10	科特迪瓦	阿比让南部供水项目	中国土木工程集团有限公司

五、制造加工设施建设领域

制造加工设施建设领域业务包括汽车装配和零部件制造厂建设、电子装配厂建设等。2023 年中国企业在该领域业务新签合同额 58.8 亿美元，同比增长 46.9%；完成营业额 43.0 亿美元，同比增长 19.7%。2013—2023 年中国企业在制造加工设施建设领域新签合同额和完成营业额走势分别见图 3-22 和图 3-23。

2023 年制造加工设施建设领域业务在各地区的占比见图 3-24。

2023 年制造加工设施建设领域业务前 10 的市场见表 3-22。

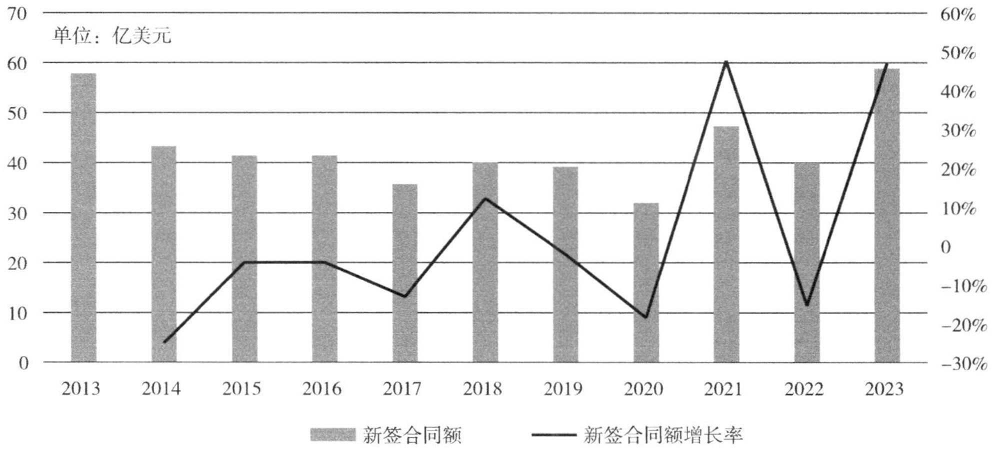

图3-22　2013—2023年中国企业在制造加工设施建设领域新签合同额走势

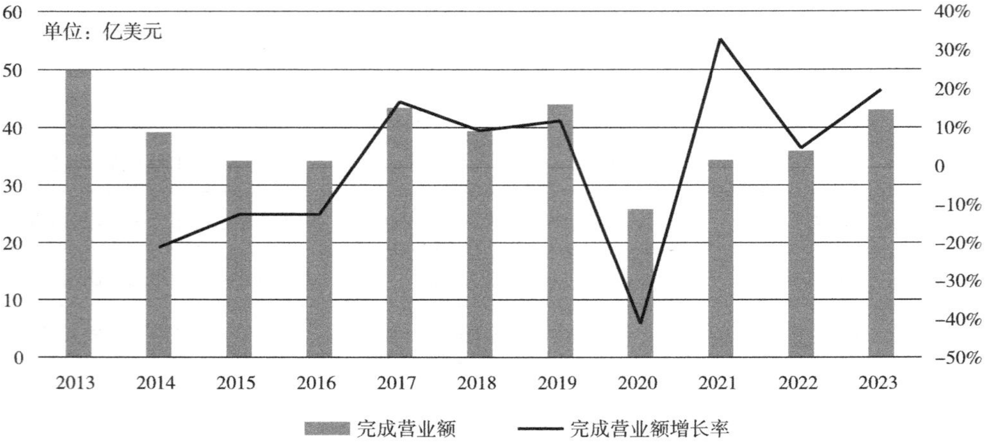

图 3-23　2013—2023 年中国企业在制造加工设施建设领域完成营业额走势

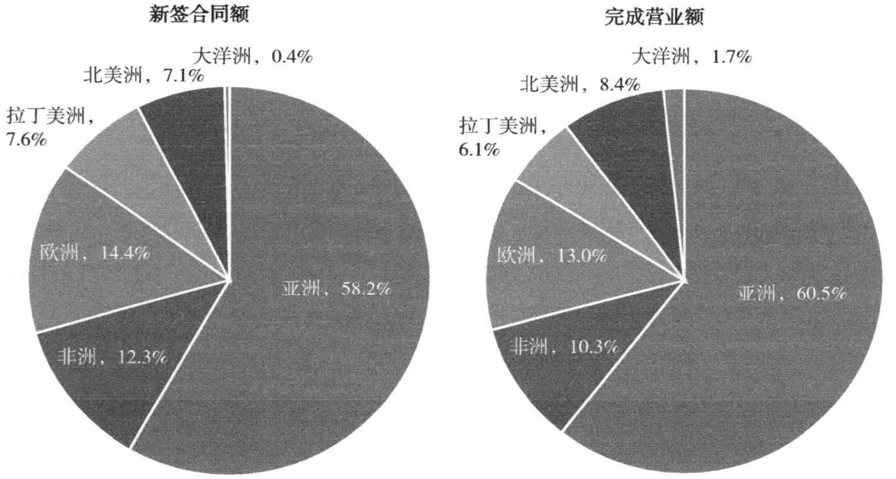

图 3-24　2023 年制造加工设施建设领域业务在各地区的占比

2023 年制造加工设施建设领域业务前 10 的市场　　**表 3-22**

单位：亿美元

排名	国别（地区）	新签合同额	国别（地区）	完成营业额
1	柬埔寨	5.9	泰国	7.1
2	印度	5.6	印度	3.6
3	泰国	4.5	美国	2.9
4	印度尼西亚	4.0	沙特阿拉伯	2.5
5	马来西亚	3.9	马来西亚	2.0
6	沙特阿拉伯	3.6	柬埔寨	1.9
7	美国	3.3	俄罗斯联邦	1.9

续表

排名	国别（地区）	新签合同额	国别（地区）	完成营业额
8	埃及	3.2	乌兹别克斯坦	1.6
9	中国台湾	2.0	新加坡	1.5
10	越南	1.9	摩洛哥	1.2

2023 年中国企业在境外制造加工设施建设领域新签合同额前 10 的项目见表 3–23。

2023 年中国企业在境外制造加工设施建设领域新签合同额前 10 的项目　　表 3–23

排名	国别	项目名称	企业
1	柬埔寨	通用高性能 500 万条半钢子午胎和 90 万条全钢子午胎项目	中国能源建设集团江苏省电力设计院有限公司
2	印度	蒙德拉 100 万吨绿色 PVC 综合设施的采购订单	锦州天晟重工有限公司
3	柬埔寨	烟厂厂房项目二期	中国建筑股份有限公司
4	埃及	轮胎吊项目	上海振华重工（集团）股份有限公司
5	沙特阿拉伯	岸桥项目	上海振华重工（集团）股份有限公司
6	印度尼西亚	东南亚新建年产 2GW 高效电池片工厂项目	中国建筑第四工程局有限公司
7	沙特阿拉伯	轮胎吊项目	上海振华重工（集团）股份有限公司
8	法国	岸桥项目	上海振华重工（集团）股份有限公司
9	泰国	黎逸府糖厂和生物质电厂一体化综合项目	中国能源建设集团江苏省电力设计院有限公司
10	美国	休斯敦岸桥	上海振华重工（集团）股份有限公司

第四章

企业业务发展情况

本章各企业2023年业务情况来自各企业供稿，按照2023年中国对外承包工程会员企业100强排序。

第一节　中国交通建设集团有限公司

2023年，中国交通建设集团有限公司（以下简称“中交集团”）积极应对国际和行业形势发生的深刻变化，紧跟国家“走出去”战略部署，聚焦“高质量发展深化年”工作要求，推进从“业务国际化”向“公司国际化”升维，加快“公司国际化”深化改革进程；践行“三重两大两优”经营策略，扎实开展市场开发各项工作，充分发挥在“大城市”“大交通”“江河湖海”领域优势，全力推进交通基础设施互联互通和沿线民生改善。

一、坚持高端营销牵引，夯实市场开拓

2023年公司领导先后拜会菲律宾、马来西亚等25位国家元首；开展高级别双边会见近百场；精心组织111位驻华使节和国际组织代表参加“驻华使节步入中交”活动，得到国家部委表扬；高质量参与第三届“一带一路”国际合作高峰论坛、中国—东盟博览会、中国香港“一带一路”高峰论坛、全球可持续交通高峰论坛、中国—非洲经贸博览会暨中非经贸合作论坛、中国—阿拉伯国家博览会等12场国际多边双边活动，全方位展示公司综合实力。

在“大交通”领域，签署了尼日利亚凯菲至马库尔迪公路运营及维护、澳大利亚新州M1太平洋高速公路、澳大利亚悉尼M7—M12公路改造升级、新加坡跨岛地铁线二期等典型项目，稳住大交通业务基本盘。在“大城市”领域，签署沙特利雅得塞德拉三四五期基础设施、澳门新城A区A5地段公共房屋、新加坡八珊顿道混合用途大

楼、澳大利亚昆州新图文巴医院等大型工程，城市业务规模显著提升。在“江河湖海”领域，先后斩获了几内亚力拓西芒杜港口、阿尔及利亚阿尔泽集装箱港、马尔代夫斯拉夫士散货码头等多个标志性工程，全年新签岸桥 180 台、场桥及其他港机设备 500 余台，对外承包工程港口产业链链长地位持续稳固。积极拓展“三新”业务，签署沙特阿拉伯吉赞工业城冷却水、香港大屿山离岛水务、阿尔及利亚太阳能光伏、越南海上风电等系列工程，为公司海外业务多元化发展打开了新局面。

二、持续深化海外改革，深化转型升级

自 2022 年初，中交集团全面启动公司国际化专项工作，2023 年制定了《“公司国际化”深化改革实施方案（2023—2025 年）》，统筹国内国际“两个市场”，强化双循环下科技创新引领作用；推动海外业务一体化拉通，优化调整海外经营结构和海外管理结构，海外市场主体形成“四轮驱动”格局，国别（区域）组织建设全面加快推进；以构建“六大全球化发展体系”为抓手，即党建引领体系、战略管控体系、市场营销体系、资源配置体系、创新驱动体系、风险防控体系，各业务领域一体化管理拉通并运行顺畅；以抓实“四做”为导向，围绕拓量提质“做大工程”，围绕价值创造“做强投资”，围绕质效并举“做实资产”，围绕产融结合“做优资本”，高质量推进“公司国际化”转型升维，助力公司加快建成“产品卓越、品牌卓著、创新领先、治理现代”的世界一流企业。

三、加速产业升级，推动绿色发展

中交集团作为交通基础设施建设的骨干力量，坚持不懈地推进绿色低碳技术重大突破和前沿技术研究，引领构建绿色低碳循环产业体系，不断提升能源工艺、技术、装备水平。公司聚焦公路、水运、桥梁、城综业务，开展绿色低碳工程实践；研究制定了《公路工程绿色低碳专项方案模板》《水运工程绿色低碳专项方案模板》和《城市综合开发工程绿色低碳专项方案模板》3 个领域的绿色低碳专项方案模板；组织筛选出覆盖公司多种业务领域的绿色典型示范项目，树立公司在基建类业务领域的绿色低碳品牌，全力推进示范项目的实施建设，全面提升公司绿色施工能力。中交集团强化节能环保体系顶层设计，编制印发了《节能环保工作三年行动方案（2023—2025 年）》；深入推进节能环保标准化建设，印发《投资建设项目环保管理指南》《公路工程边坡生态修复技术指南》等 5 本专业指南；组织各单位总结提炼节能环保指导手册、清单模板等标准化文件，推出 29 项“节能环保三年行动”优秀案例，推进节能环保监督管理专业化、标准化建设，加快探索节能环保监督管理的新路径、新模式，推进生态环境治理体系和治理能力现代化。公司坚持“绿水青山就是金山银山”理念，坚持把绿色发展理念贯穿到生产经营的各个环节，从源头上减少生产经营过程中大气污染、水污染和固体废弃物污染，全力减少对环境的扰动。

四、实抓运营质效，加快资源整合

一是，加强供应链建设，推动区域化资源整合。借鉴中东、欧洲区域集采经验，有序推进南美区域、东非区域以及马来西亚、墨西哥、菲律宾等国别集采工作，加快推进海外区域集采全面落地和集采成果应用。搭建供应商及物流管理体系，进一步整合海外供应商及海外仓资源，建立海陆空物流体系 + 海外仓配送模式，打通海外项目物资配送“最后一公里”。

二是，强控风险，有效提升运营质效。通过持续性开展远程综合巡查，常态化安全风险监控，稳步推进海外重点项目高质量诚信履约。马来西亚东海岸铁路项目全力加快铺轨进度，建成后将填补马来半岛东西岸没有铁路贯通的空白，提高沿线地区互联互通水平。孟加拉国卡纳普里河底隧道被称为“孟加拉国国父隧道”，项目的顺利实施带动了中国标准、中国制造、中国技术走出国门，对完善亚洲公路网、促进孟加拉国与周边国家的互联互通发挥了重要作用。秘鲁钱凯多功能港口项目有效发挥出“鲁班工坊”效应，帮助属地培养了一大批港口建设人才，项目获评 2022 年度中央企业品牌建设典型案例，预计在 2024 年 11 月竣工，建成后将成为拉美西海岸新兴门户港、智慧港，提升秘鲁在拉美的航运物流地位。

五、优化全球产业链，落实三方合作

中交集团高度重视与法国企业在第三方市场的深度合作，在全球战略、咨询服务、金融合作、项目运营等方面交流合作不断深化，积极推动优势产能、先进技术和发展需求有效对接，在全球范围内共同实施肯尼亚蒙内铁路（与法国拉法基豪瑞集团合作）、科特迪瓦圣佩德罗港口（与法国第一大银行农业信贷银行合作）、喀麦隆克里比港集装箱泊位（与法国博洛雷集团、达飞集团共组联合体运营）、尼日利亚莱基港（与法国达飞海运集团共组联合体运营）、斯里兰卡科伦坡港口城高架路（与法国 SYSTRA 公司合作）、哥伦比亚波哥大地铁项目（与法国阿尔斯通公司合作）等为代表的一大批标志性重点项目，共同推动第三国产业发展、基础设施水平提升和民生改善。

第二节　中国建筑股份有限公司

中国建筑股份有限公司（简称“中国建筑”）是我国最早“走出去”的企业之一，经营业绩遍布境外百余个国家和地区，2023 年位列 ENR 国际承包商第 6 位。

近年来，全球政治和经济格局深度调整，局部冲突此起彼伏，大国博弈和地缘纷

争日趋复杂激烈，国际工程市场承压前行。但随着全球经济复苏、大宗商品价格上涨、“碳中和”达成共识催生产业变革，未来几年国际工程市场有望实现恢复增长。2023年，公司坚定践行以“一个方位、六个目标、五个路径”为内涵的“海外高质量发展战略”，紧跟中国支持高质量共建“一带一路”的“八项行动”落地实施，以及行业绿色低碳转型带来的发展机遇，深耕重点国别市场，着力提升履约质效，凝心聚力全面落实年度各项目标任务。2023年，中国建筑境外新签合同额、完成营业额继续保持双增长。

一、积极参与国际交流合作，服务高水平对外开放

中国建筑坚持以新时代中国特色社会主义外交思想为指导，深刻领会构建人类命运共同体的丰富内涵，积极融入国家对外开放和总体外交大局。一是，服务主场外交，展现责任担当。2023年，公司主动对接并全面参与第三届“一带一路”国际合作高峰论坛主要活动，积极报送企业家大会签约成果，策划开展高级别外事会见，推动与埃及、塞尔维亚等多国合作伙伴签署多个项目合作文件。二是，开展高端对接，深化务实合作。2023年，结合海外业务发展需要，先后与新加坡、波黑、蒙古国、沙特阿拉伯等国高级别政府官员会见交流，深入对接所在国发展需求和规划，加深交流互信。与沙特国际电力和水务公司、新加坡凯德集团等当地头部企业保持密切沟通，推动双方在第三方市场拓展以及房建、新能源等领域合作。三是，建设援外工程，助力民心相通。由中国建筑建设的援尼加拉瓜保障房一期项目是中尼复交后首个大型合作项目，建成后将有效改善当地民众的居住条件。援塞内加尔4座体育场维修项目顺利通过中期验收，该项目是中非合作论坛相关举措的重点落实成果，塞内加尔体育部长称赞其“为国家及其青年带来巨大利益”。

二、发力新城建设运营业务，推动海外业务转型升级

中国建筑依托全产业链优势，为所在国城市建设提供综合服务。近年来，公司抢抓沙特新城建设机遇，承建的NEOM新城山区交通隧道项目进展顺利。总建筑面积193万平方米的埃及新首都中央商务区项目快速推进，目前项目办公楼标段已启动验收，CBD项目城市运营合作协议也正式签署，为中国建筑拓展海外超大型城市运营业务奠定良好基础。此外，公司还在埃及建设阿拉曼新城超高综合体和湖心岛两个项目，建筑总面积超170万平方米。

三、加强境外项目履约督导，推动提升履约质效

2023年，中国建筑持续加大对项目履约的支持保障力度，加强项目全过程管理和督导，切实保障境外项目履约进度和质量。一是，完善海外项目全过程管控工作机制，定期分析境外项目履约整体动态，及时发现并解决问题隐患；二是，分级制定重

点项目管控清单，以重点项目为牵引，发挥管理效能，推动境外项目履约质效提升；三是，强化法人管项目体制机制，发布适用海外项目的新版《项目管理手册》、项目经理队伍能力素养提升方案和工期管理等六项指导意见，推动基础管理水平提升。2023 年，公司境外在施项目共有 600 余个，一大批具有重要经济、社会意义的项目取得重要节点。阿联酋伊提哈德铁路二期 A 标项目按期交付，为沙特与阿联酋两国之间的物流和贸易提供了可靠的铁路运输解决方案。科特迪瓦重要交通基础设施项目阿比让四桥正式通车，科特迪瓦总理出席通车仪式并祝贺。阿联酋迪拜观景市中心公寓、迪拜歌剧院大厦、达玛克运河城 B 座等多个项目集中交付，履约质量受到业主充分肯定。

四、深入开展国际科技合作，推动建设标准“走出去”

中国建筑顺应时代发展趋势，立足国际视野，以开放的态度融入国际科技领域合作，积极稳妥开展科技交流、标准制定等工作。一是，参与国际科技交流活动。2023 年上半年，集团所属中国建筑国际集团作为可持续发展独家战略合作伙伴，深度参与并支持第三届 BEYOND 国际科技创新博览会有关工作，与组委会共同策划可持续发展热点话题，举办创新建造科技大会与前沿应用产品发布会、建筑科技高峰论坛等活动，邀请国内外行业顶尖专家，为全球可持续发展的困难挑战和前沿探索提供科学解决方案。二是，推动标准国际化。中国建筑主导的首个 ISO 国际标准《工业化建造 AIDC 技术应用标准》顺利推进。积极探索标准国际化机制建设，参与住房城乡建设部《住房城乡领域标准国际化管理机制研究》课题研究，2023 年课题经验收，达到国际先进水平。

五、强化风险管理与合规经营，护航海外业务行稳致远

2023 年，公司坚持做好风险管理与合规经营，采取了一系列政策举措助力海外业务高质量发展。一是，强化市场源头风险防范。坚持危地不往、乱地不去，修订海外市场管理办法，进一步优化海外市场布局，明确重点市场、优势市场、潜力市场、其他市场的准入原则和差异化发展策略，从市场源头防范风险。二是，加强项目履约管控。针对重点项目开展穿透式管理，会同子企业“一对一”制定工期目标和保障方案，建立项目例会机制，持续跟进问题解决，推动项目风险化解。三是，提升公共安全保障能力。持续推动境外安全保障提升三年专项行动（2022—2024 年），建立健全各层级境外公共安全管理体系。开展 2023 年度境外公共安全培训，培育各层级境外公共安全专业人才梯队；建成境外安全保障应急指挥系统，发挥风险预警、“一键呼救”功能，提升境外安全风险监管效能。四是，提升全员风险防范意识。建立出国（境）人员行前教育考核机制，按照“不取证不派出”原则，分类分级开展出国（境）人员教育考核，提升境外员工的合规和风险防范意识以及处置能力。

第三节　中国铁建股份有限公司

2023 年，中国铁建股份有限公司（以下简称“中国铁建”）在国务院国资委等国家有关部委的指导下，深入贯彻习近平总书记关于“一带一路”建设的重要讲话精神，积极践行人类命运共同体理念，深度参与中非合作“九项工程”，以及高质量共建“一带一路”的八项行动，积极推动基础设施“硬联通”、规则标准“软联通”以及民间交往“心联通”，推进共建“一带一路”不断走深走实，向着更高质量、更高水平、更可持续的方向不断迈进。

一、高质量实施重大项目，积极推进基础设施“硬联通”

中国铁建以共建国家实际需求为导向，发挥基建全产业链优势，与所在国分享中国在基建领域的成功经验、先进技术以及成熟商业模式，实施了一大批高标准、可持续、惠民生的标志性项目。习近平主席亲自关心、亲自推动建设的中非合作旗舰项目——中国援非盟非洲疾控中心总部（一期）提前竣工；承建的中国—中东欧国家合作旗舰项目、共建“一带一路”倡议与欧洲发展战略对接的重大合作项目——匈塞铁路塞尔维亚境内贝尔格莱德至诺维萨德段开通运营；参与建设的世界最长地铁环线——莫斯科地铁大环线全线通车，俄罗斯总统普京以视频方式出席通车仪式；承建的西非首条电气化轻轨——拉各斯轻轨蓝线一期顺利竣工，尼日利亚总统为项目通车揭牌并试乘首发列车；承建的阿联酋铁路二期主线铺轨全部贯通，助力阿布扎比、迪拜等五个酋长国实现铁路连通；圆满完成沙特麦加轻轨 2023 年朝觐运营任务，中国铁建已圆满完成 9 次朝觐运营，共运送全球朝觐者逾 2300 万人次，获得沙特各界以及全球穆斯林的高度赞誉。

二、主动融入国际标准体系，积极推进规则标准“软联通”

中国铁建主动加入国际标准化组织，参与国际标准制定，努力将中国特色技术纳入国际标准体系，在国际标准化舞台展示中国标准、中国技术、中国智慧。截至目前，公司联合主导发布 IEC 国际标准 16 项，申报并获授权海外专利 50 项，其中 1 项获得海外专利奖。2023 年 2 月 16 日，公司所属铁四院主持并代表中国向国际电工委员会 IEC/TC9 提交的国际标准提案《轨道交通列车过分相系统匹配技术准则》通过全球成员国投票，这是我国首次主持制定铁路电气化技术 IEC 国际标准，提升了中国企业在国际轨道交通领域技术及标准制定的话语权，打开构建标准引领技术发展的新局面。公司设计咨询“走出去”实现新突破，高质量完成中吉乌铁路可行性研究报告，该项目被纳入首届中国—中亚峰会成果清单；秘鲁利马地铁 2 号线综合监理服务是亚洲联合体在国际竞标中首次击败欧美联合体取得的咨询类项目，其取得的成功经验和模式，于 2023 年入选了国家发展改革委发布的《第三方市场合作指南和案例》。

三、积极开展民间外交，推进与共建国家人民“心联通”

“国之交在于民相亲，民相亲在于心相通”。中国铁建在对外交流合作和参与“一带一路”建设过程中，充分尊重当地文化风俗，主动架设民心相通桥梁。从在安哥拉设立铁路培训学校，到中国在非洲建设的首个鲁班工坊，再到组织阿尔及利亚、尼日利亚等国技术人才到中国培训，以及解决安哥拉 60 万居民吃水难题，公司以实际行动助力我国民间外交发展。“一带一路”倡议提出十年来，公司累计雇佣外籍员工超过 50 万人次，邀请留学生来华培训、学习超过 1000 人次，切实履行社会责任，推动文明交流互鉴，不断深化了与共建国家人民“心联通”。2023 年 7 月，公司所属中国土木与尼日利亚政府首批联合培养的 65 名留学生学成归国，尼日利亚国务卿代表、中国驻尼日利亚大使共同出席归国欢迎仪式，称赞该项目是中非能力建设合作的典范；积极协助香港共享基金会与吉布提卫生部共同开展“消除白内障致盲项目”，全国政协副主席、香港共享基金会主席梁振英向公司所属中国土木发来感谢状；承建的马达加斯加图利亚拉供水项目投入使用，解决了长期制约图利亚拉市周边 60 多个村庄取水难、取水远的问题，有力促进了当地民生福祉。

四、持续加强科创力度，维护产业链、供应链安全稳定

中国铁建充分发挥主业优势，围绕建筑施工、勘察设计等工程承包产业链核心环节，加大科技创新，持续补链、强链、固链，不断提升全产业链集成能力。2023 年 8 月 24 日，央视播出特别节目《实干笃行·大省勇担当》，报道了铁建重工实现掘进机主轴承关键技术新突破，自主研制生产的 7.6m 超大直径掘进机主轴承下线并通过验收。主轴承被行业内称为掘进机的“心脏”，它是整个掘进装备中唯一在服役期间不能更换的部件，处于大型高端精密轴承产业链最顶端。因为材料、设计、制造与试验难度极大，国外对其长期垄断，不仅价格最高达上千万元，技术、生产和服务也常常受制于人。为打破国外垄断，铁建重工成立研发团队，开展主轴承自主攻关，尝试了上百种材料和工艺，对上万组数据进行分析，攻克了多项难点，让主轴承达到了承受万吨级压力、滚轮滚动一万小时以上的目标。

近年来，铁建重工自主生产的土压平衡盾构机出口土耳其，用于伊斯坦布尔地铁及伊兹密尔地铁建设；累计向韩国出口 6 台盾构机，服务于韩国全罗南道光阳—丽水区域电网工程隧道、春川—束草铁路项目、水原—华城电缆隧道项目等工程建设；先后与意大利多个业主签署 12 台盾构机、组合式连续带式输送机等设备供货合同，进一步巩固了欧洲市场。公司自主研制的盾构机参与了莫斯科地铁的建设，突破了欧美公司盾构设备对俄罗斯市场的垄断。截至目前，出口的产品包括大型养路机械、掘进机

械、轨道设备、特种施工设备、桥梁施工设备、起重设备、钢结构、铁路电气化施工设备等，产品及服务覆盖俄罗斯、印度、土耳其、韩国、斯里兰卡、阿根廷等 30 多个国家和地区。

第四节　中国能源建设股份有限公司

中国能源建设股份有限公司（简称“中国能建”）是一家以创新为引领的科技型、能源型、基建型、融合发展型企业，为中国乃至全球能源电力、基础设施等行业提供系统性、一体化、全周期、一揽子发展方案和服务的综合性特大型集团公司，主营业务涵盖传统能源、新能源及综合智慧能源、水利、生态环保、综合交通、市政、房建、房地产（新型城镇化）、建材（水泥、砂石骨料等）、民爆、装备制造、资本（金融）等领域，具有集规划咨询、评估评审、勘察设计、工程建设及管理、运行维护和投资运营、技术服务、装备制造、建筑材料为一体的完整产业链。在 90 多个国家和地区设立了 200 多个境外分支机构，业务遍布世界 140 多个国家和地区。截至 2023 年末，公司资产总额超过 7000 亿元，员工总数超过 14 万人，2023 年新签合同额近 13000 亿元、营业收入超 4000 亿元，连续 10 年进入世界 500 强，2023 年在世界 500 强中位列 256 位；连续 3 年稳居中国工程设计企业 60 强第 1 位。

公司拥有 4 个院士专家工作站、14 个博士后科研工作站、6 个国家级和 65 个省级研究机构、121 家高新技术企业；取得国家科技进步奖 48 项，重大科技成果 2 700 余项，有效专利 13 177 项，制定和修订国家标准和行业标准 1 500 余项。公司作为能源电力和基础设施建设领域的主力军和排头兵，先后承建了三峡工程、南水北调、西气东输、西电东送、三代核电等一系列关系国计民生的重大工程，铸造了如乌东德、白鹤滩、华龙一号等一批享誉全球的大国重器，在大规模风光储输工程、特高压多端混合直流工程、高海拔输变电工程、1240MW 高效超超临界燃煤发电工程等领域创造了卓著业绩，并在海外打造了一批具有能建特色的中国坝、中国电、中国网、中国城、中国路、中国桥，将先进成熟的中国技术、中国装备、中国质量、中国管理、中国运营服务源源不断地呈现给世界人民。

一、全面落地国际业务改革，激发海外发展新动能

中国能建 2021 年启动国际业务改革，系统打造“中国能建统一领导、‘一体’引领统筹、‘两翼’协同推进、区域总部深耕发展、龙头企业（28 家）和骨干企业（20 家）联动出海”的“1+2+N+X”海外业务管理体制。全球设置 6 个区域总部，256 个分支机构，业务范围覆盖 147 个国家和地区。国际从业人员约 10.2 万人，其中外方员工

约7.6万人，中方员工2.6万人。2023年末，海外投资形成“331”结构，累计完成海外投资决策700亿元，已形成海外资产超过300亿元，在建投资项目近300亿元，已通过投资决策100亿元。国际板块全年签约2807亿元，同比增长18%；营收542亿元，同比增长16%；利润28亿元，同比增长13%；投资额43亿元，同比增长26%。

二、战略牵引、系统施策，“全球化能建”迈出坚实步伐

面对复杂多变的国际形势，中国能建深入践行《关于全面加强党的领导、加快高质量发展、深化系统改革和加强科学管理的若干意见》（以下简称《若干意见》）、“1466”和“四新”能建战略，在“大战略”中找准方向、在“大协同”中展现合力、在“加速跑”中展现担当、在“防风险”中展现韧劲，推动国际业务发生系统性变革、实现整体性重塑、取得突破性成就。

（一）践行国家战略坚决有力

始终牢记初心使命，胸怀“国之大者”，主编发布《新型电力系统发展蓝皮书》，承建的白鹤滩水电站入选“全球十大工程成就”，设计建设的全球首个百万千瓦级水光互补项目雅砻江光伏电站、国内装机规模最大的百万机组甘肃常乐电厂投产投运，全国规模最大的风光储一体化示范项目乌兰察布绿色电站成功并网，能源保供与安全支撑作用全面凸显。

（二）推动企业战略升级升维

精准前瞻、系统全面调整国际战略布局，持续优化建设世界一流企业新蓝图，科学构建“十八八”战略体系，以打造“三新”能建为核心支点、以推进“一创三转”为核心路径的清晰“战略地图”，不断提升战略的“聚焦度”、细化措施的“颗粒度”，推动企业战略方向与路径更加清晰、战略牵引更加有力。

（三）汇聚联动出海“最大合力”

系统打造“1＋2＋N＋X”国际业务管理新体系，全面重构制度体系，“一体两翼”引领统筹坚强有力，“N和X”专业支撑持续增强，境外机构加速整合融合，实现了国际业务的一体化管控、集约化发展。

三、持续提升发展质量，打造国际竞争新形势

经过长期的积累与实践，特别是近几年的系统重塑与重构，中国能建已形成了独特而鲜明的核心优势，在高质量共建“一带一路”上展现更大作为。

（一）筑牢高质量发展“最强驱动力”

充分运用新技术、新成果、新模式，实现海外“四新”业务签约占比超过50%，“风

光氢储”、氢氨醇一体化项目加快落地，以“一院一局一平台”模式成功斩获一批“大综新”项目，以打造利益共同体形成可复制的“乌兹模式”“沙特模式”，为产业转型升级、国别滚动发展注入更多新动能。充分发挥清洁能源产业链核心企业的优势，在链博会期间组织新能源国际投资联盟企业共同发布“零碳倡议”。数字化转型加快推进，围绕提质增效的核心目标，在埃及、尼日利亚等国加快推动实施一批数字智慧电网项目。

（二）夯实经营管理“核心竞争力”

狠抓市场开拓与科学管理，近三年国际签约年均增长13.7%、营收年均增长8.99%、利润再创历史新高。在乌兹别克斯坦、沙特阿拉伯、科威特等国别实现深耕滚动发展，成功突破韩国高端市场，与EDF签约光伏项目首次进入南非市场。协调电力规划设计总院开展乌兹别克斯坦国别电力规划，实现了高端规划业务走出去。全力防控风险，专班推进13个重难点项目解困，重大风险逐步得到化解、缓解，新开工项目实现“零亏损”，高质量发展势头持续向好。

（三）彰显一流能建“最亮品牌力”

深度参与第三届“一带一路”国际合作高峰论坛，紧跟大国外交，务实高效开展转化、细化、深化工作，第一时间策划“中国能建—中东行”，效果突出、抢先布局，签约希腊天然气电站、乌兹别克斯坦储能、沙特阿拉伯光伏等一批重大项目，签约额超过2674亿元，位居央企前列。承建的全球最大单体光伏电站——阿联酋阿布扎比项目、中亚最大燃气联合循环电站——乌兹别克斯坦锡尔河YH1500MW燃气电站项目等成功投产，能建品牌全球影响力持续增强。

四、风险防控持续加强，筑牢海外安全发展新防线

世界百年未有之大变局加速演进，各类不确定、不稳定因素有所增加。中国能建高效统筹发展与安全的关系，增强风险意识和斗争精神，以更强有力的举措，主动预防和有效化解各类风险挑战。

（一）夯实风险合规基础

升级打造国际业务技术、商务和法律、财税和金融三委会，建立分级分类评审复核机制，按照“事前算赢、事中管精、全生命周期可控”的要求，全面升级管理体系。发布乌兹别克斯坦等6个核心国别风险分析报告和50个国别税务指引手册，积极防范战争、法律、外汇及税务等风险，妥善应对“长臂管辖”风险。

（二）加强境外项目风险管控

做到风险“早识别、早预警、早处理”，围绕可能出现潜亏的风险项目，创新成

立专班机制，推动重点项目风险逐步化解或缓释。深入开展安全管理强化年行动和重大事故隐患专项排查整治等系列行动与系列举措，严格落实“十二个到位”，全面排查200余个境外项目（机构）安全风险并整改闭环，全年未发生安全生产事故，生产和社会安全可控在控。

第五节　中国中铁股份有限公司

中国中铁股份有限公司（简称“中国中铁”）是集勘察设计、施工安装、工业制造、房地产开发、资源利用、金融投资和其他新兴业务于一体的特大型企业集团。2023年，公司位居《财富》世界500强第39位，ENR全球承包商第2位，国际承包商第13位。

面对变乱交织的国际局势，中国中铁锚定高质量发展目标，深化海外体制机制改革，紧抓疫情后国际市场复苏需求和“一带一路”倡议十周年有利契机，发挥公司交通基础设施领域主业优势，积极探索多样化合作和项目开发模式，推动海外经营生产双丰收，实现国际业务质效双提升。主要体现在以下几个方面：

一、“一带一路”标志性项目取得新成果

公司坚持服务国家战略，积极推进“一带一路”项目建设。2023年10月17日，在习近平主席和印尼总统佐科的共同见证下，雅万高铁顺利开通运营，并入选“2023年度央企十大超级工程”。10月10日，孟加拉国总理谢赫·哈西娜参加了孟加拉帕德玛大桥铁路连接线先通段（达卡至邦嘎段）通车仪式。10月18日，由中国中铁建设的以色列建国以来最大的政府特许基础设施建设项目——特拉维夫轻轨红线正式通车运营。中国—中东欧合作旗舰项目——匈塞铁路（匈牙利段）全面进入实施阶段，已累计完成合同额的45%。中国中铁在海外以BOT模式投资建设的第一个水电站——布桑加水电站于10月6日正式投运发电，刚果（金）总统齐塞克迪出席落成典礼并剪彩。

二、“第二曲线”业务稳定增长

2023年，公司境外新签与贸易、绿色环保、数字通信、水务水电、新能源相关的项目共282个，合同总金额同比增长2.5%，业务辐射全球46个国家和地区。成功中标南非夸祖鲁（KZN）地区PRASA铁路信号和无线通信项目、墨西哥重心通信光纤项目、孟加拉国拉玛区巴托迪亚100MW太阳能光伏电站维护项目、安哥拉北宽扎省农村地区配水管网项目、乌干达部分地区卫生设施系统项目、澳门有机资源回收中心的设计、建造及经营项目、斐济水厂管道工程项目、尼泊尔普拉绍尼—比尔根杰132kV地

下输电线路项目、刚果（金）太阳能光伏电站建设项目、越南茶荣省 90MW 风电项目、尼泊尔波特柯西 -5 水电站项目等。

三、内外联动抢抓市场新机遇

深入对接“以国内大循环为主体、国内国际双循环相互促进”经济新发展格局，充分利用国内外商业渠道，积极推动中资背景业主项目经营。积极构建合作伙伴关系，与行业头部企业签订战略合作协议，集成优势资源联合“走出去”，共同探索矿建、新能源、水利水电等项目；持续加强高层商务关系及高层资源网络体系的搭建，全面融入国别市场产业链体系，主动对接更多商务平台类企业和外向型中国企业，把业务范围向“矿产 + 贸易”“工程 + 运维”等领域拓宽。

四、工业板块实现稳定发展

公司不断拓展国际市场空间，工业产品销售取得新成就。一是，主流市场关键产品市场份额不断提升，盾构产品在新加坡市场占有率达 40%；道岔产品在泰国市场占有率达 70%。二是，客户群体质量不断优化，多元化趋势明显，截至 2023 年底工业产品主要客户 113 个，其中系统外客户占比约 85%；海外知名客户占比约 58%，同比增长 10%，海外客户规模连年扩大，国际化营销效果显著。三是，产品国际认证持续推进，2023 年通过了美国钢结构协会 AISC 体系认证、欧盟 EN 16273 尖轨跟端压型产品认证，为拓展国际市场、提升企业核心竞争力、实行多元化经营战略创造了有利条件。四是，“以强带强”，以先发优势板块带动关联产品共同出海，坚持“产品 + 服务”模式推动产品结构转型，实现三个“第一”，盾构 /TBM 产品连续七年全世界产销量第一，海外市场累计销量超过 110 台套；在匈塞铁路匈牙利段斩获订单，实现了第一次整组道岔产品进军欧洲市场；设立日本研究院，聚焦全球行业技术前沿，突出设计研发、技术创新，打造系统内第一个海外高端研发中心和高端人才聚集地。

五、品牌建设有效提升

2023 年，公司坚持服务“大国外交”，成功举办驻华使节“步入中国中铁”活动，来自 70 个国家驻华使领馆和 7 个国际组织驻华代表机构的 100 余人到访中国中铁并出席相关交流活动，企业实力和品牌得到充分彰显；主动发出企业声音，积极参与 2023 全球可持续交通高峰论坛、第 20 届中国—东盟博览会、第三届“一带一路”国际合作高峰论坛、中国——阿拉伯国家博览会、中国国际进口博览会、中国国际服务贸易交易会等高端峰会论坛，国际业务“朋友圈”不断扩大；逐步加强宣传意识，匈塞铁路项目部《乔治与匈塞的日子》视频获得第五届“一带一路”百国印记短视频大赛最佳人气奖，出版的《匈汉词典》被纳入中匈两国合作成果清单，国际传播亮点频现；跨文化能力不断增强，雅万高铁和孟铁项目对标联合国契约组织可持续发展目标案例的报告，成果入选联合国《案例研究报告》，匈塞铁路项目《坚持“绿色优先”在中东欧书写生态文明》案例成功入选 2023 中国企业国际形象建设“共建新思路”优秀案例，公司在海外的知名度和美誉度均得到有效提升。

第六节　中国港湾工程有限责任公司

2023 年是全面贯彻党的二十大精神的开局之年，是共建“一带一路”倡议提出十周年，也是中国港湾工程有限责任公司（简称“中国港湾”）沿着高质量发展之路继续奋斗的重要一年。一年来，公司牢牢把握高质量发展主线，坚持稳中求进工作总基调，顶压前行、攻坚克难，高质量发展迈出坚实步伐。总结一年的工作，有以下五方面亮点：

一、做强做优国有企业，海外业务再创新高

2023 年公司新签合同额、营业收入等多项指标创历史新高，利润总额、资产负债率超额完成年度任务。全年新签合同额 171.3 亿美元，公司发展的机制更活、效能更高。以色列阿什杜德港等 3 个项目获评国家优质工程奖，沙特吉赞立交桥项目获评公路交通优质工程奖，喀麦隆克里比疏港路等 12 个项目获评中交集团优质工程奖。公司“质”的有效提升和“量”的合理增长成色十足，荣获中交集团质量效益优胜企业奖。

二、深入实施“三重两大”，市场开拓取得新成绩

持续做大市场营销平台，动态优化资源配置，深化优质客户合作。“重要区域”成果突出，沙特、尼日利亚等前 15 个核心市场新签合同额占比 84%，其中沙特国别全面发力，全年中标 10 个项目，新签合同额占比达 20.67%；马尔代夫实现“小国家，大市场”，中标 5 个项目，新签合同额同比提升 143.77%。“重大市场”结构优化，“大城市”领域新签合同额占比达 44.5%，聚焦大型房建工程，包括超高层建筑、大型体育场、剧院等公共建筑、大型新能源厂房等工业建筑以及装配式建筑，成功中标沙特 ROSHN 利雅得东和塞德拉三四五期房建项目等大型建筑项目，为深耕“大城市”领域提供了有力支撑；“大交通”领域新签合同额占比 55.5%，尼日利亚成功签约凯菲至马库尔迪公路运营及维护项目，是公司深度参与项目全周期服务，践行产业发展思路的重大成果。“重点项目”成果丰硕，新签 1 亿美元以上项目 32 个，合同额占比 89.2%；其中 5 亿美元以上项目 10 个，合同额占比 60.4%。大抓现汇、抓大现汇，新签现汇合同额占比 80%，同比增长 53.1%；抢抓框架项目，尼日利亚凯菲路二期项目落实首放款，所罗门宽带基础设施项目贷款协议成功签署。

三、加快现代化产业布局，绿色产业取得突破

坚持构建现代化产业体系，优化产业布局，公司发展的结构更好、体系更优。自公司二次党代会明确建强“八链”以来，公司传统产业升级改造提速提质，战略性新兴产业布局加快，“优布局、调结构、促转型”成果丰硕，绿色产业实现持续突破。其中港口领域组织编制“智能绿色码头运营与维护”建设方案，莱基港获评中交集团ZHGH现代产业链示范项目；成功中标哈萨克斯坦阿斯坦纳2号污水处理厂42.5km污水管网项目，为拓展中亚地区市场打下良好基础的同时巩固公司环保领域业务；中标博茨瓦纳朱瓦能100MW光伏电站项目，实现绿色产业重要突破；成功收购新加坡UES公司，提升公司在水务环保领域的专业能力和全产业链竞争优势。

四、聚合优质合作方，整合资源协同发展

高质量推进“公司国际化”，坚持优势产业资源“向内求”，非优势产业资源“向外求”，以供应链、分包链“利益同盟”打造产业竞争新优势，激励相关方通过加强合作、优化生产和供应能力，进一步提升合作质量和效率，建成经济高效、支撑有力的产业链供应链体系。发挥公司海外网点优势和国别公司作用，与项目所在地国家产业链、供应链深度合作，以成熟国别为基础，优化配置海外资源，推动海外供应商资源共享。围绕“大城市”和“大交通”业务布局，主动融入中交集团“1+4+N”海外经营主体结构，围绕“八链”开发“专精特新”专业合作方，主动对接集团内、外优质资源，有效提升“大城市”领域和新兴业务领域支撑能力；打造满足“一链一策”“专精特新”业务需求的基础数据库，聚合专业合作方资源入库，补齐短板支撑各产业链快速发展的同时，持续优化各国别战略合作方及产业决策分析能力，强化协同发展，打造与合作方的合作共生关系；整合优质资源，完成山东港海外发展集团并购，提升海外港口投建营全产业链竞争能力；创新合作模式，打造“并联管理”新标杆，沙特公司承建赛德拉房建基础设施工程稳步推进。

五、高质量服务国家战略，互惠合作实现共赢

公司积极参与“一带一路”高峰论坛等重大活动，围绕政府间产能合作，积极推动达成务实成果，签约港口城、印尼新首都公寓等合作成果13项，涉及金额约60亿美元。成功承办中马双多边产能与投资合作系列活动，深刻把握共建“一带一路”和推动国际产能合作发展的新形势新情况，围绕中马产业发展和跨境产业链稳链、强链、补链，推动打造边境跨境园区、国际合作园区，推动中马“两国双园”跨境产业链、供应链、价值链特色产能合作；深度开展大客户营销，优势互补助力新加坡第一高楼八珊顿道大楼项目扎实落地，高起点进入高端建筑市场；精准把握客户需求，持续探索“矿业+”合作方式，依托自有资源提供项目最优解决方案，成功

推动几内亚力拓西芒杜码头勘察及 EPC1、EPC3 包项目中标，实现互利共赢；凭借自身专业能力，发挥属地化营销优势，与合作方在海外码头、基础设施、钢厂及配套设施等项目建设、投资、管理、运营等领域开展深度合作，顺利推动多国别重点项目落地。

第七节　中国电建集团国际工程有限公司

中国电建集团国际工程有限公司（简称“中国电建”）2023 年贯彻党中央和上级决策部署，不断加强党的领导和建设，增强国际业务发展信心决心，顺应市场变化和国内外监管要求，持续推动国际业务量质齐升，为稳健增长做出积极贡献。成绩主要体现如下：

一、扎实抓党建，高端营销取得丰硕成果

深入学习贯彻习近平新时代中国特色社会主义思想，高质量统筹推动，落实规定动作增强教育成效。提出政策贯彻措施，确保党中央决策落地见效，扎实推动境外党建工作，受到央企境外党建培训班点名表扬。

心系“国之大者”，积极服务国家外交大局，深入学习贯彻落实习近平主席在第三届“一带一路”国际合作高峰论坛主旨演讲以及系列重要指示批示精神，积极参加第三届“一带一路”国际合作高峰论坛，高端营销取得丰硕成果。中国电建在峰会效应推动下签约项目 33 个、合计约 110 亿美元；同时作为首批发起单位启动“绿色发展投融资合作伙伴关系”，列入高峰论坛九大成果之一；围绕高峰论坛开展的 26 场高端对接洽谈活动取得丰硕成果。

二、顶压前行，深化改革步伐加快

一是，深入开展习近平新时代中国特色社会主义思想主题教育；加强“三基”建设，召开公司第二次党代会；深入开展党建带群建。加强舆情监测与应对，全年无新增重大负面舆情事件。入选中国企业国际形象建设十大优秀案例；按国务院国资委及中国电建集团（股份）公司党委的部署，在 3 个国家牵头辖区内中央企业开展跨文化融合专项工作，开展一系列活动，策划一系列专题报道，切实提升国际品牌形象。坚持全面从严治党，扎实落实中央八项规定精神，严格正风肃纪。

二是，深挖“一带一路”政策红利，深耕传统市场、拓展新兴市场。市场资源分配向国际业务强企倾斜，“扶强扶优”；从“全球打猎”转为“重点深耕”。坚持“大而优”“小而美”“专而精”并举，这一系列举措展现了中国电建积极响应国家战略，紧

跟时代步伐，通过科学布局和精细化管理，扎实推动国际业务高质量发展的决心和实践成果。

三是，坚持“危地不往、乱地不去、危业不投”。严控增量风险、消化存量风险、加强日常监管。公司能够进一步增强境外安全风险防范意识和能力，切实履行安全管理责任，落实落细各项安全措施，对有重大安全隐患的项目重点关注，切实维护人员安全。公司连续五年荣获中国电建集团（股份）公司安全生产先进单位。

四是，国际合作不断深化。成功举办 2023 国际水电发展大会；参加第四届国际大坝安全研讨会、国际大坝委员会第 91 届年会；参加 SNEC 光伏大会；广泛参与行业学术业务交流，作为协办单位参与水环境联盟绿创大赛。加强与承包商会、机电商会、中国五矿化工商会等有关行业商协会的交流，利用相关平台推广电建开展国际矿业产能合作的理念，收到良好反响。

五是，合规管理扎实推进。举办海外投标业务合规培训，对多边开发银行采购规则进行解读，有效防范当前突出的合规风险。

六是，化被动为主动，常态化开展在建项目风险排查，对风险“早发现、早报告、早处置”，对于问题较复杂的项目，通过成立监管团队或组织履约专题会等形式进行督导，对新开工且潜在风险较大的重点项目实施穿透式专项监督和考核。

三、绿色发展，境外安全有效受控

一是，以实现“水、能、城、矿”核心主业更趋均衡目标为己任，着力加强绿色能源国际合作，加快构建绿色发展投融资合作伙伴关系，聚焦绿色基建、绿色能源、绿色交通，把握全球能源清洁低碳转型和应对气候变化的历史机遇期，发挥公司全产业链优势，抢抓海外新型电力系统建设的巨大增量机遇，全力拓展新能源市场。

二是，积极落实《“一带一路”绿色发展北京倡议》，对接“一带一路”绿色发展国际联盟，把握全球能源清洁低碳转型和应对气候变化的历史机遇期，发挥公司全产业链优势，抢抓海外风光储氢和新型电力系统建设的巨大增量机遇，全力拓展新能源市场。加快向绿色化、低碳化、智能化方向布局，加快布局调整结构，推动重大战略性新兴产业项目落地。

三是，传统安全方面，健全安全管理制度、激活应急预案、增强海外突发事件处置能力，切实保障公司海外人员和经营发展成果安全。持续完善“横到边、纵到底”的“三级负责”境外安全管理体系；坚持 24 小时值守应对 11 起一般境外安全突发事件，全年未发生较大及以上境外社会安全事件。非传统安全方面，在当前经济下行、政治动荡加剧等多重压力下，局部地区政治稳定性失衡，地缘冲突危机持续升级，部分国家政局动荡、走势不明，恐怖主义和极端势力沉渣泛起，非传统安全形势堪忧，为中国企业海外人员生命安全、财产安全和重点项目签约生效带来不确定性。

四、成果丰硕，绿色科技并驾齐驱

（一）中国电建重点项目取得关键进展，多个项目荣获嘉奖

阿根廷胡胡伊省高查瑞一期 315MW 光伏电站项目正式移交；印尼雅万高铁正式开通；中赞合作“一号工程”下凯富峡水电站全面投产发电；世界最大河道整治工程——孟加拉帕德玛大桥河道整治项目全面完工，正式进入质保期；中塞合作典范贝尔格莱德绕城公路奥布项目顺利通车；越南富美 330MW 地面光伏电站 EPC 工程荣获“2023 年度中国电力优质工程奖”；阿联酋阿布扎比塔维勒海水淡化项目荣获 2023 全球最佳海水淡化水厂奖项；老挝南欧江六级水电站获第五届堆石坝国际里程碑工程奖；尼日利亚宗格鲁水电站项目荣获尼劳工就业部“雇主雇员和谐伙伴关系”优秀奖；肯尼亚地热电站 EPC 项目部荣获中国驻肯尼亚大使馆颁发的中肯共建“一带一路”创新实践奖。

（二）ESG 能力显著提高

中国电建公司荣入共建“一带一路”ESG 卓越 TOP10 榜单。“百企千村—爱点亮世界”光伏捐赠品牌活动在毛里塔尼亚成功组织，产生良好社会反响；1 个案例在中非经贸博览会期间入选中国在非企业社会责任经典案例；1 个案例入选中电联社会责任优秀案例；3 个案例入选机电商会绿色发展案例。

（三）科技影响力不断扩大

积极在国际大坝委员会、世界水电大会等国际行业平台发声；成功举办国际水电发展大会，推动全球水电行业发展；参与的 1 项研究荣获水力发电科学技术奖一等奖；牵头编写发布 1 项国家标准，取得 2 项实用新型专利，有 4 项授权发明专利在审过程中；牵头股份公司重点科技项目 3 项，标准研究科研课题 1 项，核心技术攻关项目“揭榜挂帅”1 项；有 2 项原创技术策源地核心项目，有 3 项重点科技项目获得立项，有 1 项研究获股份公司科学技术奖三等奖。

（四）数字化水平不断提升

创新数智化财务资金体系，荣获《财资》杂志 2023 年“最佳数字解决方案—流动性及投资方案”AAA 大奖。以零失分的成绩圆满完成“PCND2023”护网行动，网络安全进一步巩固。

（五）资质、信用不断提升

2023 年，电建国际具有电力工程施工总承包壹级资质、安全生产许可证、对外贸易经营者备案登记表、海关进出口货物收发货人备案证明、信息系统安全等级保护备

案证明，在中国对外承包工程商会和中国机电产品进出口商会信用等级评价中，均获得 AAA 级。

第八节　中国化学工程集团有限公司

中国化学工程集团有限公司（以下简称“中国化学”）是中国化工领域资质最齐全、功能最完备、业务链最完整、知识技术密集的国际工程集团公司，是石油和化学工业工程领域的国家队。自 1953 年成立以来，先后承建了中国 90% 化工项目、70% 石油化工项目、30% 炼油项目，作为“走出去”最早的中国企业，业务遍布全球 80 多个国家和地区，在全球建设了 7 万多套化工装置，带动中国技术、中国标准和中国装备“走出去”，是高质量共建“一带一路”的排头兵，为新中国构建独立完整化学工业体系、促进经济社会发展、增进“一带一路”共建国家人民福祉作出重要贡献。

一、坚定国际化经营，海外发展行稳致远

中国化学积极落实“一带一路”倡议，坚持走国际化发展之路，国际化指数常年保持在 20% 以上，“国际化”已成为企业的核心竞争力和靓丽名片。中国化学在 2023 年度 ENR“全球最大 250 家国际承包商”榜单中位列第 16 位，行业品牌和产业影响力持续提升，形成具有自身特色的海外发展体系。

一是，坚持“一体两翼”，推动多元化发展。继续巩固和扩大在化工和石油化工行业的海外市场份额，有力拓展油气和基础设施业务领域，加强与国内“走出去”企业的务实合作，加大对“引进来”企业的主动对接，跟进大型跨国企业在华投资业务，签订了印尼国家化肥公司化肥项目、哈萨克斯坦化工综合体、安哥拉洛比托炼油一体化项目等一批重大化工 EPC 项目。

二是，推动高端经营，扩大集团影响力。利用高访、高端会议和国际论坛等重要场合，发挥行业影响力，推荐中国技术、中国标准和中国装备。在第三届“一带一路”国际合作高峰论坛企业家大会上，签约南非钛白粉 EPC 项目，成为中国企业在南非市场的重大突破。

三是，强化金融支撑，加大投融资支持。深化与金融机构“总对总”全面合作，发挥公司在市场资源和金融资源上的优势，积极探索在低风险、投资效益好的国别和地区小比例投资带动 EPC 工程以及 BOT、BOOT 等多种项目开发模式。以 BOT 模式承建的印尼卡蒂姆二期电站项目荣获中国对外承包工程商会“海外优秀营地”奖。

四是，加大属地化经营，优化全球化布局。发挥全球市场布局优势，整合国际资源，推动大型 EPC 项目组织实施，提升国别市场属地化占比，推动境外业务由“做项

目”向“做市场”迈进。持续优化海外经营布局，深耕重点国别市场，把有限的资源集中到重点市场，支持海外平台公司快速发展。

二、坚持绿色创新，推动行业高质量发展

中国化学坚决贯彻新发展理念，把绿色发展、创新发展摆在突出的位置，积极响应“双碳”政策，充分发挥技术优势，不断巩固化工领域领先地位，推动全球化工行业高质量发展。大力推动绿色工厂的规划、设计、建设，采用先进节能环保技术、工艺和装备，并积极布局新能源业务领域，助力绿色低碳转型升级发展。

一是，推进化工行业节能提效发展。利用掌握的先进纯碱技术、大容积焦化技术、领先的煤气化技术、现代煤化工技术等一系列节能提效前沿技术，在印度尼西亚、哈萨克斯坦、土耳其、埃及等国别多个项目中应用，为高耗能行业节能降碳量身打造解决方案，最大限度降低资源消耗，减少污染物产生和排放。

二是，推进新能源产业发展。积极布局盐湖提锂及锂产业链延伸等领域，提供盐湖提锂整体工程解决方案，在阿根廷盐湖提锂、玻利维亚碳酸锂等项目中开展技术服务和设计建造。自主研发的冷氢化法多晶硅技术，使多晶硅能耗降低 90%，生产成本降低 95%，在海外多个市场实现成功应用，助力全球光伏产业发展，每年可减少碳排放约 6.3 亿吨，助力实现“双碳”目标。

三是，推进新能源与化工产业耦合发展。积极推动风、光、水等可再生能源与化工石化特别是煤化工产业的耦合，在印尼、乌兹别克斯坦等国别推广园区能源梯级利用等节能低碳技术。积极参与固废危废治理领域，聚焦固废、危废处理和资源化利用，精准分离提取固体废物和危险废物复杂物中的有价金属，为全球固废综合利用提供支撑。

三、秉持合作共赢，共促经济社会发展

中国化学加快打造“两商”，即工业工程领域综合解决方案服务商、高端化学品和先进材料供应商，充分发挥在工业工程领域的技术优势和工程化优势，助力所在国将资源优势转化为工业化发展优势和经济增长优势。一是，全力促进产业发展，助力经济增长。通过实施一大批具有全球影响力的重大项目，为海外客户提供规划、设计、投资、建造、运营、检维修于一体的全生命周期服务，助推所在国从依赖资源能源出口的单一产业格局，转变为化学工业产业化、多元化发展，提高了产品附加值和在全球价值链中的地位，促进当地经济社会发展。2023 年中国化学成功签署安哥拉最大炼化项目——洛比托炼油厂项目 EPC 合同，成为“一带一路”合作又一重要成果。项目规模为年加工原油 1000 万吨，总投资约 60 亿美元，是安哥拉国家重点战略项目，对于保障安哥拉能源安全、加快工业化发展步伐、促进经济社会发展具有重大意义。二是，充分发挥牵引作用，保障产业链稳定。发挥化工工程龙头企业引领带动作用，深入开展产业链共链行动，优化产业链资源配置，在推进产业链循环畅通中提供有力支

撑。2023年中国化学成功举办产业链融合发展推进会，全球产业链上下游50多家大型企业参加了会议，累计签署战略性新兴产业、科技研发等合同19项。落实制造业高端化、智能化、绿色化发展要求，启动“灯塔工厂”建设，打造智慧化工厂“数字底座”。三是，大力推进属地化发展，共享发展机遇。大力实施属地化、本土化经营，积极为所在国家地区税收增长、就业扩大、人才培养等发挥积极作用。2023年，中国化学海外重点项目实现本土化用工占比高达80%，海外聘用属地化管理人员超过10000人，带动外籍劳工就业超10万人，为所在国家和地区培养了近万名专业技术人才。中国化学优先在当地采购物资和服务，深入对接当地企业，将设备、材料、劳工服务本土化采购做到最大化。

第九节　中国冶金科工集团有限公司

一、2023年海外业务情况

（一）总体情况

2023年，中国冶金科工集团有限公司（简称“中冶集团”）在50个国家和地区设有129个境外机构。

在海外市场开发方面，2023年，中冶集团新签海外工程合同631亿元，涌现出了一批展现中冶实力、聚焦主业、突破创新的项目。

截至2023年末，中冶集团海外在建执行项目约400个，合同额167.85亿美元，在建项目平均合同额规模约为2.65亿美元，分布在全球57个国家和地区。

在海外矿山运营方面，2023年，紧紧围绕“增资源、增储量、增产量、保安全、降成本”的发展目标，努力提升自身矿产资源的开发及运营水平，三座在产矿山合计实现归属中方净利润12.14亿元；在勘查找矿方面，取得重大突破，巴基斯坦锡亚迪克铜矿新增铜资源量378万吨，揭示巨大找矿潜力。

（二）海外工程市场开发亮点

2023年6月，中冶京诚签订孟加拉国安瓦尔综合钢厂公司160万吨联合钢厂项目，合同金额达到67亿元人民币，这是中冶集团首个境外全流程绿地钢铁项目，极大程度地发挥了中冶集团加热炉设备系列化产品和品牌优势，进一步擦亮了“冶金建设国家队”的品牌，彰显了国际冶金市场影响力。

2023年12月，上海宝冶成功签约印尼三林集团巴淡岛能源动力及配套工程项目，该项目实现了中冶集团在印尼从冶金建设到能源工程的跨越，进一步拓宽了能源工程业绩。

2023 年 12 月，上海宝冶成功签约沙特 RSA 超级铝城项目，合同额约 48 亿元人民币。本项目提升了中冶集团在铝加工和工业硅领域的工程建设业绩，对于做深做实铝加工全产业链、提升公司在铝加工全产业链的工程建设服务能力以及做优有色板块具有重要的示范作用。

2023 年 12 月，中冶国际签约南苏丹朱巴—伦贝克—瓦乌输变电项目。该项目是从南苏丹首都朱巴到湖泊州伦贝克镇再到西加扎勒河州首府瓦乌市的国家电网项目，主要包括 610km、电压等级为 400kV 的输电线路及三座 400kV 变电站。

（三）海外工程项目执行亮点

2023 年 12 月，中国二冶受到蒙古国乌兰巴托首都政府颁奖表彰，对中国二冶在蒙古国棚户区改造、工程建设管理、民生等方面的工作给予高度评价。蒙古国棚户区改造项目自开工建设以来，二冶克服人员流动困难等不利因素，提前实现 8 栋住宅楼封顶目标，高质量、高标准实现工程履约目标，为改善蒙古国民生，加强中蒙两国友谊，高质量共建“一带一路”作出了积极贡献。

科威特医保医院项目是中东地区首个采用 PPP 模式建设的医院。该医院是科威特专门对外籍人员开放医疗保险服务的大型综合医院项目，项目总建筑面积约为 20 万平方米。作为科威特“2035 国家愿景”下建设的首批医院，科威特医保医院项目旨在提高医疗保障水平、改善医疗卫生条件，该项目已于 2023 年 5 月完工。

新加坡诺曼顿公园公寓项目是当时在新加坡本地占地面积最大的公寓项目，总建筑面积 147 093m^2，建设范围包括 9 栋 24 层高级住宅楼，共 1 862 个住宅单位，以及约 400m^2 商铺，该项目总承包工程于 2023 年 7 月正式收到 BCA 颁发的完工证书。

二、绿色低碳

（一）绿色施工、绿色环保，工程环境治理持续改善

巴布亚新几内亚瑞木镍钴项目秉承着“科学开采、保护环境、技术创新、打造绿色矿山”的理念，结合瑞木矿山特殊的地理位置以及当地经济发展的实际情况，因地制宜地采取相应措施，力求实现和打造环境生态化、开采方式科学化、资源利用高效化、管理信息数字化、矿区与社区发展和谐化的矿山。在过去的十年生产过程中，作为露天开采的红土镍矿，在环境保护方面面临的最大问题是水土流失。根据当地热带雨林气候特点，项目采取了大规模植树造林和复垦的措施以最大限度地减少水土流失，实现了对环境的保护。2023 年，瑞木矿山在对剥离区域的腐殖土进行合理布局堆存的同时，继续开展探索复垦的方法和适合复垦的植物，在已剥离的区域共进行复垦面积 49.2 万平方米。

（二）绿色技术、迭代革新，产业转型升级成效凸显

中冶南方承建的越南和发榕桔综合钢厂发电项目群位于越南中部广义省榕桔经

济开发区和发钢厂内，建设规模为 8×70t/h+2×76t/h 高温高压焦炉废气余热锅炉，2×90t/h+1×190t/h 高温高压煤气锅炉，6×60MW 纯凝式汽轮发电机组及其配套辅助设施。

该项目发电采用高温高压技术，完全利用回收焦炉烟气余热及高炉富余煤气发电；脱硫除尘采用先进的循环流化床半干法脱硫技术，满足越南当地烟气排放标准，达到国内超净排放标准，实现钢厂环保效益和经济效益的双丰收。该项目荣获冶金行业工程质量优秀成果奖，是为贯彻实现国家“一带一路”“碳达峰、碳中和”等目标所作出的一次重要贡献。

中冶赛迪承建的越南和发 15 万 m^3 两段式转炉煤气柜项目，中冶赛迪团队为其量身定制了一套解决方案，设计了“瘦身版”转炉煤气柜；应用成熟的煤气柜技术、独有的抗台风技术和独创的低应力煤气柜结构，独创的活塞自动调平系统先后解决占地狭窄和抗台风稳定性问题。让煤气管网的稳定运行、环保节能、二次能源的有效利用起到重要作用；让煤气不直接放散，减少浪费，避免对环境造成危害。

（三）绿色项目、高效履约，美丽生态环境持续改善

印尼纬达贝工业园华科镍业年产 6 万吨高冰镍脱硫项目是中冶南方在镍铁冶炼行业承建的首套转炉烟气脱硫项目，该项目的顺利投产，解决了镍铁冶炼转炉生产污染物排放难题，为业主高质量绿色发展保驾护航。

中冶南方承建的马来西亚雪兰莪州再生能源电站项目于 2023 年 10 月 17 日正式开工，项目分两期建设，一期垃圾处理规模 1400t/ 天，二期垃圾处理规模 1500t/ 天。这是雪兰莪州的第一个垃圾焚烧发电项目，项目解决了马来西亚雪兰莪州生活垃圾堆积，环境污染的大难题，是马来西亚发展绿色能源、节能减排的示范项目。

三、社会责任

（一）推动当地工业化和城镇化

山达克铜矿项目作为巴基斯坦第一大有色金属采、选、冶企业，结束了巴基斯坦不产铜的历史，填补了其有色金属工业的空白，与杜达铅锌矿项目一起推动了当地制造业、服务业和交通运输业等相关产业的发展，十多年来在巴基斯坦当地采购的物资总价值超 5 亿美元，支付给当地运输商的各种运输费用超 3000 万美元。

（二）大幅度提升周边群众的生活水平

2023 年，中冶 3 座在产矿山（巴新瑞木镍钴矿、巴基杜达铅锌矿、巴基斯坦山达克铜矿）为中方实现盈利 12.14 亿元，为当地合作方分红近 3 亿元，创造直接就业岗位 3981 个，在当地缴纳税金约 4 亿元，在当地采购生产生活物资约 5 亿元，对当地社区进行资助帮扶、救灾捐款合计超过 600 万元。中冶集团多家子企业多次获奖、获誉，

持续树立了我大国央企良好海外形象。

另外，中冶集团还发挥巴新瑞木镍钴矿资源优势，在国内设厂生产高镍三元前驱体和电池级硫酸镍，有效延伸了镍钴金属产业链，为国家新能源汽车行业作出了积极贡献。

第十节　中国葛洲坝集团国际工程有限公司

中国葛洲坝集团国际工程有限公司（以下简称“葛洲坝国际公司”）作为中国能建“一体两翼”海外优先发展体系的重要“一翼”，在中国能建国际集团的引领统筹下，按照“集团公司统一领导、国际业务部归口管理、国际公司引领统筹、成员企业分工实施”的管理新体制，坚持“大履约、优布局、强市场”的职能定位，构建了工程承包、海外投资双轮驱动新格局。目前国际业务范围覆盖水利、水电、火电、新能源、公路、铁路、机场、港口、市政、房建等众多领域，形成了工程承包、海外投资双轮驱动的国际业务格局，在建国际工程项目 170 余个。

2023 年，葛洲坝国际公司面对复杂严峻的国际政治经济形势和艰难繁重的改革发展任务，在中国能建《若干意见》和“1466”战略指引下，全体员工凝心聚力、奋勇拼搏，生产经营整体保持了稳中有进的发展态势，较好地完成了年度任务，各项工作取得了积极成效。

一、战略引领积蓄新动能

深入践行共建“一带一路”倡议，全年与“一带一路”共建国家签约项目 61 个，在服务国家战略中彰显央企担当。深度融入国际业务优先、优质、协同发展战略，积极与中国能建所属企业对接，协同签约沙特光伏、埃及光伏等项目，协同合力持续提升。贯彻落实国际业务“十四五”规划，持续优化国际业务运行机制，督导葛洲坝集团成员企业加强国际资源配置，共谋国际业务高质量发展。

二、市场开发实现新突破

不断优化市场布局，加大重点国别资源投入力度，全年签约目标超额完成，重点国别签约额占比达 94%。全面提升签约项目质量，新能源项目签约同比增长 110%，现汇项目签约同比增长两倍，合同生效同比增长超一倍。稳步推进投融资业务，波黑光伏、菲律宾供水等重点投资项目取得阶段性进展，波黑达巴尔项目融资实现首放。持续创新经营模式，推进国别机构实体化改革并初见成效，其中秘鲁已形成合同总金额约 70 亿元的项目群。

三、项目管理获得新提升

着力推进项目规范化管理，落实达标认证、项目管理“334”“十化”建设等各项要求，项目管理“334”工程年度目标全部完成，秘鲁通贝斯医院等 5 个项目高质量通过达标认证，巴基斯坦达苏项目获评中国能建项目管理“十化”优秀示范项目。扎实开展项目履约提升年专项行动，通过成立专班、现场蹲点、督导巡查、技术指导等手段协同发力，推动阿根廷吉赛、马来西亚巴莱等重难点项目纾难解困取得阶段性成果，安哥拉凯凯水电站、巴基斯坦达苏水电站、孟加拉 BRT 等项目实现重大节点目标，科威特新城等项目实现签约同年开工，纳米比亚铁路修复等 6 个项目完成移交。强化变更索赔管理，全年完成变更索赔结算 8 亿元。

四、风险防控取得新成效

持续优化风控体制机制，落实法治建设第一责任人职责，推进项目法律顾问制度和网格化风险预警机制，不断筑牢风险管理“三道防线”。积极开展风险压存控增，成功实现印尼巴比巴卢燃煤电站应收账款回收等风险销号。突出法律价值创造，超额完成年度到期债权催收工作目标，回收超过 1 年的逾期债权约 1.5 亿元。着力加强合规管理，积极开展多边金融机构合规管理、涉美制裁等专题培训，编制市场开发禁止事项清单、项目合规负面清单等多项合规制度和举措，合规管理进一步规范。

五、安质环管理筑牢新屏障

扎实开展安全管理强化年行动，着力推进安质环管理标准化建设，编制《国际工程项目过程安全管理标准化手册》《国际工程项目安全设施标准化图册》。持续发挥“铁三角”核心作用，发布安全技术保障、安全生产监督、安全生产实施体系建设实施方案。深入开展安质环隐患排查整治，对排查出的隐患问题实现 100% 整改关闭。积极开展创先推优行动，科威特穆特拉项目荣获国家优质工程奖，卡塔尔大型供水项目获评中施企协绿评二星项目，6 项 QC 成果获得省部级以上奖励。全年未发生安全、质量、环保责任事故（事件），公司安质环形势总体平稳。

六、科信赋能收获新成绩

积极开展科研攻关，全年组织实施研发课题 30 余项，研发费用投入强度满足上级单位要求；荣获专利授权 18 项，参编 ISO 国际标准 1 项，获得集团级以上科技奖 4 项，1 项技术成果首次入选中国能建新技术推广目录；博士后工作站与流动站联合培养的第一位博士后顺利出站，高新技术企业再次认定通过，继续保持北京企业技术中心资格。着力构建公司知识库体系，通过低代码开发平台自主开发建设，收录国内外技术规范、科技文档和项目案例等资料 15 万余份，打造公司技术知识共享平台。加大信息化赋能力度，全面梳理、优化、固化公司业务管理流程，数据治理初见成效，报表填报、汇集、统计等工作增效明显。

七、品牌塑造展现新形象

全年开展国内外高端拜访 120 余次，邀请国家有关部委、金融机构赴公司多个重点项目调研，深度参与第三届“一带一路”国际合作高峰论坛等大型活动，有效促成公司亮相发声。阿根廷吉赛项目亮相 CGTN“一带一路”央企逐梦直播活动，中外主流媒体对公司报道 310 篇次，3 部作品获第五届百国印记短视频大赛奖项，1 部作品获第六届中央企业优秀故事创作展示奖。公司被巴基斯坦政府授予“共同繁荣的贡献者”荣誉称号，入围“共建‘一带一路’ESG 卓越 TOP10”榜单，公司品牌知名度、美誉度进一步彰显。

第十一节　中国机械设备工程股份有限公司

中国机械设备工程股份有限公司（简称“中设集团”）是中国第一家工贸公司。历经 40 多年发展，中设集团作为高质量共建“一带一路”的央企主力军，已经基本打造了通过国际产能合作，为发展中国家提供工业化和新型工业化建设全产业链、“一站式”服务的能力，业务网络遍及全球 160 多个国家和地区。2023 年，百年变局加速演进，国际政治和经济形势更加错综复杂。中设集团始终坚持以习近平新时代中国特色社会主义思想为指导，积极响应国家“走出去”战略，紧抓共建“一带一路”重大历史机遇，开拓创新，实现稳步发展，改革创新取得良好成效，管理水平不断提升。

一、持续深耕细作，推动海外业务高质量发展

（一）聚焦重点国别及地区

强化“一带一路”共建国家市场开发，签约尼日利亚阿布贾独立发电项目（一期）、乌兹别克斯坦塔克哈托什和菲律宾联合循环电站项目、土耳其铝厂项目、伊拉克甜菜糖厂项目、菲律宾吕宋岛光伏电站项目、印尼巨港垃圾焚烧处理项目等，通过第三方市场合作，签署乌干达输变电项目。加强并完善区域化布局，深化属地化经营，充分发挥市场渠道及全球化资源配置优势，区域中心建设继续推进，在乌兹别克斯坦、菲律宾市场累计签约达 20 亿美元。

（二）项目执行稳扎稳打

2023 年 15 个项目取得完工证书，在手项目执行总体顺利，多个项目完成重要工

程节点。伊拉克萨拉哈丁电站、尼日利亚宗格鲁水电站、玻利维亚乌尤尼碳酸锂工厂、马尔代夫住房三期、斯里兰卡阿塔纳水厂等项目取得完工证书；巴基斯坦吉航电站项目、阿联酋艾尔达芙拉太阳能电站项目取得商业运行证书；土耳其碳化硼项目举行揭幕仪式等。

（三）着力加强投资管理

以“积极稳健、控制风险、协同经营、持续发展”为准则，以国家政策及整体战略为方向，积极开发具有符合盈利能力要求、有利于实现协同发展的投资项目。印度工业园项目顺利实现退出，实现了“投融建营退”全业务链条的实践操作。巴基斯坦塔尔一期电站实现首笔分红款入账，这是同期中巴经济走廊下能源项目中首个实现分红的项目，实现了公司境外投资完整闭环。以“投建营一体化”模式开发的孟加拉北达卡垃圾电站项目稳步推进。参股拉动 EPC 方式开发的印尼巨港日处理 1000t 垃圾发电项目签约。

二、加强战略引领，科技创新助力业务发展

2023 年，公司战略转型明显加快，结构调整不断优化，发展根基更加强固，发展动能更加充沛，发展质量更加坚韧。公司以战略规划为指导，着力提高战略判断力、战略执行力和战略协同力，更加聚焦主责主业，与年度重点工作任务、对标世界一流企业价值创造提升行动、改革深化提升行动等工作有机结合，培育壮大新兴产业，布局建设未来产业，形成战略与经营管理的联动机制。2023 年新能源在境外签约电力项目中的占比已达 47%。

以科技创新成果的应用促进传统产业的转型升级，借助科技创新力量，培育发展新引擎，实现产业链的整合和升级，为可持续发展打下坚实基础，增强市场竞争力。全年科技成果转化数量 100 余项，获授权专利 62 项、软著 24 项，获省部级以上各类科技奖项数 52 项，新申请省部级以上科研机构 6 个。荣获 2023 年度中国机械工业联合会以及中国机械工程学会颁发的“机械工业科学技术奖”奖项。

三、强化风险管理，提升合规经营能力

聚焦重点领域和重点工作，加强风险管控，筑牢“大安全”风险防控底线，夯实高质量发展基石。根据国务院国资委出台的《中央企业全面风险管理指引》精神，建立了风险管理基本制度。制定《法律纠纷案件管理办法》，规范了法律纠纷立案、备案、案件处理、案件总结和归档等工作，强化重大法律纠纷处置，保障企业合法权益得以维护。

高度重视合规建设，将加强合规管理作为提升核心竞争力的重要抓手，扎实开展合规体系构建、持续优化合规运行机制，切实保障企业健康有序运行。发挥法律服务

共享中心作用，创新工作方式处理成员企业间法律纠纷，以共享中心为平台开展全员合规培训，打造合规文化品牌。扎实贯彻落实“安全管理强化年”和“重大事故隐患专项排查整治 2023 行动”专项工作，在全系统推广使用“中设集团安全生产管理平台”，利用风险地图实时监控境内外项目，深化落实境外合规要求，切实保障业务发展行稳致远。

四、提升品牌影响，行业荣誉彰显实力

积极参与第三届“一带一路”国际合作高峰论坛相关活动，公司领导会见多国领导人和政府高官，论坛期间共签署 6 个项目，总金额 25.8 亿美元。参加第 14 届国际基础设施投资与建设高峰论坛、中国—中亚实业家委员会成立大会、中国—东盟博览会、进口博览会和 2023 对外承包工程行业发展大会等重大活动和行业会议，推广企业品牌。

公司新闻多次被国内外主流媒体宣传报道，网站、公众号被业内广泛关注，体现了行业地位，提升了影响力。国资委在《中国日报》刊登“一带一路”十周年重要成果展示 19 个项目中，阿根廷贝尔格拉诺货运铁路改造项目入选。公司荣获凤凰卫视和承包商会评选的共建“一带一路”ESG 十家卓越企业之一以及亚洲知名法律机构“企业法务联盟”颁发的“区域法务团队—交易类”奖项。

五、聚焦国家战略，积极履行社会责任

公司聚焦交通强国、制造强国、海洋强国、数字中国等国家重大战略及区域重大战略，服务国家“双碳”目标，积极参与新型城镇化建设，助力地方经济社会发展，服务构建“双循环”新发展格局。聚焦实现企业整体价值最大化，坚持融合创新，努力推进央地协同发展，服务区域协调发展战略，公司与锦州市、盘锦市、华为、中兴等地方政府和龙头企业签署了战略合作协议，更好地聚合上下游优质资源，不断拓展业务新增量，释放更多战略合作效应。继续采取“请进来”和“走出去”多种方式建立渠道和机制，优化市场布局，推动业务开发。

肩负央企担当，积极履行社会责任，注重生态环境保护，坚持将可持续发展理念贯穿工程建设各个环节，打造高标准精品工程。已建成世界上最大的单体光伏电站——阿联酋艾尔达芙拉太阳能电站项目荣获“中国境外可持续基础设施项目”。电站发电量可以满足约 16 万户家庭的用电需求，将阿布扎比光伏装机总容量提高到约 3.2GW。光伏装机总容量提高后，每年可以总计减少超过 360 万吨的碳排放，相当于减少 72 万辆在路上行驶的汽车排放量，项目建设期间当地员工占比达 95%，累计带动当地 5000 余人就业，为当地经济社会发展贡献了中国力量。

第十二节 中国江西国际经济技术合作有限公司

中国江西国际经济技术合作有限公司是1983年经国务院批准成立，由江西省国资委出资监管的大型国有企业。经过近四十年的发展，公司已经成长为一家以国际工程承包、境内外投资为主营业务，集国内建筑、对外劳务合作、对外贸易、建筑设计，以及承担中国政府对外经济援助项目等为一体的大型综合性外向型企业。公司当选为中国对外承包工程商会副会长单位、中国对外承包工程商会国际公司工作委员会副会长单位、江西省对外投资合作企业协会会长单位。公司已连续20年入选全球最大250家国际承包商，2023年位列71位；连续五次同时获得中国对外承包工程“AAA”级信用等级、劳务合作“AAA”级信用等级。

2023年，是全面贯彻党的二十大精神的开局之年。这一年，公司坚持以习近平新时代中国特色社会主义思想为指导，深入贯彻落实党的二十大精神和习近平总书记考察江西重要讲话精神，全力克服周期性和结构性矛盾叠加、短期问题和长期问题交织、市场因素与非市场因素碰头等多重影响、多重压力，在砥砺奋进、破难攻坚中，完成了2023年初确定的主要工作任务，全面完成各项经营指标，公司发展质量持续提升、发展韧劲不断增强。

一、聚焦主责主业，深耕国际市场

2023年，全球经济复苏艰难，国际政治与经济形势更加错综复杂，非洲国家政府债务、财政赤字问题凸显，国际基建市场依旧低迷。面对严峻的发展形势，公司始终保持战略定力，科学研判形势，充分发挥经营非洲市场40年积累的商务优势、品牌优势和市场网络优势，在国际工程承包行业发展逆势中稳步向前。全年新签合同额、营业额、利润总额均实现同比增长，累计中标多边金融机构出资项目合同额占比创历史新高。加纳、肯尼亚市场在深耕大客户方面取得明显成效；马达加斯加、老挝市场稳中有进；津巴布韦、纳米比亚市场多个短平快、效益好的矿区建设项目实现当年中标、当年开工、当年竣工；贝宁、科特迪瓦等西非市场取得突破，援外项目连中“两元”。同期国内工程承包和设计咨询新签合同额稳步提升，与国际工程新签合同额比重达到1 ∶ 1.16，“稳国际、扩国内”发展战略成效凸显。

2023年是共建“一带一路”倡议提出十周年，习近平主席在第三届“一带一路”国际合作高峰论坛开幕式上发表主旨演讲，郑重宣布了“八项行动”，为共建“一带一路”迈入高质量发展新阶段指明了方向。公司坚决贯彻落实习近平同志的重要指示批示精神，积极调研业务所在国别相关行业发展规划，成功策划、储备了一批“小而美”民生类项目，坚定不移推进共建“一带一路”高质量发展走深走实。

二、强化精益管控，提升创效能力

一是，严控新增投资项目。全力抓好在手投资项目建设、运营和监管，着力提升投资业务创效能力。重点抓好赞比亚江西经济合作区开园和招商工作，全面完成园区启动区基础设施建设，全面启动招商工作，正式签约入园项目 8 个，引资总额达 1.36 亿美元。

二是，严控非经营性开支。公司全年非经营性开支同比下降 10.87%，完成年度压降刚性目标；全面推行逾期账款考核，年末逾期账款余额同比下降 6.2%；积极统筹资产负债管理，加强资金计划调度，优化本外币融资结构，年末资产负债率同比下降超 2%，融资总额同比下降 7.45%，美元融资占总融资比重由上年末的 51.29% 下降到 40%，有效控制了美元超预期加息导致的融资成本上升。

三是，严控风险管理。通过加强合同管理、组织专家跟踪指导变更索赔、逐步建立各国别市场定额等方式，有效防范了经营风险、提升了经营效益。

三、加强资源整合，塑强公司实力

2023 年，在江西省国资委的工作指导下，公司整体接收了江西省建筑设计研究总院集团有限公司、江西省城乡规划市政设计研究院有限公司、江西省建科工程技术有限公司等设计咨询单位，在公司构成了较为完整的设计咨询产业集群，全面提升了公司勘察、设计、造价、监理、工程咨询、施工运维等工程建设全产业链的服务能力。江西省建筑设计研究总院以政府投资和专项债项目为重点，以教育和医疗建筑设计项目为突破口，积极开拓境内外市场，全年中标建筑设计项目 1336 个，并协同公司各部门参与多个境内外项目方案准备工作，为公司境内外工程承包业务赋能。公司持续加强科技创新能力，积极推进企业数字化转型，全力推进人员库、专家库、业绩库、合作单位库和机械设备库的数字化建设，并实现了项目管理系统、财务管理系统、OA 系统数据同步。同时，重点打造了境内外工程项目管理系统，实现工程项目全生命周期管理，实时呈现项目的进度、资金、合同履约等数据，提升了成本分析、决策支持和风险防控等工作效率。

第十三节　中工国际工程股份有限公司

2023 年是贯彻落实党的二十大精神的开局之年，是“十四五”规划承上启下的关键时期，中工国际工程股份有限公司（简称“中工国际”）聚焦高质量发展目标和深化改革年度主题，攻坚克难，主动作为，主要业绩指标再创新高，市场布局持续优化，科技创新成果丰硕，推动公司高质量发展再上新台阶。主要工作成绩体现如下：

一、国际工程承包业务高质量发展

中工国际坚持创新、协调、绿色、开放、共享的新发展理念，高质量履行社会责任，积极参与国际产能合作、推动发展中国家工业化发展进程，帮助项目所在地改善民生、增加就业、加快发展，满足当地人民对美好生活的向往和需求，推动行业技术进步，使项目所在地共享先进工程技术进步的成果。

（一）把握重大外交活动及市场机遇，推动多个海外大项目签约、生效

把握第三届“一带一路”国际合作高峰论坛、中国—中亚峰会等重大外交活动契机，推动尼加拉瓜蓬塔韦特国际机场改扩建、乌兹别克斯坦奥林匹克城项目贷款协议、印度尼西亚杰那拉塔大坝项目等签约、生效，海外 backlog 再创新高。

（二）海外工程项目取得重大进展，获得广泛关注

尼泊尔博克拉国际机场项目隆重举行了投运仪式，大力促进了当地旅游业和经济社会发展，作为民心相通的典范工程，项目成功入选中国上市公司共建“一带一路”十年百篇最佳实践案例及中国机电商会绿色发展案例集。埃塞俄比亚贝雷斯 1 号糖厂续建项目获得业主颁发的项目性能测试证书，厄瓜多尔佩德纳莱斯医院建设项目正式移交，乌干达工业园区输变电项目成功送电，菲律宾巴巴伦水库灌溉项目、中国驻萨摩亚使馆等项目顺利竣工，受到当地政府高度认可和主流媒体广泛关注。在执行项目建设如火如荼，伊拉克九区油气中央处理设施项目实现 600 万安全工时，全力奋战竣工移交；乌兹别克斯坦奥林匹克城项目紧锣密鼓推进主体结构施工，完成钢结构吊装；圭亚那地区医院群项目启动主体钢结构安装；土耳其图兹湖地下天然气储库扩建项目完成大件设备吊装，公司海外项目管理和实施水平持续提升。

（三）援建项目赢得高度评价，彰显央企责任担当

第 32 届东南亚运动会在柬埔寨国家体育场举行，此项目为中国迄今对外援建规模最大、等级最高的体育场。赞比亚利维・姆瓦纳瓦萨医院项目通过竣工验收，切实解决了当地医疗资源不足、人民就医难的问题。援巴布亚新几内亚西太平洋大学项目顺利移交，助力当地文化教育水平提升。援莫桑比克莫中文化中心项目举行揭幕仪式。援加纳外交与地区一体化部办公配楼、援卢旺达马萨卡医院改扩建、援尼加拉瓜保障房一期等项目顺利开工。

二、转型升级夯实高质量发展

中工国际坚持技术做精和专业做强，以先进工程技术和关键技术装备领域的自主知识产权打造核心竞争力，形成国际竞争优势。

（一）坚持融合发展战略为主线

汇聚系统内优势资源，依托国机集团雄厚的产业基础。公司充分发掘协同发展的潜力，推动系统内双向赋能，将中国中元的设计咨询和北起院的装备制造专业优势与中工国际市场开发、融资优势紧密结合，提升方案的竞争力，同时为中国中元、北起院的“走出去”提供了国际化平台。此外，积极寻求国机集团在工业化领域的内部企业资源协同优势，形成专业化多兵种军团作战的模式，在取得成功之后，将这种模式不断复制，发挥了战略协同的乘数效应，实现从 1 到 N 的扩张。在集团外部，公司积极拓展与金融机构、央企的合作，与中国信保联合成功举办了海外油气工程和海外医疗卫生业务的专业研讨会，建立了互信，构建了密切的合作关系。

（二）纵深推进公司深化改革

中工总部全面建成包括项目执行、开发、科研等不同专业在内的“六大人才序列”管理体系，拓宽员工成长的发展通道。中长期激励取得突破，中元海南和江南环境两家科技型企业岗位分红方案获国机集团批准并进入实施阶段。

（三）科技创新成果取得历史最好成绩

继 2022 年公司科技成果创历史新高后，2023 年公司获得机械联合会、集团和行业的科技奖项，申请、授权的专利再一次刷新历史纪录。公司共获得省部级以上奖项 166 项，科技奖项 15 项，华夏建设科学技术奖一等奖 1 项，中国钢结构协会技术创新奖 1 项，中国工程建设标准科技创新奖一等奖 3 项、三等奖 1 项，勘察设计类奖项 146 项。持续推进科研创新成果申报，完成专利申报 122 项，其中发明专利 40 项；授权专利 84 项，其中发明专利 20 项；登记软件著作权 15 项。发明专利授权同比增加 120%。全系统共 10 家高新技术企业，8 个行业和省级科研平台，牵头组织或参与 30 项国际、国家及行业重大标准制修订工作。

（四）凝聚企业文化共识

中工国际积极履行央企社会责任，将新发展理念融入公司战略和生产经营，树立重民生、有温度、负责任的央企上市公司良好形象。公司不断提升在资本市场、行业和主流媒体的影响力。信息披露连续 13 年获深交所最高评级 A 级，入选中国上市公司协会上市公司董事会最佳实践案例；荣获董事会“金圆桌奖”之“公司治理特别贡献奖”；万得 ESG 评级提升至 A，在同行业上市公司中名列前茅；入选证券时报上市公司 ESG 百强奖、国务院国资委指导的“央企 ESG · 先锋 100 指数”，荣登第一届国新杯网 · ESG 金牛奖碳中和五十强；紧抓峰会机遇主动策划内外部宣传，《人民日报》、新华社、中国日报网、中央广播电视总台等主流媒体多次刊登报道公司承建的重点项目。中国中元举办《结构与建筑的融合》《“双碳”战略下中国中元电气与智能化专业发展》《“科创赋能，聚变未来”实验室论坛》等10余场学术交流活动，聘请行业内领军人物、知名专家共同探讨未来发展；北起院索道入选国务院国资委优秀品牌故事，开展国际化经营交流，举办65周年院庆及品牌焕新发布仪式。公司系统合力打造了更强竞争力、更高美誉度的中工形象。

三、全面推进合规建设，健全风险防控体系

中工国际坚持以风险管理为导向，合规管理监督为重点，建立健全严格规范、全面有效的内控体系。强化重点领域合规管理措施，形成有公司特色的项目开发全流程合规风险管控体系；培育全系统合规文化，促进企业管理提升；采取有力措施做好重点项目执行监控，规范采购及供应链管理；建立健全网络和信息安全制度体系，扎实做好各系统运维工作；深入一线加强境外安全管理培训和指导，积极探索安全生产标准化班组创建。

第十四节　中信建设有限责任公司

中信建设有限责任公司（以下称“中信建设”）是中国中信集团的一级子公司。多年来，中信建设积极践行“一带一路”倡议和国家区域发展战略，坚持“以投融资和为业主提供前期服务为先导取得工程总承包，以工程总承包带动相关产业发展”的经营战略，打造互联互通超大工程、社会保障房民生工程、国际产能合作工程、产融结合片区开发工程等，从当地可持续发展的需求出发，提供项目策划、投融资方案、建设运营以及产业咨询等“全生命周期”综合解决方案。

中信建设作为施工总承包特级资质企业和国家高新技术企业，业务领域涉及房屋建筑、基础设施及工业设施建设，并积极寻求在资源、能源、农业及生态治理等领域的深度合作。公司海外业务主要分布在非洲、拉美、东欧、中东、亚太等“一带一路”20 多个共建国家或地区，并与英国、日本、韩国、新加坡等国家的知名企业拓展第三方市场。

多年来，中信建设成功实施了诸多具有重大影响力的国际民生项目，树立了中国企业的良好品牌形象和声誉，得到业界的广泛认可。在美国《工程新闻记录》（ENR）

“全球最大 250 家国际承包商”排名中连续多年跻身前列；2023 年，中信建设以“一带一路”十周年为契机，夯实重点市场合作，主要做法如下：

一、聚焦新时代发展任务，服务新发展格局

中信建设聚焦国家政策鼓励的关键领域，通过产能设施建造、产业链策划、专业技术服务等多种形式，带动中国优势产能体系与属地国资源禀赋快速匹配，形成双向互惠的合作模式。中信建设以国家政策为导向，聚焦国资央企使命担当，着力在基础设施的“硬联通”、标准规则的“软联通”，同共建国家人民的“心联通”方面下功夫。目前，在全球累计实施近 10 万套住房、超过 2500km 高标准公路、近 20 座大型工业设施及商业设施；在国内同时在建 7 座大型 PPP 产业园区，以大项目为名片，带动中外龙头企业协作，创新国内外联动的市场格局和商业模式，将有效资源落地于国家关切的重点领域，取得实效。

中信建设与安哥拉石油地矿部合作的安哥拉地质调查项目，是安哥拉政府首次全面系统性基础地质调查，在 3/5 国土面积圈定地质找矿勘探靶区，科学评价矿产资源潜力。后续，在地调成果基础上，中信建设将筛选具备开发潜力的区块，从股权投资、工程总承包等方面获取业务机会和收益，带动中国矿业领域优势产能体系与属地国资源禀赋快速匹配，助力安哥拉政府依托矿产开发销售改善国家财政状况，扩大当地就业。

二、提升国际化经营能力，推进海外高质量发展

中信建设遵循国际商业规则和市场原则，注重投资与经营能力匹配，对目标项目从投资规模、资本实力、融资能力、商业逻辑等多角度评估，筛选商业价值与社会效益并重的项目。充分发挥中信集团“金融全牌照、实业全覆盖”的综合优势，加强投资与权益联动，对投资合作开展多维度论证和策划，提高投资收益水平，注重投后管理和退出机制，确保合作可持续、模式可复制。

中信建设正在推进的沙特利雅得社会住房项目，拟由中信建设和沙特国家住房公司共同投资，设立社会住房开发合资公司以及属地化、本土化经营的产业园，以加快项目建设进度、提高房屋交付标准。

三、顺应绿色发展趋势，紧扣时代发展主题

中信建设正在围绕清洁能源和可再生能源的利用、环境友好和节能降耗材料的应用、现代农业和资源能源开发的效率等重点方面，加大力度突破瓶颈，寻找合作机遇。把绿色发展理念作为优先考虑的因素，密切关注东道国能源结构转型的机会，特别是电力能源供给基础设施的升级方面以及风能、水力、氢能等能源的布局方面，助力东道国从清洁能源进口国向出口国转型的发展目标；在资源开发领域，助力东道国合理

高效开发资源，将资源禀赋优势向经济动能转化。中信建设承建的东欧地区全循环高科技农工综合体项目是当地“绿色经济”的典型代表。

中信建设将持续强化党建引领作用，遵循共商、共建、共享原则，承担发展使命和责任，推进共建“一带一路”高质量发展。不断深化专业能力，提升合作水平，开拓在基础设施、绿色环保、现代农业、新能源、新基建、高端制造等领域的合作机会。秉持高标准、可持续、惠民生的理念，为改善项目所在地民生，展现负责任中国企业形象，为推动可持续发展作出新贡献。

第十五节 北京城建集团有限责任公司

2023年，是“一带一路”倡议提出十周年，是三年疫情防控转段后经济恢复发展的第一年，也是北京城建集团有限责任公司（简称“北京城建”）成立40周年。这一年，面对复杂多变的国际形势，北京城建国际团队主动作为、迎难而上、勠力一心推进各项业务稳步开展。

厚积薄发蓄动能，荣誉奖项谱写新篇章。ENR 2023年发布的最大250家全球承包商排名位列14名，在250家全球最大国际承包商中排名位列86名，国际业务排名创历史新高。荣获2023年度对外承包工程行业A级企业、第三十六届北京市企业管理现代化创新成果一等奖，荣登“共建‘一带一路’ESG卓越TOP10”榜单。马尔代夫水飞机场项目荣获2023年PMI（中国）项目管理大奖——杰出项目奖，援布基纳法索博博——迪乌拉索医院项目营地获评“2023年度中国海外工程优秀营地”奖。

步履不停抢机遇，商务活动跑出新速度。国际部领导班子以上率下，组织开展覆盖境外单位的“走一线、解难题、促发展”调研活动，听取前方工作困难，指明后续工作方向，实现了管理的良性循环；与重点国别政府高层积极互动，助推跟踪项目落地。

坚持不懈促统筹，重点工程进入新阶段。援白俄罗斯国家足球体育场项目、援巴基斯坦瓜达尔新国际机场项目、援刚果（金）非洲国家文化艺术中心项目、援喀麦隆国民议会大楼项目、援布基纳法索博博——迪乌拉索医院项目、驻非盟使团新建馆舍工程均以优良成绩通过了中期验收。

聚力创新强品牌，管理水平迈上新台阶。开展“看见我的国际工程”“我与城建共成长，青春献礼40载”等系列主题活动，为一线员工搭建展示平台，为奋斗者提供发声渠道，利用自媒体平台，讲好海外故事，展现了城建国际人的精神风貌。承办集团首届管理创新论坛活动，彰显城建品牌、分享城建智慧，为企业发展拓展新视野、注入新内涵。

一、市场营销打好“主动仗”

北京城建集中资源力量，滚动发展区域市场。在东南亚、南亚区域，深度开发印度尼西亚、柬埔寨、孟加拉国及马尔代夫4个成熟国别，成功实现跟踪项目中标；在港澳区域，北京城建国际公司揭牌，实体化进入新阶段，集中力量探索澳门轻轨、水务以及机场产品领域；在西北非区域，加大“市场—现场”两场联动力度，深入开发喀麦隆、布基纳法索、刚果（金）、阿尔及利亚等在施项目所在国别；在东南非区域，以埃塞俄比亚为区域核心，加大资源投入力度，对莫桑比克与肯尼亚国别进行有效盘点，完善区域部组织架构及人员分工；在中西亚及欧洲区域，以“两优”项目和机场、水务领域产品为开发重点，持续推动市场破冰。

北京城建善用政策工具，科学规划全球布局。制定、完善流程制度建设，明确目标市场选择、营销策略确定以及资源配置的遵循路径；通过《国别业务指南》前瞻性地研判区域国别市场容量和发展空间，再向下形成《国别开发策略》，明确国别市场细分领域、业务模式、重点项目，有效指导营销系统全年工作开展并提前匹配资源落地；增强政策敏感性以及政策解读能力，深入研究习近平主席在第三届“一带一路”国际合作高峰论坛上的主旨讲话以及国家国际发展合作署发布的《全球发展项目库准则（试行）》《全球发展资金库准则（试行）》，结合国际部市场布局和业务发展方向，形成了《“一带一路”八项行动政策分析报告》和《“两库”分析报告》，指导市场开发。

北京城建凸显产品特色，塑造核心竞争优势。参与第14届澳门国际基础设施投资与建设高峰论坛并成功承办中国澳门论坛平行论坛（机场分论坛），扩大城建机场品牌影响力；加大产品部从项目线索开发跟踪到在施项目的全业务链支持力度，扩充供应商资源库，丰富产品规范、技术方案等知识储备；同时，以核心区域国别为重点研究对象，完成机场产品国别系列分析报告，助力区域市场把握产品机遇。

二、项目建设进入“快车道”

计划主线牵引，狠抓项目过程管理。完善动态“迭代式”项目计划管理模式，集成技术、施工、计划、资源、费用等模块，绘制了项目全过程“大计划”管理流程全景图。以项目全周期管理标准为基础开发了造价系统与P6的接口，实现了由进度计划自动计算经营计划及资源需求，提高资源统筹计划性。强化过程管控，以年度计划为对比基线，每月动态更新总体计划，定期进行计划执行分析和里程碑分级预警，平台部门跟踪解决制约问题，并深入援布基纳法索博博——迪乌拉索医院项目、阿尔及利亚区域住房项目、援白俄罗斯国家足球体育场等项目现场督导协调，实现了生产管理闭环。启动项目管理标准化专项行动，组织12名业务主笔人，开展20余场专项研讨会，现已输出《项目管理标准化手册》初稿。

优化体系运转，设计牵引价值创造。充分发挥规划设计中心、区域设计中心以及项目部三支柱作用，项目端完善深化设计、优化设备性能参数，集中解决了重点项目设计管理痛点。推进“BIM+ 投标”，复核高端发达市场项目模型设计问题，建立重点机场项目结构、建筑、场布模型及漫游视频；推进“BIM+ 技术”，应用于重点援外项目建模及机电和体育工艺模型等。

三、绿色发展释放“新动能”

可持续发展战略是企业履行社会责任的重要手段。北京城建致力于为合作伙伴提供全过程的可持续发展规划建设服务，推动利益相关方之间建立广泛的合作机制，共同推进机场、水务、市政等特色产品领域建设的可持续发展事业。在光伏等新能源管理、固废处理、水资源管理、生态环境保护等多个方面，北京城建采取合理措施，积极为业主及周边社区可持续发展作出贡献。香港机场三跑道客运大楼工程中采用了MIC 模块化装配式施工的先进技术，并将其发展到了新的高度。通过模块化的方式，成功地将屋面系统、桁架系统、设备设施管线系统、检修马道、吊顶及附属设施系统等多个组成部分集成在同一个模块内，场外进行组装。通过场外预制和组装，项目管理团队不仅能够更好地控制质量和工期，还能够精确控制建筑用料，从而最大限度地减少施工现场的材料浪费，有效管理和回收废弃物。相较于传统建造方式，MIC 模块化施工的工作环境更安全且可控，将极大地提高施工效率、降低成本、减少建材浪费和碳排放，确保楼宇质量和人员安全，最终使整个经济体系受益。

四、数字化提升彰显“新价值”

以“大计划”为主线，“大经营”为目标，“大协同”为支撑，持续开展以数据为底座的全智能平台建设。在“建用”结合，以“用”促“建”的主导思想下，牢牢抓住“用”为主要推动力，努力为管理行动计划落地提供解决方案。其中以进度为主线，建立“赢得值模型”，拉通了经营考核数据，实现全项目成本线上盘点，助力全面预算和全要素的资源策划。此外，通过以流程为载体、以数据为驱动，IT 与业务在管理上形成合力，通过薪酬核算、固定资产、资金计划上线，补全、拉通业务链条，由“段到段”向“端到端”全面拉通价值链。

第十六节　特变电工股份有限公司

特变电工股份有限公司（简称“特变电工”）是为全球能源事业提供绿色清洁解决方案的服务商，公司致力于“绿色发展、低碳发展”，是国家级高新技术企业集团和中国大型能源装备制造企业集团。由全球 24 个国家 3 万余名员工组成，打造以新疆优势清洁能源资源为基础，输变电高端装备智造、硅基新能源和铝电子新材料的“一高两新”三大国家战略性循环经济产业链，成功构建了特变电工（600089SH）、新疆众和（600888SH）、新特能源（HK1799）三家上市公司。发展成为我国输变电行业核心骨干企业，多晶硅新材料研制生产基地，大型铝电子新材料出口基地，大型太阳能光伏、风电系统集成商。在国内外建设 24 个高端制造业产业基地，变压器年产量达 3 亿 kVA，光伏 EPC 装机总量近 25GW，均位居全球前列。特变电工综合实力位居世界一流机械企业 500 强第 25 位，中国机械工业 500 强第 4 位、中国企业 500 强第 247 位。

特变电工积极响应“一带一路”倡议，习近平总书记先后多次在全国“一带一路”座谈会、民营企业家座谈会、海外项目等，现场对特变电工在“一带一路”共建国家取得的成绩给予肯定和勉励，高度评价了特变电工对推进“一带一路”建设做出的突出贡献。2014 年 9 月 13 日，在特变电工承建的塔吉克斯坦杜尚别 2 号热电厂一期工程竣工仪式暨二期工程开工仪式上，习近平主席高度评价了特变电工对“一带一路”倡议做出的突出贡献，称塔国电厂“是中塔两国务实合作的标志性项目，是中塔两国人民友谊的象征”，勉励我们“趁热打铁，再接再厉，为塔吉克人民带来更多温暖。”

一、持续推进电力基础设施互联互通，深度参与“一带一路”电力设施建设

特变电工以“一带一路”倡议为指引，依托在绿色节能输变电领域领先的技术，积极发展与共建国家的经济合作伙伴关系，坚持高端切入、规划先行、创新模式、提升层次、协同发展，在更广范围、更高层次参与“一带一路”建设，服务国家能源外交，促进“一带一路”共建国家经济社会发展，造福当地人民。截至目前，特变电工已成功为埃及、埃塞俄比亚、缅甸、巴基斯坦、蒙古国、塔吉克斯坦、科威特、巴布亚新几内亚等涉及非洲、东南亚、南亚、中亚、中东、大洋洲等 30 多个国家和地区提供了从勘测、设计、施工、安装、调试，到培训、运营、维护一体化的“交钥匙”工程及系统集成解决方案，推动了绿色高效电源电网建设，带动了数十亿美元的中国机电产品出口和上万人次的劳务输出。2023 年公司在尼泊尔、卢旺达、塞内加尔、坦桑尼亚、巴林等国别实现对外承包工程项目新签合同额 8.82 亿美元，同比增长 20.17%，新签约项目以输变电项目为主；完成对外承包工程营业额 5.16 亿美元，同比增长 31.72%。公司累计已完工和在建海外重大项目总额超 90 亿美元，连续七年上榜 ENR 全球百强工程承包商，对外承包工程行业 A 级企业。特变电工实施的塔吉克斯坦杜尚别 2 号火电厂、安哥拉 SK 项目和塔吉克斯坦南北输变电项目等多个项目先后荣获国家境外工程项目“鲁班奖”。

二、以高端电力装备支撑对外承包工程项目合作，推动“一带一路”倡议绿色发展

近年来，全球应对气候变化开启新征程，超过 130 个国家和地区提出了碳中和目

标。随着煤电项目加速退出，以光伏、风电为代表的新能源以及蓄 / 变电站、输变电业务正成为电力领域新的增长点，电力境外投资低碳化态势清晰显现。

特变电工构建了以绿色、节能、环保、智能的输变电全产业链高端产品为支撑的电力系统集成服务能力，为全球能源清洁高效发展、新能源资源开发、节能减排等“碳达峰、碳中和”战略举措提供服务和保障。同时，公司聚焦逆变器、SVG、电能路由器等智能产品，提供 TB-eCloud 智慧能源管理平台、智能微电网解决方案等服务，累计承建光伏、风电（离）并网项目 5000 余座，装机容量近 25GW，每年贡献清洁电力超 400 亿度，可减排二氧化碳 3000 万吨，公司节能变压器、光伏逆变器和 SVG 产品广泛服务于欧洲、中东、南亚、东南亚、拉美等国家电网升级改造、新能源电站项目。公司在菲律宾、莱索托、冈比亚等国家建设了一批新能源领域交流与合作的典范工程。

三、不断深化绿色低碳国际产能合作，深度参与“一带一路”基础设施建设和改善民生工程

随着中国与“一带一路”共建国家务实合作的不断深入，加快推进国际产能合作的需求也日趋强烈，特变电工立足“双碳”目标，不断深化国际产能合作，稳健投资境外能源资源基础设施建设。在海外建有印度能源公司、塔吉克斯坦能源公司、几内亚“电—矿—冶—工—贸”一体化投资项目等 3 个产业基地。在塔吉克斯坦，特变电工投资开发金矿资源，在开发资源的同时，特变电工还利用自身绿色、低碳、高效、节能的电工装备制造能力和工程技术能力，对矿区输变电线路建设进行升级改造，提升当地发电、电力输送、配电的可靠性和稳定性，还给当地经济注入新活力，带来新的就业机会，雇用当地员工超 500 人，为当地社会和经济发展做出了积极贡献。2014 年，在中印两国政府的共同关心和推动下，特变电工在印度投资建成了当地最有影响力、规模最大、电压等级最高的输变电装备生产基地，承担了印度国家特高压 765kV 电网 50% 以上的产品和集成技术服务，为印度人民带去了节能、高效、绿色的输变电装备和先进的电力技术。特变电工积极参与几内亚优势资源转换战略，帮助几内亚人民将资源优势转换为发展优势，投资建设阿玛利亚 300MW 水电站项目。目前该项目的融资工作已关闭，建设工作正在启动中，项目实施后，将为几内亚的资源开发、工业发展、基础设施和民生改善提供强有力的绿色能源支撑，极大地促进几内亚经济社会发展，为中几、中非人民友好、互利合作奠定更为坚实的基础。

第十七节　中国海外工程有限责任公司

2023 年，面对复杂严峻的内外部政治经济环境及诸多风险挑战，中国海外工程有

限责任公司（简称“中海外”）坚持以“做强平台、做实区域、做优国别”为着力点，切实推进企业效益、规模、质量、品牌四位一体同步提升。

一年来，中海外既努力守住公路、隧道、房建等传统市场优势，又积极抢抓蓝海市场先机，围绕当前矿业 +、水利水电、清洁能源等极具活力的领域，积极作为、提前布局，与系统内外具有专业技术优势的单位联合经营，全力发展“第二曲线”。

一、坚定不移促经营、拓市场，开启高质量发展新征程

2023 年，中海外把握行业发展新趋势，业务领域取得新的突破，全力构建新的发展格局。除传统的公路、市政、房建外，在矿业、光伏、电力等“第二曲线”板块签约项目 11 个，新签占比不断提升。一是，发力新基建。中海外积极把握行业转型升级的关键阶段，紧密结合新一代技术革命成果，围绕所在国经济发展和民生需要，布局运作一批商业价值较高、发展前景广阔的项目。尝试涉猎智能交通、智慧园区、科技住宅、新型农业、绿色能源、医疗健康等新基建项目，通过产品革新，提升由“远远跟跑”到“弯道超车”的可行性。二是，升级产业链。充分发挥商务聚合能力，强化与行业领先企业对接，推动由“以工程承包为主”向“工程咨询、投资、招标投标、分包、设备采购、培训、运营、维护以及监理”等产业链上下游延伸，培植一批国际知名、国内领先的产业链合作伙伴，构建具有中海外竞争优势的产业链“生态雨林”。三是，抢占“主阵地”。聚焦政局稳定、人口较多、需求旺盛的重点市场，深挖经济效益高、风险可控、社会效益好的优质项目。始终将市场营销放在企业发展重中之重的位置，认清形势变化，找准发力方向，既要“齐头并进”，又要“鞭打快牛”。将经营重心放在市场潜力大、项目机会多的重点国别，切实加大市场优化布局力度，着力推动优势资源集中发力，积极培育“稳产高产大区”，尽快打造出 8~10 个像马里一样的国别市场，支撑中海外的长期稳定快速发展。四是，树标杆、立样板，着力塑造品牌价值。荣获“海外工程优秀营地”称号的尼泊尔逊科西马林引水隧道项目创造了新的 6 米级同类型双护盾 TBM 项目单月进尺世界纪录，预计提前竣工近 15 个月，再一次凸显了中国技术与中国速度。中央台“一带一路成果巡礼”栏目对东帝汶苏艾高速公路项目进行报道，彰显了中海外参与“一带一路”倡议的责任与担当。

二、构建“三足鼎立”经营体系，布局“第二曲线”业务板块

2023 年，中海外继续坚持“三足鼎立”营销策略不动摇，积极实施 EPC+F 经营模式，加强高端对接，整合境内外融资渠道，探索多元化融资新路径，积极布局“第二曲线”市场，以高质量经营引领高质量发展。

（一）通过现汇项目稳住基本盘

一是，在投标报价上下功夫，充分考虑历史经验数据和行业平均造价指标参数，

研究项目特点和竞争对手，提出更有竞争力的报价，提高订单利润率、落地率和转化率。二是，在项目筛选上做文章，将有限的经营资源投放到项目利润足、业主信誉高、社会效益好、风险可控的现汇项目上，多参与契合属地化发展、民生改善的项目。三是，以现场促市场，通过强化在建项目履约来创造效益、提升信誉、积累业绩，实现"揽好活—干好活—揽更多更好的活"的良性循环，通过承揽大型互联互通项目提升中海外品牌影响力。

（二）通过投融资项目提升质量效益

深入研究学习，善于借鉴西班牙 ACS、法国万喜等国际知名承包商的投资并购经验，消化吸收、为我所用。精选标的敢闯敢试，加强与高端客户的对接合作，密切跟踪有潜力的高端项目，做好可研分析，通过小比例跟投撬动市场，带动向投资商、运营商角色转型。抓实融资项目落地，真正做到一项一策、久久为功。持续加大高端经营力度，在马里、巴新、肯尼亚等传统市场及波黑、坦桑尼亚、乍得等新兴市场建立起高端商务关系，与多家大型央企及高校签署战略合作协议。先后收获了一批重点项目，以超常节奏和非常举措，务实推进重组以来已签约项目融资落地。同时，紧紧抓住政策资金历史机遇期，紧盯国开行和口行7000亿元人民币融资窗口，按照责任到人、任务到人、目标到人的要求，尽快运作一批商业可行、具有"造血"功能、增强东道国可持续发展能力的标志性工程、"小而美"民生项目和绿色能源项目。

（三）通过光伏项目发力绿色基建新领域

中海外积极开拓"第二曲线"业务板块，持续发力攻坚清洁能源及绿色基建新领域。以战略眼光谋篇布局，以增量市场助推企业转型，紧盯水利水电、水务环保、清洁能源等新领域，积极打造"第二曲线"发展引擎，做大、做强、做优企业新兴业务发展盘。

以光伏领域为例，近年来，中海外以摩洛哥光伏项目为跳板，聚焦非洲光伏市场。中海外的策略是在摩洛哥项目业绩的加持下，积极跟踪光伏项目，通过投标和承揽小体量项目积累经验和竞争力，逐步承揽大体量项目，将光伏项目领域打造为实现中海外可持续发展的一个新的竞争优势。2023 年，中海外在刚果（金）太阳能市场连中三元，最大限度扩张市场份额。

当前，中海外在非洲主动与当地政府沟通，承揽独立光伏发电、分布式光伏发电等体量小，成本小、较灵活的更适用于非洲当地实际的开发模式，也将加强追踪体量大的、主要由当地中央政府主导的并网光伏发电项目。同时，中海外也将尝试国内相对成熟的农光互补、林光互补、渔光互补、沙光互补、分布式屋顶光伏等项目模式在经营国别的开发。

三、坚持走高端经营路线，整合资源发挥商务引领职能

近年来，中海外坚持发挥商务引领作用，带领中铁系统各单位聚焦高端经营，打造海外利益共同体和命运共同体。以几内亚西芒杜矿建土方项目为例，面对多家全球顶流的大型承包商同台竞标的竞争压力，中海外选择系统内优质的合作单位，确立内外部合作机制，落实经营资源，联合四个专业工程局深入研究力拓招标文件。最终在多个全球顶流的大型跨国承包商中脱颖而出，将三个工程包收入囊中，合同额 2.44 亿美金。逐步形成在矿产资源领域“投资 + 基础设施建设 + 矿山开发”可持续、可复制的高端经营发展模式。

第十八节　中湘海外建设发展有限公司

中湘海外建设发展有限公司（简称“中湘海外”）成立于 2016 年，是湖南建设投资集团所属负责国际工程承包和国际贸易的主体企业，前身为湖南建工集团海外工程公司。同时，作为湖南省对外经济合作企业协会会长单位、湖南省建筑业“走出去”战略合作联盟理事长单位、湖南省中非经贸合作促进研究会常务副会长单位，公司始终坚持中国共产党的领导，积极践行“人类命运共同体”理念和“一带一路”倡议。

一、市场开拓方面

2023 年是疫情防控取消后经济恢复秩序的一年，中湘海外紧扣高质量发展的总目标，按照“打造北京双总部、发展工程贸易双主业、促推国内国际双循环”的总体工作思路，取得了较好的成绩。在国别市场方面，深入贯彻落实省委省政府“深化湖南东盟新合作”的有关要求，先后承接老挝特区鑫越城市综合中心（一期）住宅 1 标段工程、菲律宾皇家漂流商住综合体项目、艾博阳光泰国铜锭厂房项目，在东盟地区成功开拓泰国、老挝、菲律宾三个新国别市场，分别在沙特、阿联酋、老挝、泰国等 7 个国家注册成立分支机构，承接的“两优”项目孟加拉国拉杰沙希地表水处理厂项目顺利开工。在行业市场方面，与新西兰本地能源电场项目公司签署韦尔斯福德、奥普纳克、马顿三个光伏项目合作框架协议，标志公司正式进入新西兰新能源市场。

二、转型升级方面

为了有效应对部分国别市场外债高企、外汇短缺及国家金融支持政策调整的变化，公司正式组建专业国际贸易团队，以“工贸联动”的创新模式助推“产—工—贸”融合发展。一方面，通过“以贸促工”来实现工程款回收和提升工程份额，在蒙古国修

建的煤矿至中国口岸公路，以煤矿抵工程款，贸易团队深度挖掘贸易客户群的“工厂”类建设项目需求，在泰国承接艾博阳光泰国铜锭厂房扩建项目。另一方面，通过“以工带贸”来提升贸易质量和助力境外机构良性发展，公司在境外深耕多年，有较好的当地社会资源，为在当地开展贸易业务有效规避源头风险、减少中间环节、提高利润率提供了有效保障，以合理机制让境外机构分享贸易利润以解决境外机构的部分费用来源问题。

三、绿色发展方面

公司顺应 ESG 管理和绿色转型方向，注重提升 ESG 管理绩效和项目综合效益，把资源节约和绿色环保融入项目投资、设计、建造和运营各环节，实现全方位、全过程融合。在孟加拉国拉杰沙希地表水处理厂项目，全部采用环保材料、节能设备和技术，减少工程对环境的影响，提高资源利用效率，同时，推广绿色施工方式，减少施工现场的噪声、尘土和废水等污染物的排放；在新西兰奥克兰罗克里夫经济适用房项目，与新西兰本地公司联合设计研发的一套新型整体浴室，采用了优化集成卫生间概念，完全在中国生产，以搭积木的方式现场施工、工业组装，完全摒弃了传统卫生间泥瓦匠砌的手工施工模式，实现了住宅装修工业化、标准化、部品模数化、功能模块化。

四、资源整合方面

一方面，作为湖南省对外经济合作企业协会会长单位，针对外经行业的细分市场发起成立了湖南省能源国际合作产业联盟和湖南省矿业国际合作产业联盟两个专业子联盟，下一步还将发起成立湖南省农业合作产业联盟，这一举措将整合湖南省全产业供应链资源，加强联盟企业成员的关联度，强化专业领域的抱团合作，提升湖南省“走出去”企业的国际竞争力。另一方面，作为中非经贸合作促进研究会常务副会长单位，依托在湘中非经贸博览会、中非经贸深度合作先行区两大国家级平台，积极整合成员单位如湖南商会企业、湖南省属国企、地方民企的力量，围绕湖南省对非经贸 5 个重点国别、7 个跟踪国别，共同打造对非经贸合作的“建投 +”模式，搭建湘非经贸长期合作机制。

五、三方合作方面

公司积极与有成功经验的头部央企、属地企业开展广泛合作，实现优势互补、互惠共赢。在北京第三届“一带一路”国际合作高峰论坛上，与科伦坡港口城经济委员会、中国港湾、BI 公司签署《斯里兰卡科伦坡港口城投资合作四方框架协议》，签约金额达 15.65 亿美元。该协议的签署是公司积极践行“一带一路”倡议、加强与共建国家友好合作的重大成果。